PSYCHOLINGUISTIQUE ET HANDICAP MENTAL :
Recherches récentes et perspectives

A Annie Krins,
Présidente de l'Association des Parents
d'Enfants Mongoliens

 *PSYCHOLOGIE ET SCIENCES HUMAINES*

psycholinguistique et handicap mental:
recherches récentes et perspectives

Sous la direction de:

J.A. Rondal, Université de Liège

J.L. Lambert, Université de Fribourg

H.H. Chipman, Université de Genève

PIERRE MARDAGA, EDITEUR
2, GALERIE DES PRINCES, BRUXELLES

© by Pierre Mardaga, éditeur
37, rue de la Province, 4020 Liège
2, Galerie des Princes, 1000 Bruxelles
D. 1981-0024-22

Avant-propos

Ce recueil comprend les communications présentées au *Colloque International de Langue Française sur « Langage et Arriération Mentale »* organisée à Liège, au Château de Colonster, sur le campus de l'université de Liège, les 11, 12 et 13 mai 1981. Le colloque fut rendu possible grâce à l'intervention financière du Fonds National Belge de la Recherche Scientifique, l'A.S.B.L. « Les Œuvres de Sa Majesté la Reine Fabiola » pour l'arriération mentale, le Ministère Belge de l'Education Nationale et de la Culture Française, le Patrimoine de l'Université de Liège et l'Association des Parents d'Enfants Mongoliens. Nous profitons de cette occasion pour remercier une fois encore ces organisations de leur aimable support. Nous remercions également nos collègues les Professeurs H. Sinclair, M. Richelle, M. Siguan, A. Husquinet, T. Jacot et P. Muller qui ont bien voulu présider les différentes sessions ou introduire les séances de discussion du colloque. Nous remercions enfin tout particulièrement les différents contributeurs.

Le colloque de Liège, le premier en langue française sur le sujet, a rassemblé les meilleurs spécialistes européens sur les questions traitées ainsi qu'un public appréciable de praticiens, de parents et de scientifiques. Répondant à leur requête, nous avons rassemblé les communications présentées de façon à les rendre accessibles au public intéressé.

Nous avons pour ce faire repris les lignes d'articulation du colloque. Les recherches en la matière sont en train de s'organiser en

Europe et notamment en Europe de langue française ainsi que chez nos proches voisins. Un ouvrage de ce type peut aider à ce mouvement d'organisation en recensant un éventail de recherches récentes et en les plaçant en perspective. Il représente en outre une lecture obligée pour ceux qui s'intéressent de près, professionnellement ou pour d'autres raisons, au handicap mental et à la bataille engagée pour résoudre le problème ou au moins pour améliorer notablement la situation existante dans ce domaine. Les textes n'engagent évidemment que les auteurs eux-mêmes et ne reflètent pas nécessairement les opinions des directeurs de l'ouvrage ou des autres participants au colloque.

J.A. RONDAL, J.L. LAMBERT, H.H. CHIPMAN.

Liste des contributeurs

1. Gisela Chatelanat, Université de Genève.
2. Harold H. Chipman, Université de Genève.
3. Andrée Cobben-Jaspar, Association Nationale d'Aide aux Handicapés Mentaux (Bruxelles).
4. Guy Denhière, Université de Paris VIII (St-Denis).
5. Françoise Pastouriaux, Université de Genève.
6. Jean-Luc Lambert, Université de Fribourg.
7. Jacques Langevin, Université de Montréal.
8. Gabriele Levi, Université de Rome.
9. Jean-Louis Paour, Université de Provence (Aix-en-Provence).
10. Bernadette Pierard, Ecole Supérieure de Logopédie à Ghlin.
11. Jean-A. Rondal, Université de Liège.
12. Miquel Serra, Université de Barcelone.
13. Christine Shaner-Wolles, Université de Vienne.
14. Miquel Siguan, Université de Barcelone.
15. Barbara Zollinger, Université de Rome.

Allocution d'ouverture du Colloque

Il est particulièrement encourageant de vous voir rassemblés aujourd'hui pour étudier le sujet si important qu'est le langage pour l'arriéré mental.

Je félicite les *organisateurs* d'avoir pris l'initiative de ce colloque.

Je remercie les *orateurs* d'avoir accepté d'y participer et de nous faire bénéficier de leurs connaissances.

Je remercie *tous ceux qui sont venus* ici pour en apprendre davantage et qui nous feront part, je l'espère, de leurs expériences personnelles et des problèmes qui les préoccupent.

La rencontre d'aujourd'hui vient à son heure car elle attire l'attention sur un des aspects essentiels de l'éducation et de la vie des arriérés mentaux trop peu connu de ceux qui devraient en avoir la responsabilité. J'espère qu'elle déclenchera un large *mouvement d'intérêt* pour la question et touchera ceux qui ont la charge immédiate des arriérés mentaux, les parents, le personnel enseignant, les éducateurs, les psychologues, les logopèdes.

Je souhaite surtout que dans la *formation* de ces personnes on inclue les connaissances sur le développement et les mécanismes d'apprentissage du langage et tous les problèmes qui s'y rapportent. Ces notions ne leur sont généralement pas assez connues. A l'heure actuelle, ceux qui ont la mission d'éduquer *dans nos écoles* laissent tomber les bras devant l'apprentissage du langage chez l'enfant arriéré mental. Ils considèrent que cette question est du ressort du logopède et se contentent de se plaindre de l'insuffisance des heures que le Ministère de l'Education Nationale accorde à ces spécialistes. Certains d'entre eux estiment même encore que le *silence* est une qualité importante de l'écolier et j'ai vu, il n'y a pas si longtemps, une classe où l'on collait un sparadrap sur la bouche des enfants bavards.

Je ne puis me résoudre à croire que *deux séances de logopédie* de 15 ou 30 minutes par semaine soit la panacée que l'on recherche. L'apprentissage du langage est affaire de *tous les instants* et est intimement lié à tous les actes de l'existence.

Les parents eux-mêmes, et surtout les parents de jeunes enfants, trop impatients peut-être et certainement trop peu sûrs d'eux, cherchent à tout prix l'intervention d'un logopède.

Je ne veux pas nier les *connaissances* et le *rôle de ce spécialiste* mais, pour le développement du langage, comme pour tous les autres aspects du développement du jeune enfant, le *rôle essentiel revient aux parents éclairés* et non pas remplacés par un spécialiste.

Mon *expérience clinique* m'a montré l'inquiétude et le désarroi des parents devant le retard ou l'absence de développement du langage chez leur enfant. C'est souvent même le motif qui les pousse à présenter l'enfant à la consultation médico-psychologique. Ils n'ont pas remarqué ou n'ont pas voulu voir le retard dans d'autres domaines. Ils ont trouvé diverses explications pour le justifier.

Des *interprétations* erronées sont parfois données au retard du langage, tant par les parents que par les personnes qu'ils ont consultées. On parle de *déficiences auditives*, ce qui doit toujours être très soigneusement vérifié par des examens répétés. Manquer un diagnostic de surdité est fort grave car cette erreur retarde l'instauration de l'éducation appropriée. L'inverse se produit d'ailleurs et l'on nous présente comme arriérés mentaux des enfants malentendants. *On parle d'autisme* et ceci aussi doit être soigneusement étudié car la plupart du temps, cette étiquette est mise sur un enfant gravement arriéré dont l'arriération seule suffit à expliquer l'absence de langage et les difficultés de communication. Malheureusement, certains adeptes de théories psychanalitiques se lancent alors dans la psychothérapie, *inutile* pour l'enfant et fort *culpabilisante* pour les parents. N'oublions pas que la fréquence de l'autisme ne dépasse pas 4 cas pour 10.000 (Lorna Young) et que l'interprétation psychanalitique de cette affection est abandonnée par la plupart des auteurs anglo-saxons. Sans rechercher un diagnostic aussi rare, les parents pensent parfois à des *troubles de comportement*: « Il n'obéit pas », « Il ne fait pas ce qu'on lui dit » qui en fait s'expliquent par l'absence de compréhension des directives données. Les parents et les éducateurs parlent d'ailleurs trop souvent en phrases longues et compliquées qui laissent l'enfant abasourdi ou indifférent. D'autres l'obligent à répéter en exigeant une prononciation parfaite; on lui fait dire des mots dont il ne comprend pas toujours le sens. Il faut *prendre le temps d'expliquer* à ces parents que le langage est un moyen de *communication* et non *pas une performance gratuite* et que l'ordre dans lequel les acquisitions peuvent se faire est très important.

C'est ici que se justifie *le rôle d'un logopède* ou d'un *psychologue* averti qui enseignera aux parents comment il faut apprendre à l'enfant à comprendre et à parler. S'il existe un domaine où la *collaboration* spécialistes et parents s'impose, c'est bien celui-ci.

Le même genre de collaboration devrait d'ailleurs exister entre *logopèdes* et *enseignants*. Leur travail serait bien plus efficace.

Faut-il dire enfin tout *l'espoir* que les parents mettent dans l'acquisition du langage. Certains l'expriment très naïvement en disant « s'il apprenait à parler, il rattraperait son retard ». Cette affirmation est simpliste bien sûr mais ce qu'ils ressentent confusément, ces parents, c'est la grande importance du langage, c'est qu'il est nécessaire que l'enfant comprenne leur langage pour qu'ils puissent lui communiquer leurs connaissances, c'est qu'il faut que l'enfant parle pour partager pleinement la vie de la famille, c'est que le langage est un facteur indispensable de participation sociale et d'autonomie.

Au nom de l'Association Nationale d'Aide aux Handicapés Mentaux, je vous remercie tous d'être venus aujourd'hui pour vous pencher sur ces problèmes.

Dr. Renée PORTRAY,
Présidente de l'A.N.A.H.M.

1. LANGAGE ET ARRIERATION MENTALE

Jean-A. RONDAL

On s'intéresse à la parole et au langage des personnes handicapées mentales depuis le début du siècle, approximativement. Les premières indications dans ce domaine étaient essentiellement *diagnostiques*. On enseignait au praticien que les sujets retardés mentaux sévères et profonds, appelés «idiots congénitaux» à l'époque, n'accédaient pas au langage verbal tandis que les retardés modérés, appelés «imbéciles», étaient capables de parler mais très simplement et jamais d'écrire. Quant au langage des retardés légers ou débiles mentaux, il était caractérisé comme proche de celui des sujets non retardés.

Mis à part ces caractéristiques fort grossières et fort générales, peu d'informations précises et documentées sur le langage des handicapés mentaux sont disponibles dans la littérature jusqu'aux années 30 et 40.

Si on prend comme indice le *nombre de publications spécialisées* portant électivement sur le langage des sujets handicapés mentaux, on constate (Figure 1) que ce nombre croît lentement jusqu'aux années 50 environ. On totalise à cette époque, en langues française et anglaise — la grande majorité des publications étant en langue anglaise —, environ 150 publications qui se répartissent, comme ce sera encore le cas par la suite, en travaux portant sur la *parole* des sujets handicapés mentaux (problèmes articulatoires notamment), le *langage* (c'est-à-dire les caractéristiques du code linguistique utilisés par ces sujets), et sur les *interventions* (thérapies) qu'on peut mener de façon à améliorer la parole et le langage de ces sujets.

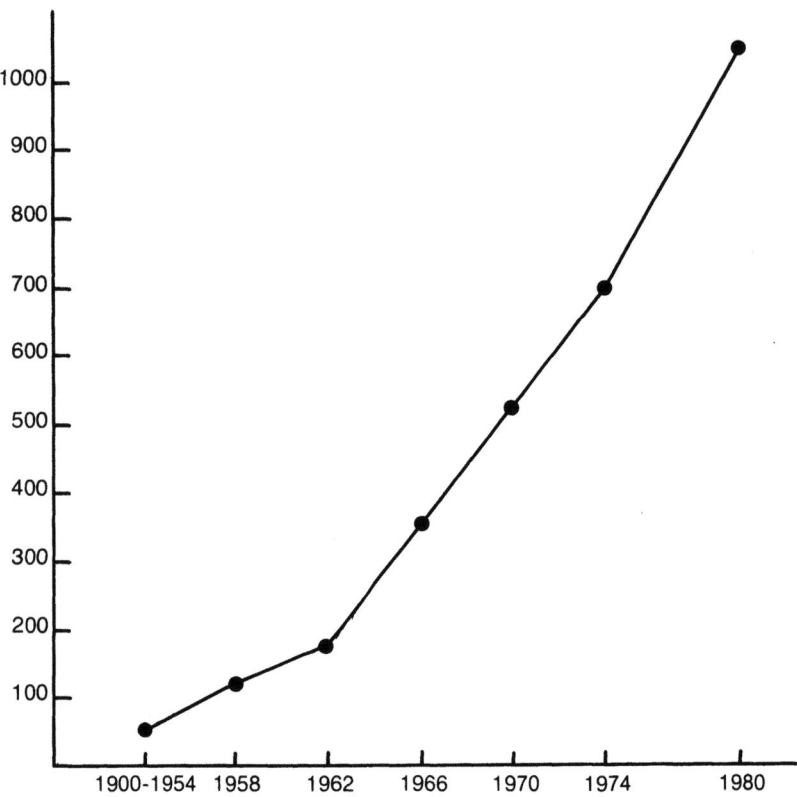

Figure 1. Courbe cumulative des publications en langue anglaise et française sur le sujet langage et arriération mentale depuis 1900.

Mais c'est surtout *à partir des années soixante* que les recherches et la mise au point de techniques et de démarches d'intervention langagière se multiplient. Le phénomène est particulièrement notable aux Etats-Unis, sous l'impulsion notamment des programmes mis en branle par l'administration démocrate alors au pouvoir, et du Président Kennedy et de sa famille notamment (création de la Fondation Joseph Kennedy, par exemple, élaboration de corps de législation portant sur les droits à l'éducation pour les personnes handicapées, etc.). Les publications spécialisées se multiplient dès cette période. Le mouvement d'accélération numérique ne s'est pas ralenti tout au long des vingt dernières années au moins en ce qui concerne les travaux sur le langage (cf. Figure 1). On est passé d'environ 180 publications au début des années soixante à environ 1.100 publications à l'heure actuelle. Le même phénomène est observable, à une échelle moindre, dans d'autres sociétés industrialisées.

Les travaux ainsi menés de plus en plus systématiquement depuis une vingtaine d'années ont permis l'accumulation d'un nombre important de données sur le langage des handicapés mentaux et de dégager et de tester un certain nombre de pistes d'intervention langagière avec ces sujets. Ces données concernent *les enfants* et, dans une moindre mesure, *les adolescents handicapés légers, modérés et sévères*. Il existe très peu d'informations, sinon depuis quelques années, sur la communication et l'entraînement à la communication (notamment gestuelle) chez les handicapés profonds. Beaucoup d'études ont été menées qui concernent les sujets *mongoliens* (syndrome de Down ou trisomie 21). La plupart des études menées depuis quelques années avec de jeunes enfants handicapés mentaux l'ont été avec des enfants mongoliens. Ceux-ci, comme on sait, peuvent être identifiés dès la naissance (et en fait avant la naissance). Il y a à ce jour peu d'études sur le langage et la communication chez les adultes handicapés mentaux, une lacune qui est en train d'être corrigée progressivement. Quelques études américaines ont été menées depuis peu de temps et d'autres sont en cours sur ce sujet. En langue française, un travail mené en collaboration avec Lambert sur ce sujet fait l'objet d'un rapport au cours du présent colloque.

De nombreuses questions restent posées certes, mais le savoir accumulé et les clarifications théoriques et pratiques apportées depuis une vingtaine d'années sont loin d'être négligeables. Il ne peut être question de tenter de résumer cette littérature. On consultera à cette fin les ouvrages spécialisés (en langue française, Rondal et Lambert, 1981a). Nous mentionnerons brièvement *les principaux apports factuels* des dernières années et *les principales orientations de recherche actuelles*.

De nombreuses études portent sur *la parole des sujets handicapés mentaux* et plus particulièrement sur les difficultés articulatoires rencontrées chez ces sujets. Celles-ci sont particulièrement fréquentes surtout chez les sujets handicapés mentaux modérés et sévères : de 70 à 80 % de troubles de la parole (tous troubles confondus : dyslalie, bégaiement, bredouillement, etc.) ont été rapportés chez les handicapés modérés et sévères, environ 10 % chez les handicapés légers (contre 5 % environ dans la population normale).

Ces niveaux élevés de troubles de la parole *s'expliquent* par la fréquence élevée des problèmes auditifs (divers) chez ces sujets (particulièrement les handicapés modérés et sévères), les malformations et dysfonctionnements du larynx et des structures associées de la bouche et du nez, sans oublier la coordination pneumo-glottique (respiration, régulation du débit expiratoire lors de l'articulation). C'est le plus souvent une conjonction de ces facteurs qui est responsable des problèmes articulatoires rencontrés chez les sujets handicapés mentaux.

On s'est intéressé *plus récemment* aux caractéristiques de l'acquisition des différents *phonèmes* de la langue et de leur combinaisons (co-articulation) pour former les mots du langage par les enfants retardés mentaux surtout modérés et sévères. Comment procèdent ces acquisitions ? Quels sont les types d'erreurs articulatoires les plus fréquentes ? Sont-elles de même nature que celles rencontrées chez les jeunes enfants normaux ? Telles sont quelques-unes des questions posées à ce sujet.

Les recherches faites à ce jour indiquent que le développement phonologique des arriérés mentaux est dans l'ensemble semblable à celui des enfants normaux quant à la succession des acquisitions mais non en ce qui concerne les paramètres temporels, c'est-à-dire les âges auxquels les différents phonèmes sont produits correctement ou à peu près correctement. Les enfants mongoliens présentent généralement des performances articulatoires inférieures en correction à celles des autres enfants retardés d'étiologie différente. Les enfants retardés comme les enfants normaux plus jeunes omettent les phonèmes les plus difficiles à articuler et tendent souvent à les replacer par des phonèmes articulatoirement plus simples. L'ordre de difficulté des phonèmes en isolation ou en combinaison correspond pour les enfants retardés et les enfants normaux.

Mais c'est sur le plan de l'apparition des premiers mots et du développement du vocabulaire, surtout de production, ainsi que de la réalisation des premiers énoncés à plusieurs mots (deux ou trois) que les enfants retardés mentaux modérés et sévères présentent les *retards les plus impressionnants*. Reprenons ces trois points un par un, non sans avoir précisé d'abord que les délais impressionnants que nous observons dans ce domaine des débuts du langage significatif chez les enfants retardés renvoient peut-être plus à l'absence généralisée de programmes d'intervention précoce avec ces enfants qu'à des déficits fixés une fois pour toutes et insurmontables chez ces enfants en ce qui concerne le premier développement linguistique. L'avenir nous éclairera sur cette question.

On sait que *l'âge moyen d'apparition des premiers mots* chez l'enfant normal est d'environ 15 mois. Chez l'enfant retardé mental modéré et sévère, par exemple l'enfant mongolien, on n'observe guère de langage significatif avant environ 22 ou 24 mois. Et à ce stade les productions significatives restent peu fréquentes (en deçà de 10 % en moyenne). Ce n'est pas avant 3 ou 4 ans, en général, que les enfants retardés modérés et sévères produisent des énoncés significatifs à un mot en nombre suffisant. On mesure le décalage avec le développement normal, un décalage qui désespère et décourage profondément beaucoup de parents.

Dès lors *le développement du vocabulaire* réceptif et productif procède sensiblement comme chez l'enfant normal *à égalité d'âge mental*. En d'autres termes, à âge mental correspondant, les enfants retardés mentaux et les enfants normaux obtiennent sensiblement les mêmes résultats quantitatifs aux épreuves de vocabulaire réceptif et productif (diversité lexicale surtout). Ils semblent reconnaître les mots présentés auditivement de la même façon et définir les mots qu'on leur demande de définir d'une façon qui correspond à celle des enfants normaux plus jeunes. Quantitativement donc le développement lexical semble procéder d'une façon similaire à celui des normaux, sauf bien entendu en ce qui concerne les âges chronologiques (civils), lesquels sont nettement plus élevés chez les enfants handicapés à niveau de développement égal avec les enfants normaux. Sur un plan plus *qualitatif*, qu'en est-il de la compréhension des mots par les enfants retardés mentaux et comment évolue-t-elle avec l'âge ?

Ici les données disponibles sont moins abondantes et aussi moins claires. Plusieurs auteurs (par exemple, Markowitz, 1976) indiquent que les enfants retardés ne semblent pas faire usage des mêmes stratégies développementales que les enfants normaux dans le décodage des paires ou des triplets d'adjectifs, prépositions et adverbes relatifs à l'organisation dans l'espace (par exemple, «grand», «petit»; «haut», «bas»; «long», «court»; «gros», «mince»; etc.). On trouve par exemple, à un moment du développement chez les enfants normaux, une stratégie de réponse qui consiste à toujours choisir l'objet le plus «grand» quel que soit le terme lexical proposé. De semblables stratégies semblent faire défaut chez les sujets retardés mentaux pour des raisons qui sont loin d'être claires à ce stade. Le rapport de Pierard qui sera présenté par la suite porte également sur la production et la compréhension des marqueurs de relations spatiales (chez les déficients légers). Il fait état de préoccupations analogues.

Sur le plan de la *morpho-syntaxe*, c'est-à-dire celui de la structuration des énoncés qui comportent plusieurs mots, les retards et les déficits observés chez les sujets retardés, particulièrement les retardés modérés et sévères, sont importants. Ils persistent jusqu'à l'âge adulte chez les sujets retardés modérés et sévères bien que certains progrès soient observables sur ce plan jusqu'à 20 ou 25 ans et même davantage.

Un indice intéressant, parce qu'il constitue une sorte de résumé des caractéristiques morpho-syntaxiques du langage combinatoire (à un niveau non transformationnel toutefois) concerne la *longueur moyenne des énoncés*. Pour faire simple, si on rapporte dans un corpus de langage le nombre de monèmes au nombre d'énoncés, on obtient un indice de longueur moyenne des énoncés. En valeur moyenne, cet indice tourne autour de 1.00 vers 4 ans chez les enfants retardés modérés et sévères et notamment les enfants mongoliens qui ont fait l'objet de plusieurs études à ce point de vue. On monte à environ 2.00 vers 6 ans et à environ 3.00 vers 9 et 10 ans. Il s'agit d'indications moyennes, il faut y insister. Elles signalent la lenteur de l'allongement progressif du discours chez ces enfants.

Qu'en est-il à ce même point de vue chez les *adolescents* et chez les *adultes* retardés mentaux modérés et sévères?

On atteint, semble-t-il, des longueurs moyennes de l'ordre de 4.50 vers 12 ans, 5.50 et 6.00 entre 13 et 18 ans, et autour de 6.50 chez les jeunes adultes retardés modérés et sévères, comme l'indique une série de recherches récentes menées à Liège (Lambert et Sohier, 1979; Rondal, Lambert et Sohier, 1980; Rondal et Lambert, 1981b; Rondal et collaborateurs, 1981). Le rapport de Lambert et Rondal qui sera présenté ultérieurement reprend et développe une partie de ces données. Bien que les données disponibles à ce stade concernent des groupes de sujets pris à différents âges (et non les mêmes sujets suivis pendant un intervalle de plusieurs années — ce qu'il conviendrait de faire également —), on peut suspecter à bon droit *une croissance linguistique lente mais sans doute continue chez ces sujets bien au-delà de 12 ans et vraisemblablement jusqu'à l'âge adulte*. Il convient de mettre cette indication en relation avec les observations d'auteurs comme Fisher et Zeaman (1970) montrant l'existence d'une croissance intellectuelle — mesurée en termes d'âge mental — chez les sujets retardés après 16 ans d'âge et au moins jusqu'à 35 ans chez les retardés légers et modérés. La croissance intellectuelle est beaucoup moins marquée chez les retardés sévères et profonds après 15 ou 16 ans d'âge. Ces indications devraient nous encourager à envisager sérieusement l'adolescence et le début de l'âge adulte comme des périodes propices à une intervention éducatives systématique dans les domaines cognitifs et linguistiques (au moins) avec ces sujets.

Il serait fastidieux, et en fait déplacé, de reprendre ici les diverses caractéristiques *morphologiques* et *syntaxiques* du langage des sujets handicapés mentaux et l'évolution de ces caractéristiques avec l'élévation en âge. Le rapport présenté par Chipman à ce colloque fait état de certaines données disponibles en langue française sur les capacités syntaxiques réceptives et productives chez les sujets handicapés mentaux légers et modérés. On peut dire à propos du langage des sujets handicapés modérés et sévères (et les études sur le langage des adultes handicapés sont bien sûr particulièrement intéressantes à ce point de vue) qu'il reste très élémentaire sur le plan de la morphologie grammaticale (les flexions nominales et pronominales en genre et en nombre, les flexions verbales indicatrices du temps du verbe, etc.) et de la syntaxe. On a calculé, par exemple, pour le langage des adultes arriérés modérés et sévères en situation de communication (cf. Lambert et Rondal, à ce colloque) que la proportion d'inflexions par énoncé est de l'ordre en moyenne de .50. En d'autres termes, seulement un énoncé sur deux en moyenne comporte une inflexion verbale, nominale, pronominale, adjectivale ou autre. C'est peu de chose. Sur le plan de la syntaxe productive, le discours comporte beaucoup de déclaratives (affirmatives et négatives simples), d'impératives (selon le contexte situationnel), et de questions posées avec un minimun de formalisation (là aussi selon le contexte situationnel).

La somme des moyens formels mis en œuvre reste peu élevée en général. On se souviendra cependant de l'existence de fréquentes et importantes variations individuelles entre les individus retardés mentaux à tous les niveaux de handicap. Il faut y insister et en même temps reconnaître notre ignorance totale ou presque totale des raisons de ces variations interindividuelles. Le milieu social joue un rôle non négligeable dans la genèse de ces différences, semble-t-il, de même que l'existence ou non d'une intervention précoce ainsi que la qualité et l'importance quantitative de cette intervention lorsqu'elle est menée. En dehors de ce début d'information, le mystère de la variabilité interindividuelle chez les handicapés mentaux reste entier. Il conviendrait de s'y attaquer beaucoup plus résolument et d'inscrire cette question au centre de nos préoccupations de recherche au lieu de la considérer trop souvent comme une source d'erreur, au sens statistique du terme, donc quelque chose qui gêne la mise en évidence d'effets significatifs, un bruit en quelque sorte qu'il faut neutraliser de façon à clarifier la réception du signal (les effets étudiés). Il n'en est rien. La variabilité interindividuelle doit être expliquée. Elle est un effet conjugé d'une série de variables développementales qu'il faut identifier et mesurer si on veut comprendre le handicap mental.

En dehors des données disponibles sur les *aspects formels* du langage des sujets handicapés mentaux, il faut signaler plusieurs *courants de recherches* et *problématiques* qui reçoivent une attention soutenue depuis quelques années, reflétant dans le domaine du handicap mental, des développements empiriques et conceptuels intervenus dans d'autres domaines comme la psycholinguistique et la psychologie expérimentale.

Un premier domaine est celui de la *communication non verbale* et des relations, notamment développementales, entre expression et communication non verbale et verbale. La communication non verbale est un domaine d'importance particulière aux niveaux inférieurs du handicap mental, là où l'expression verbale est gravement perturbée et n'émerge que très difficilement ou pas du tout. On a montré dans plusieurs travaux qu'il est parfaitement possible, en appliquant les principes et les techniques de la psychologie de l'apprentissage, d'enseigner aux handicapés profonds à communiquer *par signes*. En outre, ces apprentissages gestuels et la communication gestuelle qu'ils permettent *favorisent* l'acquisition des *mots conventionnels*.

Il existe, certes, d'autres systèmes de communication non verbale, comme le système Bliss, pour le langage écrit, et les techniques associées. Dans le même ordre d'idées, une technique issue d'un laboratoire américain, le système de Premack avec utilisation de jetons aimantés de matière plastique applicables sur un tableau métallique, a été utilisée avec succès dans le cas des enfants autistes et aussi dans le cas des sujets arriérés mentaux profonds (sans guère d'autres moyens de communication) par Cobben-Jaspar (cf. infra).

Un autre domaine en pleine expansion est celui de l'étude des *interactions verbales entre parents et enfants retardés mentaux, entre enfants normaux et enfants retardés*, et *enfants retardés entre eux,* dans le cadre de *l'école* (enseignement intégré, le cas échéant) et des activités parascolaires.

On étudie depuis quelques années la façon dont les parents des jeunes enfants handicapés mentaux modérés et sévères parlent à leurs enfants en situations «naturelles». Ces études constituent le parallèle avec les nombreuses études sur le langage des parents à leurs jeunes enfants normaux menés depuis une dizaine d'années. Ces recherches sont d'importance puisqu'elles permettent de documenter *le type de langage reçu* par l'enfant à titre de matériau de base, si on peut dire, pour son développement linguistique et de fournir des informations sur *les pratiques éducatives* des parents sur ce point. Les études menées à ce jour indiquent que les parents s'adaptent bien en général aux capacités linguistiques limitées de leur enfant retardé. C'est *le niveau de langage productif et réceptif* de l'enfant qui contrôle principalement les adaptations verbales des adultes et notamment des parents. On a montré que le langage adressé par les mères des enfants mongoliens à leurs enfants correspond très précisément sur le plan structurel au langage adressé par leurs mères à des enfants normaux plus jeunes. *L'environnement linguistique* des enfants mongoliens semble donc, autant qu'on en puisse juger sur la base des données disponibles, être *sain*, c'est-à-dire globalement favorable au développement du langage, en fait aussi favorable que l'environnement linguistique des jeunes enfants normaux (Rondal, 1978). Cela ne signifie pas, évidemment, que l'environnement linguistique des enfants handicapés mentaux ne puisse pas *être rendu plus favorable encore au développement du langage*, exactement comme l'environnement linguistique de l'enfant normal pourrait être manipulé de façon à accélérer le développement de ce dernier. Nous en reparlerons brièvement plus loin à propos de l'intervention langagière avec les enfants handicapés mentaux.

Les recherches sur les interactions verbales *entre enfants normaux et enfants retardés mentaux* et *entre enfants retardés entre eux* montrent que les mêmes principes qui guident les réglages des interactions entre adultes et enfants normaux y sont applicables. Ce sont les niveaux de capacité linguistique respectifs qui guident *les adaptations linguistiques* des interlocuteurs en présence et même, dans une certaine mesure, *le choix des partenaires*. Des travaux récents menés par Guralnick et Brown (1977) et par Hoy et Mcknight (1977) notamment, montrent que les enfants normaux et retardés placés en situation de jeu libre ou de jeu dirigé choisissent de préférence des partenaires plus évolués sur le plan de l'intelligence et sur le plan langage, ces partenaires étant « socialement » plus prestigieux pour ainsi dire, et d'autre part que les partenaires plus évolués linguistiquement simplifient leur langage dans ses aspects *formels* et dans ses *contenus* lorsqu'ils s'adressent à des partenaires moins évolués. Ces données sont très intéressantes. Elles posent cependant de délicats problèmes en ce qui concerne les tentatives d'intégration des enfants handicapés mentaux dans les milieux scolaires fréquentés par les enfants normaux, comme on pourrait être tenté de le faire très prochainement en Belgique, et en Europe continentale en général, suivant en cela l'exemple américain. En effet, si les enfants qui s'expriment le mieux et qui communiquent le mieux sont les partenaires de jeux et d'activités les plus souvent choisis, qu'en sera-t-il dans la classe des enfants fonctionnant à des niveaux communicatifs inférieurs ? De même, s'il est vrai que les interlocuteurs tendent à adapter leur langage l'un à l'autre sur le plan formel et sur le plan des contenus, qu'en serait-il des enfants normaux en contact permanent avec des interlocuteurs plus immatures sur le plan de la langue (notamment). Toutes questions qu'il conviendrait d'envisager sérieusement au moment d'entreprendre une démarche d'intégration des sujets retardés dans le milieu scolaire des enfants non retardés.

Quantité d'autres questions mériteraient examen dans une revue comme celle-ci. Mais nous sommes sévèrement limités par le temps. Le problème *des moyens à la disposition du praticien* pour évaluer et mesurer le langage des enfants handicapés mentaux est crucial mais ne reçoit pas suffisamment d'attention de la part des spécialistes. C'est un cas particulier du problème général de la carence relative de moyens évaluatifs standardisés et étalonnés en ce qui concerne la langue française.

Mais je préfère évoquer, en terminant, le problème capital, il va de soi, de *l'intervention langagière* avec les enfants handicapés mentaux. C'est un domaine où tout ou presque reste à faire sur le plan pratique dans nos pays. Ce qui implique une organisation et des moyens financiers dont nous ne disposons pas dans la plupart des cas. Et pourtant, *la technologie existe* ! On sait aujourd'hui qu'une intervention maximalement efficace avec les enfants retardés mentaux doit réunir au moins quatre conditions sur le plan technique, à savoir :

1. Commencer *très tôt*, le plus tôt possible.
2. Impliquer activement *la famille* de l'enfant handicapé, et notamment les parents.
3. Etre de nature *développementale*, c'est-à-dire être basée et guidée par les données maintenant disponibles en quantité suffisante sur le développement du langage chez les enfants normaux.
4. Faire usage *des principes* d'apprentissage mis au point par la psychologie de l'apprentissage et notamment ceux développés et raffinés par *l'école operante*.

Tout indique en effet qu'une intervention commencée précocement a les meilleures chances d'être efficace et de produire des effets durables. Tout indique également que, dans ses grandes lignes et en ce qui concerne le développement linguistique de base, *le développement procède de la même façon chez les enfants normaux et chez les enfants retardés.* En d'autres termes, c'est le même développement linguistique dans les deux populations mais il se fait à des rythmes différents et il reste incomplet chez les sujets handicapés mentaux. *L'utilisation des principes de l'apprentissages operant* combinés avec ceux *du modelage ou de l'apprentissage (dirigé) par observation et imitation* est générale dans les technologies d'intervention langagière expérimentées et raffinées à ce jour avec les sujets retardés.

Enfin, il faut insister sur le rôle et la participation des parents dans un processus d'intervention langagière bien conçu. On a mis au point depuis quelques années, surtout aux Etats-Unis, divers systèmes d'intervention langagière qui impliquent une équipe d'intervenants, des enfants-cibles, si on peut dire, et les parents, surtout la mère. L'essentiel de l'intervention est mené à domicile à raison de quelques minutes par jour ou à intervalles réguliers, ce qui garantit la généralisation des effets obtenus au contexte « naturel » de fonctionnement des enfants. La mère est guidée dans son action par les « intervenants » ou spécialistes.

Il existe *des variantes techniques* notables dans les façons de procéder et une des préoccupations actuelles des chercheurs dans ces pays est *de déterminer les modalités d'intervention familiale les plus économiques et les plus efficaces.*

Une *période nouvelle* est en train de s'ouvrir dans le domaine de l'intervention avec la participation active et éclairée des parents. Notre pays, de même que les pays d'Europe continentale, sont malheureusement en retard à ce point de vue. Il serait vivement souhaitable qu'une action décidée soit entreprise de façon à pouvoir mettre à la disposition des parents les modalités d'intervention langagière les plus efficaces au lieu de végéter dans des modes d'intervention impliquant uniquement l'enfant et le thérapeute dans un contexte thérapeutique artificiel, modes d'intervention qui apparaissent dépassés en général même s'ils peuvent être utiles dans certains cas particuliers.

BIBLIOGRAPHIE

FISHER, M.A. et ZEAMAN, D. Growth and decline of retardate intelligence. In N. Ellis (Ed.), *International review of research in mental retardation* (Vol. 4). New York: Academic Press, 1970.

GURALNICK, M. et BROWN, D. The nature of verbal interactions among handicapped and nonhandicapped preschool children. *Child Development*, 1977, *48*, 254-260.

HOY, E.A. et McKNIGHT, J.R. Communication style and effectiveness in homogeneous and heterogeneous dyads of retarded children. *American Journal of Mental Deficiency*, 1977, *81*, 587-598.

LAMBERT, J.L. et SOHIER, C. *Données sur le langage d'enfants arriérés mentaux modérés et sévères*. Rapport de recherche, Université de Liège, 1979.

MARKOWITZ, J. *The acquisition of spatial adjectives in their nominal, comparative, and superlative forms among moderately retarded children*. Communication présentée à la convention annuelle de l'American Association on Mental Deficiency, Chicago, juin 1976.

RONDAL, J.A. Maternal speech to normal and Down's syndrome children matched for mean length of utterance. In E. Meyers (Ed), *Quality of life in severely and profoundly mentally retarded people: Research foundations for improvement*. Washington, D.C.: American Association on Mental Deficiency, Monograph N° 3, 1978, pp. 193-265.

RONDAL, J.A. et LAMBERT, J.L. *Langage et communication chez les handicapés mentaux: Théorie, évaluation et intervention*. Neuchâtel: Delachaux et Niestlé, 1981, sous presse (a).

RONDAL, J.A. et LAMBERT, J.L. *The speech of mentally retarded adults in a dyadic communication situation: some formal and informative aspects*. Soumis pour publication, 1981 (b).

RONDAL, J.A. LAMBERT, J.L. et SOHIER, C. L'imitation verbale et non verbale chez l'enfant retardé mental mongolien et non mongolien. *Enfance*, 1980, *3*, 107-122.

RONDAL, J.A. COQUIART, P., CROMMEN, T., MARISSIAUX, P., NEUVILLE, P., ROLIN, K. et THONON, C. *Aspects du langage des adolescents arriérés mentaux*. Rapport de recherche. Université de Liège, 1981.

2. LANGAGE ET DEVELOPPEMENT COGNITIF

Les travaux présentés sous cette couverture cherchent à évaluer le rôle des facteurs cognitifs dans le développement du langage chez les enfants handicapés mentaux. La première intervention porte spécifiquement sur l'apprentissage des structures logiques (notamment les conservations) et sur les effets que ces apprentissages peuvent avoir sur l'acquisition de certaines structures linguistiques comme les phrases à la voix passive. La seconde et la troisième intervention rapportent une série de données empiriques respectivement sur l'acquisition des prépositions et des adverbes relatifs à l'espace et sur la construction des phrases notamment en ce qui concerne leur organisation syntaxique de base.

2.1. Apprentissage des structures logiques et développement du langage chez les arriérés mentaux

Jean-Louis PAOUR

J'ai quelques scrupules à parler sur le thème « Apprentissage des structures logiques et langage chez les arriérés ». En effet, les travaux d'apprentissage opératoire conduits chez les arriérés ont, jusqu'ici, assez peu exploré la problématique des relations entre le développement des structures cognitives et celui du langage : qu'il s'agisse de la possibilité d'influencer le développement du langage par l'apprentissage de schèmes sensori-moteurs ou d'opérations concrètes ou qu'il s'agisse de l'utilisation de procédures verbales pour provoquer l'acquisition des opérations intellectuelles. A partir des quelques rares travaux qui font exception, je m'efforcerai de traiter le thème annoncé en deux temps : en présentant d'abord des données issues de l'apprentissage verbal des conservations, puis en faisant état de données relatives aux effets d'un apprentissage opératoire réussi sur le développement du langage.

1. L'apprentissage verbal des conservations

Le problème de l'influence du langage sur le développement de la pensée logique déborde très largement ce que l'on peut appeler l'apprentissage verbal des opérations intellectuelles. Mais il faut constater que dans le domaine de l'apprentissage opératoire cette problématique a été presque exclusivement orientée par la critique du paradigme des épreuves piagétiennes. Sans contester la légitimité et l'intérêt de cette attitude critique, on peut regretter qu'elle n'ait donné lieu qu'à des utilisations superficielles du langage comme instrument d'intervention. On regrettera également que l'étude de l'influence des verbalisations de l'expérimentateur ait été privilégiée au détriment de celle du langage du sujet. Compte tenu de la nature des travaux, notre investigation se limitera donc aux expériences d'apprentissage verbal des conservations conduites chez les arriérés. Comme je l'ai signalé, les données sont peu nombreuses. D'une part, seules les procédures d'apprentissage explicitement didactiques sont ici utiles; les autres procédures d'induction que j'ai mises en œuvre [1] et les procédures fondées sur la création de conflits cognitifs, ne permettent pas en effet d'évaluer l'impact des verbalisations de l'expérimentateur [2]; dans l'état actuel de leur méthodologie, elles ne permettent pas non plus d'évaluer l'importance de la médiation verbale pour la résolution des situations-problèmes constituant les étapes de l'apprentissage. D'autre part, la problématique qui a prévalu jusqu'ici (est-il possible d'accélérer ou de provoquer l'apparition des notions opératoires chez les arriérés?) a conduit les auteurs à optimaliser l'efficacité de leurs interventions en conjuguant plusieurs procédures connues pour être efficaces auprès des enfants normaux; optimalisation qui va bien entendu à l'encontre d'une étude de l'efficacité relative des différentes procédures et de leurs principales composantes.

L'expression *apprentissage verbal* des structures logiques recouvre au moins deux formes d'intervention fort différentes.

La première consiste à provoquer, tout d'abord, l'acquisition des formes verbales utilisées pour exprimer l'opération: celle, par exemple, des quantificateurs verbaux servant à décrire et à comparer des grandeurs continues et discontinues (Sinclair, 1967); si l'apprentissage des formes verbales est possible, on recherchera ensuite ses effets éventuels sur la maîtrise de l'opération correspondante.

La seconde consiste à « expliquer » l'opération en utilisant l'argumentation du niveau opératoire comme, par exemple, dans le travail de Beilin (1965): on demande au sujet de se prononcer sur l'égalité quantitative du stimulus dont on modifie la configuration; chaque fois qu'il donne une réponse erronée ou une justification non pertinente, l'expérimentateur explicite le principe de la conservation (« Je bouge les jetons. Regarde, ils ont changé de place mais il y en a toujours autant qu'avant. Ils sont seulement arrangés différemment. Regarde, je peux les remettre exactement comme ils étaient; tu vois qu'il y en a exactement le même nombre qu'avant puisque je n'en ai ni ajouté ni enlevé. Je n'ai fait que les bouger »).

Il convient donc de distinguer ces deux formes d'apprentissage verbal des opérations intellectuelles. La première pose le problème classique du langage comme facteur plus ou moins nécessaire ou adjuvant de la genèse des opérations. Cette problématique semble, aujourd'hui, être tombée en désuétude.

La seconde forme d'apprentissage concerne la fonction instrumentale du langage pris comme un médiateur possible de l'apprentissage des opérations. Médiation qui, en l'occurrence, peut non seulement consister à guider l'analyse perceptive des stimulus et de leurs transformations (apprentissage par «démonstration»)[3] mais encore à donner carrément les règles de conservation («explication»).

C'est essentiellement cette seconde problématique que je développerai dans une perspective de comparaison normaux-arriérés. Je comparerai en particulier les effets de l'apprentissage par «explication» à ceux de l'apprentissage par «démonstration» dans l'une et l'autre population; comparaison qui nous situera sur le terrain du fonctionnement cognitif. Au préalable, il conviendra de nous interroger sur la nature des effets produits par «l'explication» de l'opération.

1.1. *Enonciation des arguments de conservation*

Il est une forme d'apprentissage verbal de la conservation qui doit être distinguée de l'apprentissage par explication: les arguments de conservation n'y sont en effet pas associés à des cycles de manipulations des stimulus visant à dérouter les stratégies préopératoires d'évaluation quantitative et donc à favoriser l'appropriation des explications. Les arguments sont tout simplement présentés à l'occasion des problèmes conventionnels de conservation.

Les techniques de modelage du comportement sont à l'origine de ce type d'apprentissage verbal. Les auteurs (Litrownik, Franzini & Turner, 1976; Litrownik, Franzini, Kimball-Livingston & Harvey, 1978) montrent à leurs sujets (enfants arriérés modérés) l'enregistrement magnétoscopique d'un jeune adulte auquel on fait passer des épreuves de conservation. Il est présenté comme une personne qui joue bien et qui prend plaisir à ces jeux: il répond, en effet, correctement à toutes les questions et justifie ses réponses en développant les arguments classiques de conservation; à la fin de chaque épreuve, il est félicité pour sa bonne performance. Un enregistrement contrôle présente le même sujet face au même matériel mais ayant à répondre à des questions qui ne portent pas sur la conservation.

Je tenais à présenter rapidement ces expériences pour bien établir que l'énonciation des arguments de conservation est inopérante. En effet, la projection s'avère totalement inefficace avec un premier groupe d'enfants arriérés modérés de 4 ans 3 mois d'âge mental moyen. Elle provoque quelques progrès, mais limités aux seules épreuves de démonstration, avec un second groupe d'arriérés modérés d'un âge mental moyen voisin de 7 ans 2 mois. Ce résultat se trouve confirmé par un troisième groupe d'arriérés modérés de même âge mental qui permet en outre de constater que les progrès ne sont pas stables puisque les scores obtenus au second post-test, présenté trois semaines après le premier, son significativement inférieurs.

C'est dans cette même catégorie d'apprentissage que je rangerai la procédure de Borys & Spitz (1979), bien qu'elle soit conçue pour induire un conflit interpersonnel. Sur la base d'un pré-test, les auteurs constituent des paires de sujets dont l'un est conservant et l'autre non conservant. On explique à chaque paire de sujets qu'il s'agit de refaire les mêmes épreuves mais en travaillant en commun. Après avoir signalé aux sujets qu'ils avaient donné individuellement des réponses différentes, on les invite à se mettre d'accord pour ne donner qu'une seule et même réponse. Les sujets sont de jeunes adultes arriérés légers (âge chronologique moyen : 20 ans) de 10 ans 5 mois d'âge mental moyen. L'interaction suscitée provoque un progrès faible mais statistiquement significatif dans le groupe expérimental. Cependant des items «piège» de conservation d'une inégalité intercalés parmi les items classiques révèlent que les progrès sont la conséquence de l'apprentissage stéréotypé de la réponse «la même chose».[4]

De cet ensemble de travaux, retenons donc que la simple «énonciation» des arguments de conservation ne suffit pas à provoquer une compréhension véritable, généralisée et durable des problèmes de conservation et cela même chez des sujets qui, on l'aura noté, ont pourtant un âge mental relativement élevé.

1.2. Explication «versus» démonstration de la conservation

Je présenterai maintenant les travaux de Field (1974, 1977 a et b, 1978, 1979) qui permettent de comparer l'efficacité des apprentissages par «explication» et par «démonstration» chez l'enfant normal et arriéré léger.

Les procédures confrontées par Field relèvent toutes deux d'une conception didactique de l'apprentissage des conservations; c'est en effet la procédure imaginée par Gelman (1969) qui leur sert de cadre commun. Je commencerai par la décrire telle qu'elle est mise en œuvre par Field.

1.2.1. *Apprentissage discriminatif des dimensions pertinentes des situations de conservation*

Gelman a proposé d'interpréter l'acquisition d'une conservation donnée dans une classe définie de transformations non comme la conséquence d'une restructuration cognitive mais comme le résultat d'un apprentissage discriminatif des dimensions pertinentes de la situation. Pour elle, la difficulté essentielle des épreuves de conservation est de parvenir à distinguer, parmi les différents indices perceptifs (hauteur, largeur, nombre, densité, couleur, position, orientation, disposition, ...) ceux qui permettent de répondre adéquatement à la question posée. Afin d'éprouver son interprétation, Gelman construit, sur le modèle de l'apprentissage discriminatif, une procédure destinée à provoquer, par renforcement des bonnes réponses, la discrimination des dimensions pertinentes dans les épreuves de conservation du nombre et de la longueur (« baguettes déplacées »).

Le principe consiste à présenter trois stimulus (trois ensembles d'objets discrets ou trois objets allongés), dont deux sont quantitativement égaux, dans des configurations qui doivent amener progressivement le sujet à ne plus tenir compte des indices non pertinents pour répondre à la question: « Montre-moi les deux rangées qui ont le même nombre de jetons ». Les stimulus sont présentés dans un cycle de transformations dont la figure 1 fournit un exemple: la configuration de départ (1a) doit induire une bonne réponse puisque aussi bien l'indice pertinent (nombre) que les indices non pertinents (longueur, densité, dépassement et point d'arrivée) concourent à désigner sans ambiguïté les stimulus quantitativement égaux; on attend des configurations suivantes (1b et 1c) qu'elles provoquent la discrimination entre indices pertinents et non pertinents. A cet effet, chaque bonne réponse est immédiatement renforcée à la fois verbalement (« bien ») et de manière tangible (jetons échangés en fin de séance contre des bonbons); les mauvaises réponses n'entraînent qu'un commentaire « neutre » et le passage immédiat à la situation suivante.

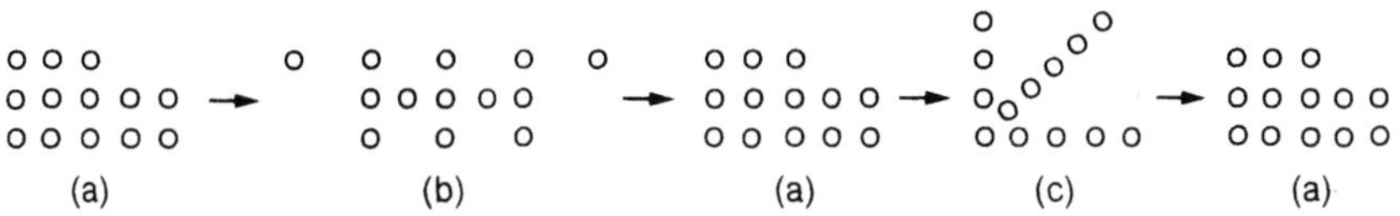

```
  o o o         o  o  o  o  o       o o o         o  o°o        o o o
o o o o o  →   o o o o o       →   o o o o o →  o o°o°   →    o o o o o
o o o o o       o     o    o       o o o o o    o o°o  o  o   o o o o o
   (a)                (b)              (a)          (c)           (a)
```

Figure 1. Exemple de cycle de transformation utilisé par Field (d'après Field, 1974).

Dans les expériences de Field, chaque séance d'apprentissage comporte dix cycles de deux transformations de la situation initiale; cinq sont relatifs au nombre et cinq à la longueur. D'un cycle à l'autre, on fait varier la nature des stimulus, leur arrangement ainsi que leur nombre ou leur longueur; on s'efforce par ailleurs d'accroître la difficulté de la discrimination perceptive d'une séance à l'autre. A chaque séance, le sujet doit donc désigner au total trente paires de stimulus qui lui paraissent comporter le même nombre d'éléments ou posséder la même longueur. L'intervention de Field consiste en trois séances d'apprentissage proposées à un intervalle compris entre quatre et sept jours.

1.2.2. Association des arguments de conservation avec l'apprentissage discriminatif

Field compare son adaptation[5] de la procédure de Gelman à une autre procédure associant apprentissage discriminatif et « explication » de la conservation. Selon cette procédure, les sujets sont confrontés aux situations précédentes et renforcés selon les mêmes modalités mais l'expérimentateur fait suivre leurs réponses, justes ou fausses, d'un des arguments de conservation: par exemple, « Tu vois, j'ai simplement bougé les bonbons. Regarde, je peux les remettre à nouveau comme ils étaient et tu peux voir qu'il y a toujours le même nombre », à la suite d'une réponse fausse; « C'est très bien. Tu sais que cela ne fait pas de différence que les bâtons soient alignés ou placés d'une autre façon: cela ne change pas leur longueur », à la suite d'une réponse juste. Les trois arguments sont présentés tour à tour, d'une situation à l'autre, avec une égale fréquence. Pour les trois séances d'entraînement, chaque sujet entend donc au total soixante fois l'énoncé d'une règle de conservation.

Field dispose par ailleurs d'un groupe contrôle pour lequel on a égalisé le temps d'interaction avec l'expérimentateur, les modalités et le taux de renforcement avec les deux groupes expérimentaux.

1.2.3. Signification des acquisitions provoquées par apprentissage didactique

Avant d'en arriver aux résultats, il convient de s'interroger sur la nature des acquisitions réalisées sous l'influence de cette forme d'apprentissage. En effet, plus que toutes autres, les procédures didactiques et *plus encore l'explication des règles de conservation soulèvent le difficile problème de la signification des comportements provoqués*. On sait qu'à maintes reprises les genevois ont mis en question l'authenticité structurale de comportements obtenus par apprentissage didactique. Dans la préface à l'ouvrage d'Inhelder, Sinclair et Bovet (1974), Piaget subordonne l'interprétation de telles acquisitions à l'examen de leur stabilité et de leur intégration fonctionnelle ; l'acquisition de la maîtrise effective d'une opération se caractérisent, d'après lui, non seulement par sa permanence mais également par sa capacité à induire des acquisitions ultérieures sans par ailleurs entraver le cours du développement spontané. De façon générale, on s'est encore assez peu préoccupé des deux dernières conditions. Il est cependant fondamental, notamment dans les recherches conduites chez les arriérés, d'être en mesure d'apprécier le degré d'intégration fonctionnelle des acquisitions provoquées. Il ne faut d'ailleurs pas restreindre cette investigation à la recherche de généralisations dans le seul domaine des opérations intellectuelles ; il convient au contraire de l'étendre à la recherche d'éventuelles modifications concomitantes du répertoire comportemental quotidien (activités scolaires, professionnelles ou sociales). En d'autres termes, *il s'agit de se demander si les sujets ont effectivement changé et en quoi*.

Comme la quasi-totalité des auteurs, Field n'a pas cherché à apprécier le degré d'intégration fonctionnelle des acquisitions provoquées en dehors du domaine des conservations : elle se propose de provoquer l'acquisition de deux invariants (nombre et longueur) et d'en rechercher les effets sur la maîtrise de trois autres (quantités continues ; liquides transvasés et substance ; conservation du poids). On s'interrogera bien sûr sur la signification de telles généralisations.

Il faut, tout d'abord, faire valoir que ce type de généralisation est loin d'être important et systématique dans les travaux où l'on use d'apprentissages de nature didactique. Il est également opportun de rapporter que la procédure « verbale » de Beilin, par ailleurs la plus efficace de ses trois procédures, ne donne pas lieu à des réussites dans les épreuves de transfert (ses sujets sont des enfants normaux de 5 ans 4 mois d'âge chronologique moyen). Un ensemble de données nous interdit par ailleurs d'interpréter les progrès réalisés dans les expériences de Field comme la conséquence de l'apprentissage de verbalisations stéréotypées en réponse à des situations spécifiques :

- Les situations d'apprentissage ne correspondent pas exactement à celles des épreuves de conservation puisqu'il s'agit de désigner parmi trois stimulus les deux qui sont quantitativement égaux.

- Les épreuves de conservation du pré-test et des post-tests respectent les conditions piagétiennes de mise en évidence des comportements opératoires.

- Des situations de non-conservation et des situations de conservation d'une égalité (dont on a pu mesurer l'intérêt dans le travail de Borys et Spitz) ont été intercalées afin de déceler les sujets répondant de façon stéréotypée.

- L'examen des justifications recueillies amène à penser que les sujets ne paraissent pas répondre de manière stéréotypée : on observe en effet une grande diversité dans l'argumentation aussi bien d'un sujet à l'autre que chez un même sujet. Lorsqu'on n'expose au cours de l'apprentissage qu'un seul type d'argument on constate que les sujets peuvent également produire les deux autres aux post-tests.

- Enfin, il convient, bien sûr, de prendre en considération la stabilité des progressions. De ce point de vue, il faut signaler que les expériences de Field se distinguent par des post-tests suffisamment différés pour permettre d'évaluer la stabilité à long terme (à 2,5 et même 16 mois)[6].

Bien que l'évaluation de leur intégration fonctionnelle demeure incomplète, je pense que les progrès provoqués par cette forme d'apprentissage doivent être pris en considération dès lors qu'ils satisfont aux exigences de généralisation et de stabilité. Rappelons que notre propos est d'ailleurs davantage de comparer la réaction des normaux et des arriérés à l'intervention que de soulever la problématique de la signification structurale des apprentissages[7].

1.2.4. Efficacité comparée des deux procédures

Ces remarques faites, examinons les données de Field consignées dans le tableau I.

Tableau I:
Efficacité des deux procédures d'apprentissage chez des enfants normaux et arriérés
(d'après Field, 1979)

Expériences	Caractéristiques des populations*	Groupes Expérimentaux	Score global moyen de conservation (sur 5)	
			Post-test 1	Post-test 2
4	ARRIERES	Contrôle	.00	.00
(Field, 1977)	A.M.: 4 ; 4 A.C.: 8 ; 7	Explication**	2.00	2.67 (a)
1	ARRIERES	Contrôle	.29	.66 (b)
(Field, 1974)	A.M.: 6 ; 10 A.C.: 10 ; 7	Discrimination Explication	.88 2.71	.50 (b) 2.42 (b)
3	NON ARRIERES	Contrôle	.00	.50 (c)
(Field, 1977)	A.M.: 6 ; 3 A.C.: 5 ; 3	Discrimination Explication	1.75 2.63	2.71 (c) 2.75 (c)
5	ARRIERES	Contrôle	.17	—
(Field, 1978)	A.M.: 6 ; 0 A.C.: 10 ; 1	Explication	4.17	—
6	NON ARRIERES	Contrôle	.29	.50 (d)
(Field, 1978)	A.M.: 5 ; 5 A.C.: 4 ; 3	Discrimination Explication	.86 2.14	.71 (d) 2.60 (d)

* : moyennes exprimées en années et mois.
** : explicitation des arguments de conservation associée à l'apprentissage discriminatif.
(a): Après deux séances d'apprentissage supplémentaires; second post-test présenté 4 mois après le premier.
(b): Présenté 16 mois après le premier.
(c): Présenté 4 mois après le premier.
(d): Présenté entre 2 1/2 et 5 mois après le premier.

Au pré-test, les sujets ne donnent que des réponses non conservantes. Le résultat des post-tests est ici exprimé au moyen d'un indice global: chaque épreuve de conservation totalement réussie (réussite à toutes les questions et justification logique des réponses) est créditée d'un point; un score de cinq points signifie donc que les deux épreuves qui font l'objet de l'apprentissage (nombre et longueur) ainsi que les trois servant à évaluer la généralisation (transvasement de liquides, substance et poids) sont totalement réussies. Il est regrettable que, sauf à propos de l'expérience 1, nous ne disposions pas de scores individuels. Bien qu'il s'agisse donc de scores moyens, nous serons attentifs aux scores supérieurs à 2 qui signalent une généralisation à une (ou des) conservation(s) n'ayant pas fait l'objet de l'apprentissage.

A nous en tenir pour l'instant aux résultats des arriérés (expérience 4, 1 et 5), *constatons tout d'abord qu'il est possible de leur faire acquérir des invariants à l'aide d'une procédure de nature didactique.*

Tableau II:
Expérience 1 - Résultats individuels au premier post-test (Sujets arriérés).
(d'après Field, 1974)

Groupes expérimentaux	Patrons de réponse et effectifs					
	Nombre	Longueur	liquides	substance	poids	
Contrôle	−	−	−	−	−	(6)
	−	+	−	−	−	(1)
	−	−	−	−	+	(1)
Discrimination	−	−	−	−	−	(5)
	+	+	−	−	−	(2)
	+	+	−	+	−	(1)
Explication	+	−	−	−	−	(1)
	−	+	−	−	−	(1)
	+	+	−	−	−	(2)
	+	+	−	+	−	(1)
	+	+	+	+	+	(2)

Le tableau II qui donne des résultats individuels (premier post-test de l'expérience 1) révèle par exemple des changements relativement importants dans l'un des groupes expérimentaux. Si l'on compte deux régressions dans le groupe discrimination-explication entre le premier et le second post-test (présenté 16 mois après le premier), il faut cependant faire valoir qu'une seule nouvelle séance d'apprentissage consécutive à ce dernier post-test porte le score moyen à 3,5. Par ailleurs, la présentation de ce même apprentissage permet aux sujets du groupe contrôle et de l'autre groupe expérimental dont le score de conservation est de 0 à l'issue du second post-test (11 sujets) de progresser de manière très significative : score moyen au post-test suivant les trois séances d'apprentissage = 3,36 ; 3,70 si l'on exclut le seul des onze sujets qui se soit montré totalement réfractaire à l'apprentissage. Dans l'expérience 5, où 42 sujets bénéficient de l'apprentissage discrimination plus explication, le résultat est encore plus net. Ce constat est amplement confirmé par les travaux usant eux aussi d'un apprentissage de type didactique (voir Paour, 1979, pour une revue de ces travaux) et par une recherche en cours que je présenterai plus loin.

Le constat doit cependant être nuancé en fonction des résultats de Field eux-mêmes. Comme en tout apprentissage opératoire, l'efficacité semble, tout d'abord, dépendre du niveau de développement initial des sujets : elle est moindre ou nulle, si on ne retient comme significatifs que les scores supérieurs à 2, chez les arriérés d'un âge mental inférieur — 4 ans 4 mois — (le score du second post-test n'est atteint qu'après 2 séances d'apprentissage supplémentaires).

Il apparaît ensuite très nettement que seule l'une des deux procédures didactiques possède quelque efficacité : *présenté isolément, l'apprentissage discriminatif ne suffit pas, chez les arriérés, à provoquer l'acquisition généralisée de la conservation du nombre et de la longueur. C'est l'association discrimination-explication qui s'avère efficace.* Qu'en est-il chez les normaux ?

Si l'on fait bien un constat du même ordre mais avec des enfants d'un âge mental inférieur à celui des arriérés (dans l'expérience 6, la procédure sans explication ne donne pas lieu à réussite complète même dans les épreuves de conservation du nombre et de la longueur), il est intéressant de constater (expérience 3) que l'apprentissage discriminatif seul présente une certaine efficacité avec les normaux d'âge mental équivalent (6 ans 3 mois). Fait peut-être plus intéressant encore, dans cette dernière expérience la procédure discrimination sans explication s'avère, à terme, tout aussi efficace. Il y a là, semble-t-il, une différence entre normaux et arriérés de même âge mental : si la procédure discrimination plus explication est tout aussi efficace dans les deux populations, et même, à considérer le résultat de l'expérience 6, plus efficace chez les arriérés, la procédure sans explication semble bien ne pas être opérante pour eux.

Avant de chercher à interpréter cette efficacité différentielle, il faut établir son caractère relatif. Elle n'est tout d'abord pas spécifiquement liée à l'arriération puisque nous la retrouvons entre normaux d'âge mental différent : de ce point de vue, les arriérés de 6 ans 10 mois d'âge mental réagissent comme les normaux de 5 ans 5 mois. Il faut, d'autre part, signaler que les arriérés ne lui sont pas totalement réfractaires. Dans une autre expérience (Boersma & Wilton, 1976) où la procédure de Gelman est mise en œuvre de manière plus intensive que dans les travaux de Field, elle se révèle très efficace avec des enfants arriérés légers dont on peut estimer l'âge mental moyen à 7 ans 3 mois. Même chez l'enfant normal, l'efficacité d'un tel apprentissage dépend également de son intensité : Gelman, dont la procédure comporte 192 situations contre 90 dans l'adaptation de Field, obtient une généralisation importante avec des enfants normaux de 5 ans 5 mois d'âge chronologique moyen.

Aussi bien chez les normaux que chez les arriérés, l'explication de la conservation amplifie l'efficacité d'un apprentissage destiné à signaler les dimensions pertinentes des problèmes de conservation. Cependant, à âge mental égal, les arriérés sont beaucoup plus dépendants d'une telle explication. Même si nous ne pouvons pas nous prononcer définitivement sur la signification structurale et fonctionnelle des progrès provoqués, cette différence nous paraît révélatrice du fonctionnement cognitif spontané des arriérés sur lequel nous reviendrons après avoir présenté une expérience en cours. D'un point de vue éducatif, il faut retenir qu'une intervention verbale explicitante semble atténuer cette différence et même la faire disparaître momentanément.

1.3. Apprentissage par explication « versus » apprentissage par induction de conflits cognitifs

L'efficacité de l'association d'explications verbales à un cycle de transformations vient d'être confirmée par une recherche en cours[8]. Afin de poursuivre l'analyse du fonctionnement cognitif des arriérés, nous comparons l'efficacité à court et long terme d'un apprentissage par induction d'un conflit cognitif à celle d'un apprentissage par explication, semblable à celui de Field. L'objectif est d'observer la réaction d'enfants arriérés légers à ces formes différentes d'apprentissage et de comparer l'efficacité d'un apprentissage par conflit chez l'enfant normal et arriéré. Dans ce but, nous avons repris sans modification une procédure d'induction de conflits connue pour son extrême efficacité chez l'enfant normal (Lefèbvre et Pinard, 1972).

Cet apprentissage qui porte sur la conservation de quantités de liquides comprend deux étapes. La première conduit tout d'abord le sujet préopératoires à douter de la pertinence de sa stratégie d'évaluation quantitative préférentielle (plus haut = plus de liquide); on l'amène ensuite à lui préférer une autre stratégie également préopératoire (plus large = plus de liquide). Au cours de la seconde étape, on propose des situations de type compensation et addition-soustraction telles que les deux stratégies d'évaluation préopératoires ne puissent donner lieu qu'à des réponses différentes et donc contradictoires. Cette étape vise à provoquer l'élaboration d'une quantification bidimensionnelle (compensation des deux dimensions) consécutivement aux constats répétés de l'incompatibilité des règles préopératoires.

L'apprentissage par explication, partiellement repris à Fournier-Chouinard (1967), a pour cadre la situation classique de transvasements d'une quantité de liquide. Deux récipients identiques A et A' contiennent la même quantité de liquide; le contenu de A' est versé en un troisième récipient B présentant, en fonction du déroulement de l'apprentissage, l'une des caractéristiques suivantes: identique à A et A', même largeur mais plus haut, moins large même hauteur, moins large plus haut, plus large même hauteur, plus large plus haut. Le transvasement peut, d'autre part, être total ou partiel; en ce dernier cas, le liquide restant est versé dans un quatrième récipient C. Lorsque B est plus large que A et A' on peut aussi y rajouter du liquide jusqu'à ce que le niveau en A et B soit identique. Après chaque transvasement, le sujet doit comparer les quantités de liquide contenues en A et B. Un renforcement tangible (petit bonbon) ainsi qu'une approbation verbale chaleureuse sanctionnant toute bonne réponse. L'expérimentateur revient immédiatement sans commentaire à la situation initiale après une réponse fausse. Chaque séance d'apprentissage comporte 18 transvasements; comme dans la procédure par induction de conflit, l'intervention comporte cinq séances maximun et prend fin après la première séance sans erreur.

Cette procédure s'est révélée inopérante auprès d'enfants normaux âgés de 6 ans 5 mois. Tenant compte des résultats de Field, nous l'avons complétée par l'explication verbale de la conservation.

Afin d'homogénéiser le contenu des deux procédures d'apprentissage, c'est uniquement l'argument de compensation qui est présenté après chaque réponse fausse.

Les sujets sont des enfants arriérés légers (QI moyen 57) âgés de 8 à 14 ans, d'un âge mental moyen de 7 ans, tous élèves d'une même école autonome de perfectionnement. A la suite d'un pré-test comportant deux épreuves de conservation d'une quantité discontinue (déplacement des jetons et transvasements de perles) et l'épreuve de la conservation de la substance, ils sont répartis en trois groupes (contrôle[9], conflictuel, explication) de 10 sujets chacun de niveau préopératoire[10] et d'âge mental équivalents. On trouvera dans le tableau III les résultats du premier post-test.

Tableau III :
Efficacité comparée d'un apprentissage didactique et d'un apprentissage par induction de conflit chez des enfants arriérés légers (effectifs par niveau de conservation au premier post-test).

Niveau de conservation		Groupes		
Transvasements des perles	*Substance*	*Contrôle*	*Conflictuel*	*Didactique*
NC	NC	8	3	1
CI	NC	1	2	1
C	NC	—	3	2
C	C	1	2	6

Observons tout d'abord que l'une et l'autre procédure ont une efficacité immédiate puisque les deux groupes expérimentaux se différencient du groupe contrôle : alors que le nombre total d'étapes hiérarchiques franchies du pré-test au premier post-test n'est que de 2 dans ce dernier, il est de 12 dans le groupe conflictuel et de 23 dans le groupe didactique verbal. Les caractéristiques des épreuves de pré- et post-test d'une part[11], l'évidence d'une généralisation de l'apprentissage d'autre part, nous amènent à penser que les progrès réalisés ne consistent pas en l'apprentissage de réponses stéréotypées. Ajoutons que tous les sujets du groupe verbal conservants à l'une ou aux deux épreuves de conservation ont au moins donné un argument de conservation autre que la compensation. Ajoutons enfin qu'un second post-test présenté 5 semaines après le premier confirme, à court terme, la stabilité des acquisitions.

Cela noté, le résultat du groupe explication permet tout d'abord de nuancer les propos de Field concluant au caractère inopérant de l'explication de la compensation[12]. Dans notre expérience, elle s'avère au contraire fort efficace bien que nous la présentions moins souvent que Field : il est vraisemblablement plus pertinent d'expliquer la conservation par compensation dans une situation comme celle de transvasements où la bidimensionnalité est plus prégnante ; elle se prête mieux à ce type d'explication que le déplacement de collections d'objets discrets ou de longueurs. Nous savons bien que c'est dans l'épreuve de transvasements des liquides que l'argument de compension est le plus fréquemment donné spontanément. Il semble donc que l'efficacité de l'explication d'un argument de conservation soit vraisemblablement dépendante de l'adéquation entre la nature de la transformation et le type d'argument.

Il nous faut ensuite constater que la procédure explication se révèle, au moins dans l'immédiat, plus efficace que la procédure conflictuelle.

D'autre part, considérant les résultats obtenus par Lefèbvre et Pinard (1972) avec des enfants normaux d'un âge chronologique moyen (6 ans 5 mois) correspondant à l'âge mental moyen de nos sujets arriérés, il faut ajouter que la procédure conflictuelle est, dans l'immédiat[13], beaucoup moins efficace avec les arriérés. A nouveau, il faut insister sur le caractère relatif de cette différence, dans la mesure où la procédure conflictuelle n'est cependant pas totalement inopérante avec les arriérés. Ceci dit, il faudra attendre le résultat des post-tests différés avant de proposer une interprétation définitive.

1.4. Conclusions

L'ensemble des résultats présentés apparaît très cohérent. Il fournit d'utiles indications pour la compréhension du fonctionnement et de la construction des structures opératoires chez les arriérés et sont riches d'implications psychopédagogiques. Je ne reprendrai cependant que les aspects directement liés à la dimension verbale des interventions.

Résumons les faits :

1. La seule énonciation des arguments de conservation ne permet pas aux arriérés d'acquérir les notions visées, alors que des interventions semblables à celles présentées au paragraphe 1.1. se sont révélées efficaces avec des enfants normaux.

2. Chez les arriérés, l'explication verbale des arguments de conservation est, selon le niveau initial des sujets et l'intensité de l'intervention, soit la condition nécessaire de l'efficacité d'un apprentissage de type discriminatif, soit un facteur de maximalisation de l'apprentissage descriminatif. A niveau préopératoire initial égal, les enfants normaux se révèlent moins dépendants de «l'explication» de la conservation que les arriérés.

3. Un apprentissage didactique faisant intervenir l'explication de la conservation s'est révélé, au moins à court terme, plus efficace chez les arriérés qu'un apprentissage par induction de conflits pourtant connu pour sa très grande efficacité auprès d'enfants normaux de niveau préopératoire initial équivalent.

Ces faits concourent à démontrer qu'à égalité de niveau préopératoire initial et intensités d'apprentissage équivalentes les procédures les plus explicitantes sont les plus efficaces avec les enfants arriérés. L'explication des arguments de conservation s'avère en effet être un médiateur utile, voire nécessaire, de l'apprentissage discriminatif.

Ces constats réitérés corroborent tout un corps de données[14] qui démontre que les difficultés principales des arriérés (légers notamment) résident dans leur incapacité, ou moindre capacité, à aborder spontanément les problèmes cognitifs de façon active. La lenteur de leur développement opératoire spontané (voir l'immobilisme des groupes contrôles) relève davantage de l'absence de motivations appropriées et de l'inadéquation de leurs stratégies d'exploration et d'organisation de l'environnement plutôt que d'une déficience spécifique et irréductible des processus de construction des structures opératoires proprement dits: en l'absence d'intervention spécifique, leur genèse opératoire se fait lentement et donne lieu à des fixations plus ou moins durables; mais, proposons-leur un environnement expérimental et surtout un mode de traitement de cet environnement, ils progresseront alors brusquement. Soumis à diverses formes d'environnements expérimentaux et expérimentalement armés de différents modes de traitements, ils tirent bénéfice des plus directifs et des plus explicitants. On a donc effectivement de bonnes raisons de penser que la lenteur de leur développement spontané dépend, au moins partiellement, d'attitudes cognitives inadéquates. Le problème qui se pose aux pédagogues est celui de leur modification. Dans cette perspective il ne sera pas inutile de réfléchir sur le rôle médiateur que joue l'explication des arguments de conservation dans les apprentissages opératoires de nature didactique. Il reste notamment à interpréter sa particulière efficacité chez les arriérés: est-elle efficace parce qu'elle munit le sujet d'un algorithme de résolution ou parce qu'elle s'avère un guide efficient de la prise d'information? La question reste posée.

2. Influence d'un apprentissage opératoire réussi sur le développement du langage [15]

Utilisant une épreuve psycholinguistique de Sinclair (1968) au cours d'une expérience d'induction de la pensée opératoire concrète chez des enfants arriérés légers, j'ai pu montrer l'influence d'une évolution cognitive provoquée sur la maîtrise d'une structure syntaxique. Avant de présenter ce travail, il n'est peut-être pas inutile d'expliquer, dès maintenant, pourquoi j'ai justement introduit une telle épreuve dans une expérience qui avait pour objectif principal de provoquer l'accession à l'opérativité concrète.

Il y a déjà plusieurs années, j'ai contribué à l'élaboration d'une technique de rééducation de la structuration syntaxique à l'usage d'adolescents et de jeunes adultes mongoliens (trisomiques 21), arriérés modérés (Castellan-Paour et Paour, 1971). Cette technique fondée sur l'extraction de régularités syntaxiques à partir de la répétition d'énoncés différents mais de même structure s'est révélée peu efficace. Si les sujets firent preuve de progrès statistiquement significatifs dans l'acquisition de structures simples en situation d'apprentissage, le transfert aux situations de communication spontanée fut très limité. Ce résultat s'inscrit parfaitement parmi ceux des recherches consacrées à l'apprentissage du langage chez les jeunes mongoliens:

s'il est possible d'augmenter par renforcement leur lexique ainsi que la fréquence de leurs productions verbales, il est beaucoup plus difficile d'améliorer leur syntaxe (Lambert & Rondal, 1979). Une interprétation possible et classique consiste à penser que l'acquisition syntaxique dépend au moins partiellement de l'évolution opératoire.

Aussi, lorsque j'ai réalisé des inductions opératoires, ai-je saisi l'occasion d'en vérifier le fondement (Paour, 1975). Je ne me suis cependant préoccupé des effets d'une induction opératoire sur le développement du langage que dans cette seule expérience. En effet, je me suis, jusqu'ici, essentiellement consacré à l'étude de l'induction des structures opératoires concrètes chez les arriérés. Parti d'une interrogation générale sur la possibilité d'accélérer leur genèse opératoire, j'ai été amené à conduire une analyse plus détaillée des déterminants de cette accélération; celle-ci a nécessité de comparer avec précision les comportements d'enfants normaux et arriérés soumis ou non à une induction expérimentale (Paour, 1981). Je considère actuellement (Paour, 1980) que l'intervention sous toutes ses formes et en particulier, bien sûr, l'apprentissage opératoire, entendu en un sens large, constitue l'instrument privilégié de l'investigation du fonctionnement cognitif des arriérés mentaux. Je m'attache actuellement à décrire dans quelle mesure les apprentissages que l'on peut dire opératoires sont non seulement susceptibles d'influencer la genèse des structures cognitives mais aussi, et peut-être surtout, de modifier les attitudes cognitives spontanées des arriérés.

2.1. De l'enseignement des notions à l'induction de la pensée opératoire concrète

Tout en recourant nous aussi [16] à l'accélaration de la genèse opératoire pour en mieux comprendre les déterminants, nous ne visons pas *directement* l'apprentissage de tel ou tel des comportements considérés comme des indicateurs de la logique concrète. Plutôt que «d'enseigner» des invariants, nous nous efforçons de créer les conditions structurales et fonctionnelles de leur construction. Il ne s'agit donc plus de provoquer directement l'acquisition anticipée de comportements opératoires, mais de provoquer la réunion anticipée des conditions sous-jacentes déterminant leur apparition. Ce type d'intervention que nous appelons *induction* pour signaler son caractère médiat et pour signifier que l'on vise la stimulation d'un processus génétique général plutôt que l'apprentissage de comportements repose sur une description originale des capacités cognitives de l'enfant entre 4 et 7 ans (Orsini-Bouichou, 1975).

Ce travail, qu'il n'est pas possible de présenter ici, a tout naturellement conduit à rompre avec une problématique et une méthodologie de l'apprentissage opératoire dépendantes d'une description essentiellement négative de l'enfant préopératoire. Le repérage de niveaux structuraux antérieurs à l'accession à l'opérativité concrète (conditions internes de cette accession) modifie, tout d'abord, en plusieurs points la problématique de l'apprentissage des structures logiques.

Les problèmes du choix de la structure à faire acquérir et de la méthodologie de l'apprentissage à utiliser se posent bien évidemment d'une tout autre manière. Il ne s'agit plus en particulier de chercher à découvrir le «secret» de la conservation à partir du cadre même des épreuves de conservation.

L'induction permet de résoudre le problème méthodologique central de l'apprentissage opératoire: celui de la signification des comportements provoqués par rapport aux acquisitions «naturelles».

Les repères préopératoires permettent également d'apporter une réponse plus satisfaisante au problème du diagnostic du niveau initial de préopérativité: ils lèvent les ambiguïtés inévitables de toute description négative, autorisent un appariement plus fin des groupes expérimentaux et contrôles et débouchent sur une analyse plus nuancée des relations entre niveau initial et efficacité de l'intervention.

La spécificité de nos objectifs implique que l'on apporte en outre quelques aménagements au cadre méthodologique classique.

- Nécessité d'user d'un pré-test et de post-tests relativement importants pour évaluer les effets plus ou moins lointains de la création des conditions déterminant l'accession à l'opérativité concrète: c'est ainsi que nous utilisons systématiquement des épreuves relevant de différents domaines opératoires ainsi que d'autres types d'épreuves dont l'épreuve de production et de compréhension de phrases passives dans l'une de nos expériences.

- Nécessité d'utiliser plusieurs post-tests davantage pour observer à long terme les effets différés de la mise en place des conditions inductrices que pour vérifier la stabilité des progrès.

Sans vouloir décrire nos procédures d'induction, je présenterai brièvement leurs caractéristiques.

Elles se distinguent tout d'abord des procédures didactiques dans la mesure ou nous ne donnons jamais les réponses attendues: c'est au sujet à les découvrir. Par ailleurs, ces réponses ne présentent aucun intérêt en elles-mêmes; ce n'est pas leur contenu qui est important mais leur découverte et le processus qui mène à leur découverte. Nos situations d'entraînement sont donc différentes de celles mettant en jeu les notions opératoires concrètes; si les relations et surtout les coordinations de relations que nos entraînements ont pour objet de faire découvrir reposent sur l'élaboration d'invariants (de différents niveaux), nous ne questionnons pas directement les sujets sur les problèmes d'invariance (comme dans la majorité des autres procédures, qu'elles soient didactiques ou reposent sur l'induction de conflits cognitifs).

Nos procédures présentent bien sûr des aspects directifs. Tout d'abord la gamme des réponses acceptées est limitée; celles-ci sont attendues dans un ordre défini correspondant à l'ordre de la genèse spontanée antérieurement observé. Enfin nous guidons l'activité du sujet: en l'obligeant à se représenter les réponses antérieures; en provoquant l'anticipation des réponses; en attirant son attention sur les aspects de changement; en l'incitant enfin à donner des formulations de plus en plus générales et abstraites. Ce guidage se fait par le biais de situations et de questions inductrices et non par l'explication et la démonstration des réponses.

Si nous cherchons à provoquer des conflits cognitifs, nous ne le faisons pas comme dans les recherches désormais classiques d'Inhelder, Sinclair et Bovet (1974) ou de Lefèbvre et Pinard (1972) à partir de situations construites pour présenter un caractère conflictuel spécifique et attendu. La dimension conflictuelle est présente sous la forme de variations progressives constituant autant de perturbations devant en permanence remettre en question les règles qui ne permettent pas de les assimiler. Par ailleurs des aspects répétitifs donnent, selon le niveau: l'occasion d'élaborer une règle moins spécifique; de répéter ou de transposer une stratégie naissante; de rechercher pourquoi telle réponse est acceptée.

Enfin, il faut signaler les caractéristiques du cadre temporel de l'intervention: séances espacées sur une longue période (de 2 à 4 mois selon nos expériences).

2.2. *L'expérience*

L'expérience dont nous faisons état a donné lieu à deux publications (Paour, 1975; 1978) et est analysée en détail dans un travail non encore publié (Paour, 1980). On trouvera ses caractéristiques générales dans le tableau IV.

Les tableaux V à VII permettent de conclure qu'il a été possible de provoquer chez ces sujets arriérés légers une accession stable et relativement généralisée au premier sous-stade de l'opérativité concrète. Les phénomènes «d'évolution après coup» (progrès observés d'un post-test à l'autre) révèlent par ailleurs qu'on a induit une mobilisation relativement durable des processus de construction des structures logiques.

Dans ces conditions, il était effectivement opportun de s'intéresser aux effets distaux de l'intervention. L'utilisation de l'épreuve de compréhension et de production de phrases passives (Sinclair, 1968; Sinclair et Ferreiro, 1970) répondait à cet objectif.

Tableau IV:
Principales caractéristiques de l'expérience d'induction

- *Groupes expérimentaux*

Déficients entraînés (n=20)
Déficients non entraînés et relation expérimentateur-sujet égalisée (n=10)
Déficients non entraînés et relation expérimentateur-sujet non égalisée (n=12)

- *Principales caractéristiques de la population*

Age chronologique médian: 9;6
Age mental (N.E.M.I.) médian: 6;6
Q.I. (N.E.M.I.) médian: 67

- *Plan expérimental*

Epreuves de pré-test et de post-test:
    conservation de la substance, transvasements de perles, jetons, classification de formes géométriques, quantification de l'inclusion, translations et rotations de trois perles enfilées sur une tige, localisation de sites topographiques, Nouvelle Echelle Métrique de l'Intelligence, W.I.S.C. échelle performance, épreuve de compréhension et de production de phrases passives.

Entraînements:
7 séances d'entraînements à la *découverte de règles de correspondance,* 10 séances d'entraînement à la *découverte puis à la coordination de règles de correspondance,* 3 séances d'entraînement aux *covariations quantitatives* de *30* minutes chacune à raison de 2 séances par semaine.

Relation expérimentateur-sujet: égalisée dans un des deux groupes non entraînés.
Effet expérimentateur: maîtrisé
Nombre de post-test: *2* respectivement 6 et 12 mois après le début du pré-test.

Tableau V:
Acquisition des notions de conservation dans le groupe expérimental (E)
et dans le groupe contrôle (C) exprimée en pourcentage de sujets conservants

	JETONS		PERLES		SUBSTANCE	
	C	E	C	E	C	E
Pré-test	31	20	40	15	0	0
Post-test 1	45	70	45	63	4	25
Post-test 2	59	95	55	80	27	80

Tableau VI:
Epreuve de classification des formes géométriques: Nombre de dichotomies réalisées
(de 0 à 3) (effectifs et pourcentages*)

GROUPES ET EFFECTIFS	PRE - TEST				POST - TEST 1				POST - TEST 2			
	0	1	2	3	0	1	2	3	0	1	2	3
Entraînés (n = 20)	3 *15*	7 *35*	8 *40*	2 *10*	* *	2 *10*	4 *20*	14 *70*	* *	2 *10*	2 *10*	16 *80*
Non entraînés (n = 22)	3 *14*	8 *36*	9 *41*	2 *9*	* *	5 *23*	11 *50*	6 *27*	* *	4 *18*	9 *41*	9 *41*

* En italique dans le tableau.

Tableau VII:
Epreuves de quantification de l'inclusion « Bouquet de fleurs » (pourcentages *par catégorie de réponse)*

EFFECTIFS	PRE-TEST Réussite à				POST-TEST 1 Réussite à				POST-TEST 2 Réussite à			
	Echec à tous les items	Inclusion agie	Inclusion	Généralisation	Echec à tous les items	Inclusion agie	Inclusion	Généralisation	Echec à tous les items	Inclusion agie	Inclusion	Généralisation
Entraînés (n = 20)	10	30			5	35	25			30	45	10
Non entraînés (n = 22)	5	50				14	5			27	5	

2.3. L'épreuve de compréhension et de production de phrases passives

Le déroulement de l'épreuve est le suivant: au cours d'une première phase, dite de compréhension, on demande à l'enfant de mimer, à l'aide de jouets, des énoncés passifs simples du genre: « la voiture est lavée par la dame », « le cheval est suivi par la voiture », ...; au cours d'une seconde phase dite de production, le sujet doit décrire 10 actions du même type mimées par l'expérimentateur. Pour chaque action, on recueille: a) une verbalisation spontanée qui révèle comment le sujet interprète l'action perçue et permet de connaître le verbe qu'il emploie spontanément pour la décrire; b) une verbalisation provoquée: la description spontanée obtenue, l'expérimentateur refait l'action en demandant une nouvelle description. Mais il incite alors le sujet à commencer sa phrase par le patient de l'action: « Dis-moi ce qui se passe (la poupée est en train de laver la voiture) en commençant par la voiture. La voiture... »

Le choix de cette épreuve a été déterminé par le niveau de changement structural visé par l'intervention. Sinclair (1968) ayant émis l'hypothèse que la compréhension et la production d'énoncés passifs sont sous la dépendance du niveau opératoire que nous tentions d'induire (conservation de quantités continues), nous avons retenu son épreuve.

2.4. Comportements observés chez les arriérés

Signalons d'abord que nous avons fait, chez les arriérés, les mêmes observations que Sinclair (1968) et Sinclair et Ferreiro (1970) chez les normaux. Un autre travail (Beaudemoulin et Bruschi, 1975) nous a par ailleurs permis de conduire la comparaison à âge mental égal.

La compréhension des énoncés passifs obéit aux mêmes règles dans les deux populations : les énoncés renversables occasionnent le plus d'erreurs, et « suivre » est le plus difficile des cinq verbes utilisés.

La phase de production donne lieu aux mêmes types d'énoncés dans les deux populations : les énoncés de type « se laisser » et « se faire », fort intéressants d'un point de vue cognitif et linguistique, s'observent en particulier aussi bien chez les arriérés que chez les normaux. L'analyse comparative n'a en fait révélé qu'une seule différence notable : plus fréquemment que les normaux, les arriérés recourent au procédé qui consiste à produire un énoncé actif qui décrit l'action inverse : lorsque, par exemple, l'expérimentateur mime une action où la dame lave la vache, le sujet produit d'abord un énoncé spontané pertinent « la dame lave la vache », puis, invité à décrire la même action en commençant sa phrase par « la vache », il produit alors « la vache lave la dame ».

Sinclair (1968) ne semble pas relever ce comportement dans son analyse; elle cite au contraire des exemples qui montrent que le jeune enfant normal (dès 3 ans 6 mois) se refuse à produire un énoncé contraire à l'action perçue. Cette observation est confirmée par Beaudemoulin et Bruschi qui, même chez leurs plus jeunes sujets (4 ans 6 mois), n'ont pas obtenu un seul cas d'inversion et ce même dans les situations où l'inversion correspond à une action vraisemblable. Sinclair et Ferreiro (1970) trouvent néanmoins quelques exemples d'inversion; leur fréquence est cependant moindre que chez nos sujets arriérés. Un sondage exploratoire récent nous a par ailleurs permis de confirmer que ce type de comportement est effectivement relativement fréquent chez des enfants arriérés légers âgés de 8 à 12 ans; il me paraît mériter une étude complémentaire destinée à préciser sa signification. On peut en effet se demander dans quelle mesure cette différence entre normaux et arriérés tient à une représentation différente de la situation présentée, à une différence du système de normes concernant ce qu'il y a lieu ou non de faire en présence de l'adulte, ou a des conceptions différentes sur ce qui est ou non possible dans la réalité.

2.5. Production de phrases passives et opérativité concrète

Le tableau VIII présente la correspondance entre le niveau d'opérativité (niveau de conservation) et le nombre de phrases passives produites. Les sujets sont répartis en trois classes regroupant: niveau (0) les non-conservants aux trois épreuves de conservation; niveau (1-2) les conservants à l'une des deux ou aux deux épreuves de conservation d'une quantité discontinue; niveau (3) les conservants aux trois épreuves. Cette correspondance confond les sujets expérimentaux et contrôles et intègre les résultats du pré-test et des deux post-tests.

Tableau VIII :
Distribution du nombre de passives produites par les sujets de chaque niveau de conservation

Niveau de conservation	Nombre de sujets par niveau	Nombre de phrases passives produites										Nombre moyen
		0	1	2	3	4	5	6	7	8	9	10	
0	45	22	7	2	2	2	3	3	3	0	1	0	1.9
1 - 2	52	23	4	2	3	3	2	2	3	7	2	1	3
3	29	1*	0	0	0	0	0	0	2	4	1	20	9.1

** Ce sujet appartient au groupe expérimental. Il a produit 10 phrases de la forme « se laisser ».

On observe une nette relation entre la réussite à l'épreuve de conservation de la substance et la possibilité de produire 10 énoncés passifs corrects. A la différence observée entre le nombre moyen d'énoncés passifs produits, il faut ajouter que 68 % des énoncés des sujets du niveau 3 qui ne correspondent pas à une passive sont de la forme « se laisser » ou « se faire »; forme qui semble précéder génétiquement la production de passives correctes. Précisons que la nature de cette relation semble indépendante de l'intervention puisqu'on l'observe également chez les sujets du groupe contrôle. Avant de nous risquer à l'interpréter, considérons les données relatives à l'effet de l'induction sur la production de passives.

2.6. Effet de l'induction sur la production de passives

Le tableau IX met clairement en évidence que l'intervention améliore très sensiblement le niveau de réussite à l'épreuve des passives. Ce constat est intéressant à plusieurs égards.

Tableau IX:
Pourcentages de sujets produisant 10 passives

	Groupe témoin	Groupe expérimental
Pré-test	0 %	0 %
Post-test 1	9,5 %	17,7 %
Post-test 2	15,0 %	55,0 %

Il confirme tout d'abord que la possibilité de construire des énoncés passifs *en réponse aux contraintes de l'épreuve* est liée à une accession affirmée au niveau opératoire concret dont la conservation de la substance est l'indice. La signification fonctionnelle de cette liaison qui vient d'apparaître très clairement comme une relation de dépendance demeure cependant imprécise; la nature même de l'intervention invite à la présenter comme la conséquence d'une dépendance commune de certaines opérations intellectuelles et de la production de passives par rapport à un processus général d'équilibration; interprétation qui rejoint celle de Sinclair et Ferreiro (1970). Si les travaux consacrés à la forme passive se sont multipliés ces dernières années, ils ont été pour l'essentiel consacrés à l'aspect compréhension qui nous a le moins retenu puisque, dès le pré-test, les sujets le maîtrisent. Le décalage important entre compréhension et production conduit d'ailleurs à penser que l'obstacle majeur que rencontre l'enfant quand on l'oblige à commencer sa phrase par le patient est essentiellement d'ordre cognitif: pour lui l'ordre des syntagmes possède une signification sémantique absolue associant actant et premier syntagme. On retrouve cette association en compréhension quand on utilise des verbes comme « suivre » pour lesquels les stratégies pragmatiques s'avèrent moins efficaces. Nous interpréterons les formes « se faire » et « se laisser » qui précèdent la forme passive correcte et qui ont une structure syntaxique tout aussi complexe, si ce n'est plus, comme des compromis cognitifs permettant de conférer au patient placé en début de phrase une part d'activité. La difficulté que rencontre l'enfant qui n'a pas dépassé un certain degré d'opérativité concrète résulte du primat qu'il accorde, d'une part, à l'aspect ordinal, d'autre part, aux pôles positifs et actifs des états et actions. Amenant les sujets à dépasser ces limitations, l'intervention leur permet du même coup d'user d'une forme syntaxique qui leur paraissait antérieurement dénaturer la réalité des actions perçues. Cela dit, l'extrême généralisation des effets de l'intervention empêche toutefois de signaler une relation précise, si elle existe, entre le contenu de l'apprentissage, les évolutions structurales provoquées et la performance à l'épreuve de production d'énoncés passifs.

Le second intérêt de ce constat est de signaler la particulière extension des effets de ce type d'intervention. *Nous le tenons en effet pour une preuve de l'intégration fonctionnelle des acquisitions provoquées.* La distance entre le contenu des interventions et la tâche exigée par l'épreuve des passives invite à penser qu'effectivement on « n'enseigne » pas des conservations mais qu'on parvient à dynamiser, au moins momentanément, le processus de construction opératoire lui-même. Ce constat présente un intérêt évident pour la psychopédagogie qui est concernée au premier chef par les aspects de généralisation des apprentissages opératoires. Il l'est d'autant plus que ce type d'intervention présente des aspects assez inhabituels par rapport aux pratiques psychopédagogiques courantes volontiers centrées sur les contenus et à tendance globalisante. Du point de vue de la psychopédagogie du langage, il n'est peut-être pas inutile de signaler qu'on obtient des résultats plus importants et plus stables qu'avec des procédures portant plus directement sur l'apprentissage du passif (Montangero, 1970).

Comme je l'avais annoncé, les données dont nous disposons sont fort peu nombreuses et ne concernent qu'indirectement l'acquisition et le fonctionnement du langage chez les arriérés. Les recherches présentées répondent en effet à d'autres problématiques. Malgré ces limites, elles nous paraissent néanmoins présenter un intérêt à la fois théorique et pratique relatif aux aspects fonctionnels du langage.

NOTES

[1] Elles sont rapidement présentées dans la seconde partie.

[2] On pourrait penser que ces verbalisations n'ont au demeurant qu'un poids négligeable puisque, dans ce type d'apprentissage, on veille à ne pas donner les réponses. On omettrait alors de considérer leur rôle de soutien et de guidage de l'activité du sujet; rôle qu'il serait opportun d'étudier dans la perspective d'une comparaison normaux-arriérés.

[3] On trouvera plus loin une description précise de cette forme d'apprentissage.

[4] La simplicité de la procédure ici mise en œuvre n'autorise pas à conclure que l'induction d'un véritable conflit socio-cognitif ne serait pas susceptible, comme elle l'est chez l'enfant normal, d'influencer la genèse des structures logiques chez les arriérés.

[5] L'intervention de Field ne reproduit pas exactement celle de Gelman. Il faut signaler en particulier que la procédure de Gelman comporte des cycles de transformations plus longs (cinq transformations au lieu de trois) et un nombre total de situations deux fois plus important.

[6] Un travail en cours évoqué sous 1.4. nous a persuadé de la solidité et de la stabilité des acquisitions provoquées par un apprentissage par explication chez les enfants arriérés légers.

[7] Comme on le verra dans la seconde partie, les techniques dont nous avons le plus souvent usé nous permettent d'échapper à cette problématique difficile.

[8] Menée en collaboration avec D. Galas, G. Gardon et E. Siderakis.

[9] Relation expérimentateur-sujet égalisée.

[10] A l'exception de deux sujets conservants à l'épreuve des jetons et placés dans le groupe contrôle, les autres n'ont donné au pré-test que des réponses non conservantes.

[11] Chacune des trois épreuves de conservation: comporte plusieurs situations (9 dans l'épreuve de conservation de la substance); met en œuvre des transformations des stimulus de grande intensité; propose systématiquement un autre argument après toute réponse de conservation; comprend des situations de non-conservation et de conservation d'une inégalité quantitative (aux post-tests seulement).

[12] C'est l'explication de la conservation par l'identité quantitative des stimulus («rien enlevé, rien ajouté») qui est de loin la plus efficace dans les expériences de Field; vient ensuite l'explication par la réversibilité. Ceci s'observe aussi bien chez les arriérés que chez les normaux.

[13] Et toujours au second post-test.

[14] Qui débordent très largement le seul cadre de l'approche opératoire.

[15] On ne considérera pas ici les travaux d'apprentissage sensori-moteur dont un certain nombre a pour objectif d'accélérer l'apparition du langage. Le lecteur pourra consulter la contribution de G. Chatelanat dans ce même ouvrage et le récent article de J.-L. Lambert (1981).

[16] Ce changement de personne signale que cette réflexion est menée au sein d'une équipe.

BIBLIOGRAPHIE

BEAUDEMOULIN, M.A. & BRUSCHI, P., *Influence du milieu socioculturel sur l'acquisition des structures syntaxiques passives et relatives chez des enfants âgés de 4 ans 6 mois, 5 ans 6 mois et 6 ans 6 mois*. Mémoire de maîtrise, Université de Provence, 1975.

BEILIN, H., Learning and operational convergence in logical thought development. *Journal of Experimental Child Psychology*, 1965, *2*, 317-339.

BOERSMA, F. J. & WILTON, K.M., Eye movements and conservation acceleration in mildly retarded children. *American Journal of Mental Deficiency*, 1976, *80*, 636-643.

BORYS, S.V. & SPITZ, H.H., Effect of peer interaction on the problem-solving behavior of mentally retarded Youths. *American Journal of Mental Deficiency*, 1974, *84*, 273-279.

CASTELLAN-PAOUR, M.-T. & PAOUR J.-L. Un essai de rééducation syntaxique chez l'adolescent mongolien. *Revue de Neuropsychiatre Infantile*, 1971, *7-8*, 449-461.

FIELD, D., Long term effects of conservation training with educationally subnormal children. *The Journal of Special Education*, 1974, *8*, 237-245.

FIELD, D., The importance of the verbal content in the training of piagetian conservation skills, *Child Development*, 1977, *48*, 1583-1592 (a).

FIELD, D., *How children in educationally subnormal schools in London learn conservation skills*. Communication présentée à l'International Interdisciplinary Conference on Piagetian Theory and its Implications for the Helping Professions, University of Southern California, Los Angeles, Janvier 1977 (b).

FIELD, D., *Identity, reversibility, and compensation: an examination*. Communication présentée au Meeting of the Jean Piaget Society, Philadelphia, May 1978.

FIELD, D., *A comparaison of the conservation acquisition of mentally retarded and nonretarded children*. Communication présentée au NATO International Conference on Intelligence and Learning, York, England, July 1979.

FOURNIER-CHOUINARD, E. *Un apprentissage de la conservation des quantités par une technique d'exercices opératoires*. Thèse de doctorat, Université de Montréal, 1967.

GELMAN, R., Conservation acquisition: A problem of learning to attend to relevant attributes. *Journal of Experimental Child Psychology*, 1969, *7*, 167-187.

INHELDER, B., SINCLAIR, H., & BOVET, M., *Apprentissage et structures de la connaissance*, Paris: Presses Universitaires de France, 1974.

LAMBERT, J.L. Relation entre développement cognitif et intervention en arriération mentale. Données sur la période sensori-motrice. *Neuropsychiatrie de l'Enfance et de l'Adolescence*, 1981, *29*, 39-42.

LAMBERT, J.L. & RONDAL, J.A., *Le mongolisme*, Bruxelles: Mardaga, 1979.

LEFEBVRE, H. & PINARD, A., Apprentissage de la conservation des quantités par une méthode de conflit cognitif, *Canadian Journal of Behavioral Science*, 1972, *4*, 1-12.

LITROWNICK, A.I., FRANZINI, L.R., KIMBALL-LIVINGSTON, M. & HARNEY, S., Developmental priority of identity conservation: Acceleration of identity and equivalence in normal and moderately retarded children. *Child Development*, 1978, *49*, 201-208.

LITROWNIK, A.L., FRANZINI, L.R. & TURNER, G.L., Acquisition of concepts by TMR children as a function of type of modeling, rule verbalisation, and observer gender: *American Journal of Mental Deficiency*, 1976, *80*, 620-628.

ORSINI-BOUICHOU, F., *Régularités dans les organisations spontanées chez l'enfant et genèse des comportements cognitifs*, Thèse de Doctorat d'Etat, Université René Descartes, Paris, 1975.

MONTANGERO, J., Apprentissage de la voix passive. *Archives de Psychologie*, 1970, *XLI*, 1 61, 53-61.

PAOUR, J.L., Effet d'un entraînement cognitif sur la compréhension et la production d'énoncés passifs chez des enfants déficients mentaux. *Etudes de Linguistique Appliquée*, 1975, *20*, 88-110.

PAOUR, J.L., Une expérience d'induction des structures logiques chez des enfants déficients mentaux. *Cahiers de Psychologie*, 1978, *21*, 79-98.

PAOUR, J.-L. Apprentissage de notions de conservation et induction de la pensée opératoire concrète chez les débiles mentaux. In R. ZAZZO (Ed.), *Les Débilités Mentales*, Paris: Armand Colin, 1979.

PAOUR, J.L., *Construction et fonctionnement des structures opératoires concrètes chez l'enfant débile mental. Apport des expériences d'apprentissage et induction opératoires*, Thèse de Doctorat de Troisième Cycle, Université de Provence, Aix, 1980.

PAOUR, J.L., L'intervention comme instrument d'investigation du fonctionnement cognitif des arriérés mentaux. *Bulletin d'Audio-Phonologie*, 1980, *10*, 103-122.

PAOUR, J.L., L'apprentissage des structures logiques comme instrument d'investigation du fonctionnement cognitif des arriérés mentaux. Illustration à partir d'une comparaison à long terme d'enfants normaux et arriérés soumis ou non à un entraînement opératoire. *Neuropsychiatrie de l'Enfance et de l'Adolescence*, 1981, *29*, 31-38.

SINCLAIR, H., *Acquisition du langage et développement de la pensée, sous-systèmes linguistiques et opérations concrètes*, Paris: Dunod, 1967.

SINCLAIR, H., L'acquisition des structures syntaxiques, *Psychologie Française*, 1968, *13*, 167-174.

SINCLAIR, H. & FERREIRO, E., Etude génétique de la compréhension, production et répétition des phrases au mode passif. *Archives de Psychologie*, 1970, *XL*, 160, 1-42.

2.2. Genèse et structuration des marqueurs de relation spatiale chez les déficients mentaux légers

Bernadette PIERART[1]

Le bébé vit dans un monde à trois dimensions auquel il accède peu à peu grâce aux progrès de sa vision, sa préhension et sa locomotion. Ainsi que le révèle l'observation de son comportement, c'est très concrètement qu'il manie les relations spatiales et c'est très tôt qu'il se les représente et les conceptualise (Piaget & Inhelder, 1948; Laurendau & Pinard, 1968). Sujets d'intérêt précoce, les rapports entre les objets sont compris et exprimés dès le début du langage (Piérart, 1975). Quand on considère les modalités selon lesquelles les marqueurs de relation spatiale sont compris et produits, on constate que le degré de complexité cognitive des opérations spatiales joue un rôle dans la chronologie des acquisitions, à côté d'autres facteurs, tels les propriétés qui caractérisent le système des marqueurs de relation spatiale en français (Piérart & Costermans, 1979) et les stratégies psycholinguistiques plus générales (Sinclair & Bronckart, 1972; Vion, 1980).

L'enfant déficient mental, qui ne dispose pas des mêmes ressources cognitives, construit-il son système linguistique suivant un cheminement qui lui est propre ou de la même manière que l'enfant normal, mais avec un décalage temporel ? La présente étude, menée chez des déficients mentaux légers entre 7 et 15 ans, se propose d'aborder la question en examinant l'acquisition des marqueurs de relation spatiale à travers trois recherches. La première porte sur les prépositions de l'axe vertical de l'espace : *au-dessus de, en dessous de, sur*. La seconde concerne l'axe sagittal *devant, derrière*. La troisième se consacre au marqueur *entre*.

Les démarches méthodologiques sont communes aux trois recherches et ont déjà été expérimentées avec les enfants normaux (Piérart, 1975). Les enfants sont assis à côté de l'examinateur devant une collection de jouets posés sur une table : les animaux de la ferme et la maison de poupée. Après nous être assurées qu'ils connaissent le nom des objets miniatures, nous invitons les enfants à décrire des configurations spatiales réalisées avec les jouets. Leurs réponses aux divers items constituent la tâche de production. Lors d'une séance ultérieure, on examine la compréhension des marqueurs de relation spatiale, en proposant aux enfants de réaliser avec des jouets une configuration qui réponde à la phrase énoncée. (Les phrases composant les items peuvent être lues dans les sections consacrées à chacune des recherches. Lors de l'expérimentation, elles étaient mélangées à d'autres phrases relatives aux relations spatiales).

Tous les enfants examinés fréquentaient l'enseignement spécial de type I, pour déficients mentaux légers. Leur Q.I. tombait dans la classe de 52 à 67 (Barèmes O.M.S.). Vu l'hétérogénéité des méthodes psychométriques utilisées pour les mesurer, nous avons gardé comme critère de débilité légère le verdict final posé par l'organisme d'orientation scolaire et professionnelle. Les échantillons des recherches II et III proviennent de la même institution scolaire.

Recherche I

La première recherche (Belle & Van Kerckove, 1976) examine la compréhension et la production de *au-dessus de, sur, en dessous de*, chez 80 enfants déficients mentaux légers (testés à la WISC) regroupés de 6 en 6 mois en 8 classes de 10, comportant autant de garçons que de filles. La figure 1 présente les résultats à l'épreuve de compréhension, sous la forme de pourcentages de réponses conformes à celles des adultes d'un groupe témoin (Piérart, 1975).

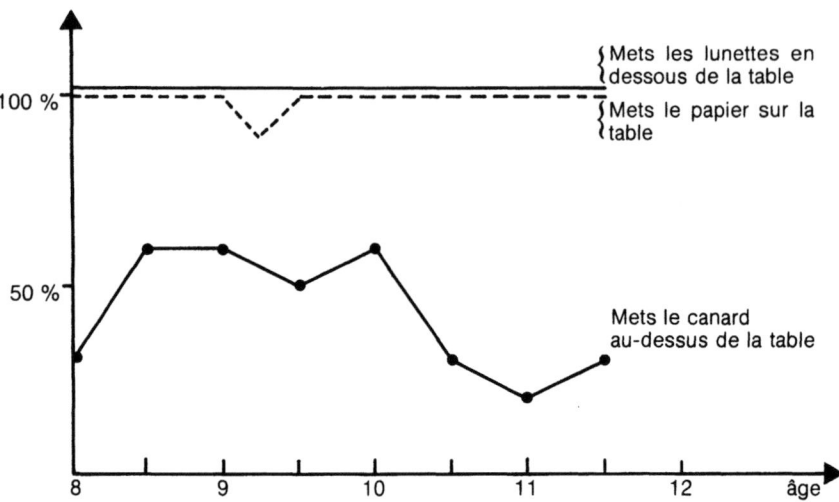

Figure 1 : Compréhension des marqueurs de l'axe vertical de l'espace.

On voit que *sur* et *en dessous de* sont déjà maîtrisés par tous les enfants de 8 ans. Ces deux termes sont déjà acquis à 100 % par les enfants normaux de 3 ans. La moitié seulement des déficients mentaux introduisent une distance entre l'objet et le support en réponse à l'instruction *au-dessus de*. Les autres déposent l'objet en contact avec le référent. Cette caractéristique ne les différencie pas des enfants normaux de trois à huit ans. Ainsi qu'on a pu en discuter ailleurs (Piérart, 1978), la tâche de compréhension est contaminée par la situation expérimentale et l'influence de la pesanteur.

Le tableau I mentionne les résultats de la production aux items suivants, décrits dans les termes des adultes du groupe contrôle :

I_1 le canard est sur la barrière   (contact)
I_2 le canard est au-dessus de la barrière   (séparation)
I_3 le chien saute au-dessus du lit   (séparation)
I_4 les lunettes sont en dessous de la table (séparation)
I_5 le soulier est en dessous de la table   (séparation)

Tableau I
Production des marqueurs de l'axe vertical (en %)

Items (n)	8;0 (10)	8;6 (10)	9;0 (10)	9;6 (10)	10;0 (10)	10;6 (10)	11;0 (10)	11;6 (10)
$I_{(1)}$	60	60	70	90	70	60	50	70
$I_{(2)}$	90	90	70	80	90	100	100	100
$I_{(3)}$	70	90	70	80	90	90	90	90
$I_{(4)}$	100	100	100	100	90	100	100	100
$I_{(5)}$	100	100	100	100	100	90	100	100

Les pourcentages résiduels concernent le remplacement de *sur* par *au-dessus de*, à l'item 1, ce qui n'est pas incorrect, mais peu précis. Les enfants normaux fournissent ces réponses particulières dans une proportion beaucoup moindre (jamais au-delà de 20 % alors qu'ici, on l'observe dans 30 à 40 % des cas). Aux items 2 et 3, *au-dessus de* est remplacé par *sur*, particularité qui disparaît complètement dans les réponses des enfants normaux de 6 ans, et qui ne dépasse plus 15 % des réponses après 4 ans et demi. Revenons un instant sur la comparaison des items 1 et 2, en tous points identiques, sauf que l'oiseau est en contact avec la barrière à l'item 1 et que quelques centimètres le séparent de celle-ci à l'item 2. Les déficients mentaux préfèrent un usage linguistiquement non marqué d'*au-dessus de*, pour exprimer un contact, dans une proportion beaucoup plus importante que les enfants normaux de 4 ans et demi à 7 ans et demi.

En conclusion, l'épreuve de production rejoint les résultats de l'épreuve de compréhension: à 8 ans, *en dessous de* est tout à fait maîtrisé. La prise en considération de la distance séparant les objets, qui fonde la distinction entre *au-dessus de* et *sur* s'opère avec un peu plus de difficultés et de façon moins nette que chez les normaux.

Recherche II

La compréhension et la production des marqueurs de relation spatiale *devant* et *derrière* a été examinée sur un second échantillon de 100 déficients mentaux légers, regroupés de 12 en 12 mois, de manière à former 7 classes (Delangre & Minot, 1975). Ces marqueurs sont compris par tous les enfants de 7 ans, qui disposent les objets comme le font les adultes, en réponse aux instructions « Mets le chien derrière l'armoire » (a) et « Mets le chien devant l'armoire » (b), l'objet référent étant placé de manière que les portes s'ouvrent face à eux. 75 % des enfants normaux de 3 ans répondent ainsi à l'item (a) et 88 % des enfants de 5 ans à l'item (b) (Piérart, 1977).

L'épreuve de production fait varier systématiquement la forme de l'objet référent, rectangulaire ou rond, et sa nature, opaque ou transparent, ce qui fournit les 6 items suivants :

II$_1$	la chaise est devant l'armoire	référent opaque
II$_2$	le chien est derrière l'armoire	« topologique »
II$_3$	le gobelet est devant le sapin	référent opaque
II$_4$	la poule est derrière le sapin	« projectif »
II$_5$	le cactus est devant la bouteille	référent transparent
II$_6$	le chien est derrière la bouteille	« projectif »

Les opérations cognitives sous-jacentes à la représentation de la position d'un objet par rapport à l'objet de référence sont d'un niveau différent selon que l'objet référent possède un axe antéro-postérieur intrinsèque, ce qui est le cas de l'armoire, ou que cet axe est déterminé par la ligne du regard du sujet vers le référent, comme c'est le cas pour les objets ronds. Dans le premier cas, la localisation peut s'appuyer sur une opération topologique, un voisinage spécifique : *devant* peut être interprété comme signifiant « près du devant » (ou « près des portes » dans le cas de l'armoire), *derrière* ayant le sens « près du dos » ou « caché ». Dans le deuxième cas, c'est une opération projective de visée qui confère une localisation devant et derrière le référent. Nous avons pu montrer (Piérart, 1977) que la maîtrise des marqueurs dans la première situation est bien plus précoce chez l'enfant normal que dans la seconde, qui a lieu vers 7 ans et demi, 8 ans, et est contemporaine de l'accès aux opérations projectives. En outre, la production de derrière, auquel s'attachent à la fois les sens de « caché » et « près du dos », prend toujours place avant celle de devant jusqu'à 7 ans. Les résultats des déficients mentaux peuvent être lus au tableau II.

Tableau II
Production des marqueurs devant et derrière
en fonction de l'objet référent (en %)

Items (n)			7;0 (6)	8;0 (10)	9;0 (19)	10;0 (13)	11;0 (22)	12;0 (21)	13;0 (9)
II_1	armoire	D	100	100	89,5	100	100	100	100
II_2		d	100	100	89,5	100	90,9	100	100
II_3	sapin	D	66	90	89,5	100	95,5	100	100
II_4		d	83,3	100	84,5	100	95,5	95,2	100
II_5	bouteille	D	66	100	84,2	100	95,5	95,2	100
II_6		d	83,2	100	94,7	94,7	92,3	90,9	100

D: devant
d: derrière

Dans chacune des conditions, *devant* et *derrière* sont parfaitement maîtrisés dès 8 ans. Seule la production de *devant* dans les situations projectives n'est pas acquise par 75 % des enfants de 7 ans. Ces résultats ne se différencient pas de ceux des enfants normaux du même âge (à 7 ans, $X^2 = 2.54 > p = .10$).

Recherche III

Le marqueur *entre* exprime une relation spatiale entre trois objets ou davantage. Sa genèse, chez l'enfant normal (Piérart, 1975) est un phénomène complexe. Si *entre* est compris par plus de 75 % des enfants à 5 ans seulement, la description d'une structure à trois éléments évolue avec l'âge. Les jeunes enfants expriment cette relation entre trois objets, en décrivant les voisinages deux à deux. L'utilisation d'un terme unique, *entre* ou *au milieu* apparaît vers 5 ans et *au milieu* garde la préférence des enfants jusqu'à 9 ans et demi, où il cède le pas à *entre*. Les caractéristiques de la configuration dans l'espace à trois dimensions, sa composition, les distances séparant les éléments (Piérart & coll.) interagissent avec le développement cognitif de l'enfant et ces divers facteurs ont une influence variant avec l'âge.

L'acquisition de *entre* chez les déficients mentaux a été examinée sur l'échantillon de la deuxième recherche (Delangre & Minot, 1975). La compréhension de *entre* a été testée d'abord au moyen du matériel d'objets miniatures, pour des structures à trois objets et à cinq objets, à l'aide des consignes :

III$_{(a)}$ Mets le cheval entre la chaise et l'auto
III$_{(b)}$ Mets la poupée entre deux lits et deux fauteuils

Le tableau III présente les résultats sous la forme du pourcentage des dispositions conformes à celles des adultes. Comme chez les enfants normaux, nous avons obtenu, outre des dispositions suivant les trois axes de l'espace, des réponses où la structure prend la forme d'une croix ou d'un carré, que nous avons acceptées comme bonnes réponses.

Des dispositions d'objets, reproduisant la succession linguistique sont particulières aux déficients mentaux de 7 à 10 ans, pour la configuration à trois objets : 33 % des enfants à 7 ans, 10 % à 8 ans et 5,3 % à 9 ans. Les pourcentages résiduels regroupent des dispositions d'objets ne tenant pas compte de la consigne, identifiés comme des jeux.

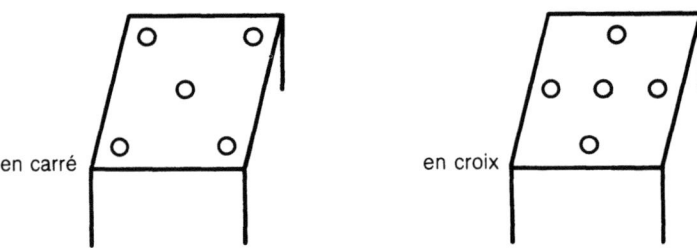

Tableau III
Disposition d'objets en réponse
à l'instruction « entre » (en %)

Entre (n)	7;0 (6)	8;0 (10)	9;0 (19)	10;0 (13)	11;0 (22)	12;0 (21)	13;0 (1)
3 objets	66,6	80	84,2	100	95,5	100	100
réponses axiales 5 objets	16,7	60	73,7	69,2	54,5	66,7	88,9
en croix et en carré	66,6	20	15,8	30,8	36,4	28,6	10,1
Total	83,3	80	89,5	100	90,9	95,3	100

Une seconde épreuve de compréhension, dont les résultats figurent au tableau IV, a été proposée alors aux enfants. Il s'agissait de fournir un dessin en réponse aux consignes :

III$_{(c)}$ « Dessine un bâton entre deux ronds »
III$_{(d)}$ « Dessine un carré entre deux ronds »

Tableau IV
Dessins en réponse à l'instruction
« entre » (en %)

Consigne	(n)	7;0 (6)	8;0 (10)	9;0 (19)	10;0 (13)	11;0 (12)	12;0 (21)	13;0 (9)
bâton (c)		100	60	84,2	100	100	100	100
carré (d)		83,3	50	79	100	90,9	95,2	100

Des dessins en succession linguistique sont fréquents à 8 ans : 40 % des réponses à chacun des deux items. Nous avons relevé en outre, à l'item III$_{(d)}$ des dessins réalisant une relation d'intériorité : 17,7 % des réponses à 7 ans, 5,2 % à 9 ans et 5,7 % à 12 ans.

Ces dessins représentent 18 % des réponses entre 3 ans et demi et 5 ans et demi chez les enfants normaux et ils disparaissent totalement ensuite.

La production a été examinée à partir des configurations à trois objets, dont la liste suit ci-dessous, contrôlant l'influence de deux facteurs : l'axe spatial, sur lequel les objets sont présentés, latéral (L), sagittal (S), vertical (V) et la nature des objets : les trois objets sont différents (D), les objets extrêmes de la structure sont identiques (I). Dans cette recherche, la distance qui sépare les objets est la même, de trois à cinq centimètres, sauf pour l'item (7) où les objets sont en contact.

III$_{(1)}$ L, I : une table entre deux fauteuils
III$_{(2)}$ L, I : une auto entre deux sapins
III$_{(3)}$ L, D: un cheval entre une barrière et une auto
III$_{(4)}$ S, I : un tabouret entre deux lits
III$_{(5)}$ S, I : un chien entre deux chaises
III$_{(6)}$ S, D: un fauteuil entre une armoire et une table
III$_{(7)}$ V, I : un papier entre deux boîtes

Outre *entre*, les enfants déficients mentaux utilisent *au milieu* ou décrivent la structure en termes de voisinage double, *à côté de* ou *près de*, par exemple :

item III$_{(5)}$ le chien est à côté de la chaise et la chaise à côté du chien.

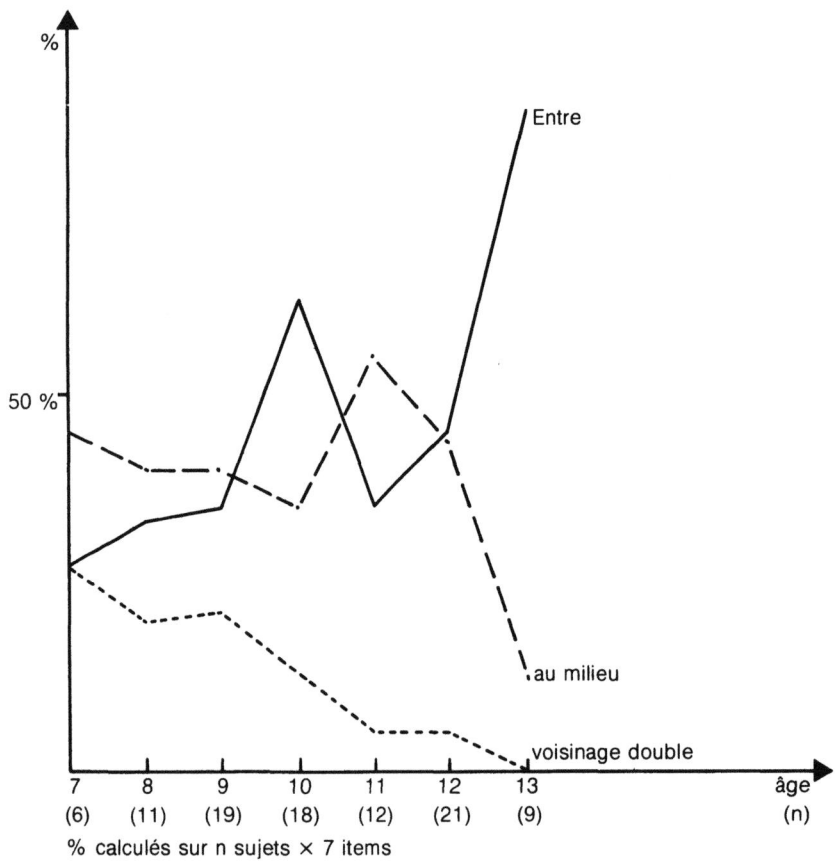

Figure 2 : *Production aux items (en %).*

La production de *entre* est liée à l'âge (le coefficient de corrélation point bisérial entre ces deux facteurs vaut .206 < p = .05). La description des items par *au milieu (de)* est importante dès 7 ans. Sa production varie peu avec l'âge (le coefficient de corrélation point bisérial vaut .043 > p = .05). L'utilisation d'un terme unique, *entre* ou *au milieu,* est habituelle pour plus de 75 % des enfants déficients mentaux à 7 ans déjà et ainsi qu'on peut le voir à la figure 2, la production de *entre* se fait au détriment de celle de *au milieu*. Les réponses en termes de voisinage double diminuent avec l'âge (le coefficient de corrélation point bisérial vaut .25 < p = .05). Le rythme d'acquisition de *entre* par les enfants déficients mentaux peut être mis en regard avec celui des enfants de quotient intellectuel normal, avec un décalage de trois ans, comme le montre la figure 3 (la différence entre les résultats à chaque âge est

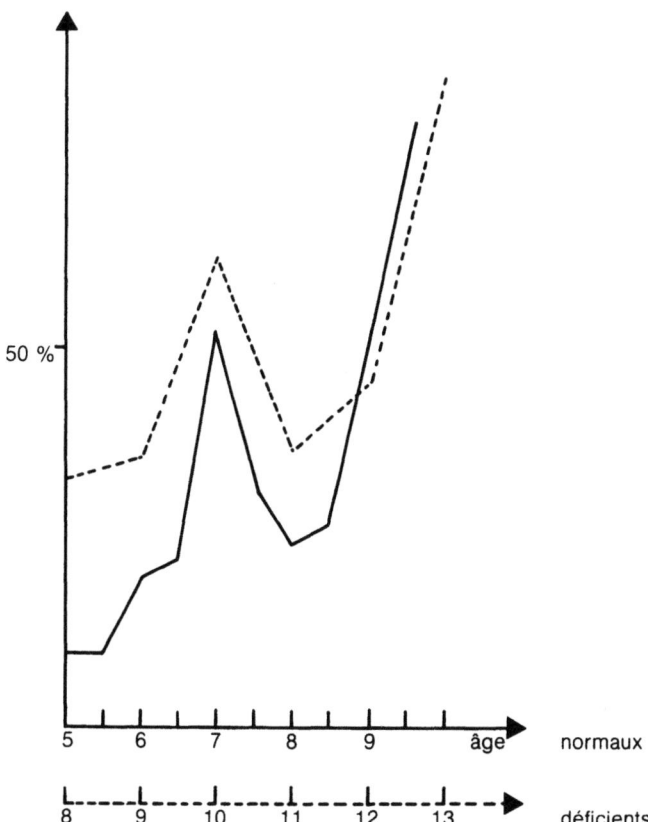

Figure 3. Comparaison de la production de *« entre »* chez les normaux et chez les déficients mentaux (%).

significative). La régression des descriptions en termes de voisinage double, représentée à la figure 4, s'opère avec un décalage de trois ans également.

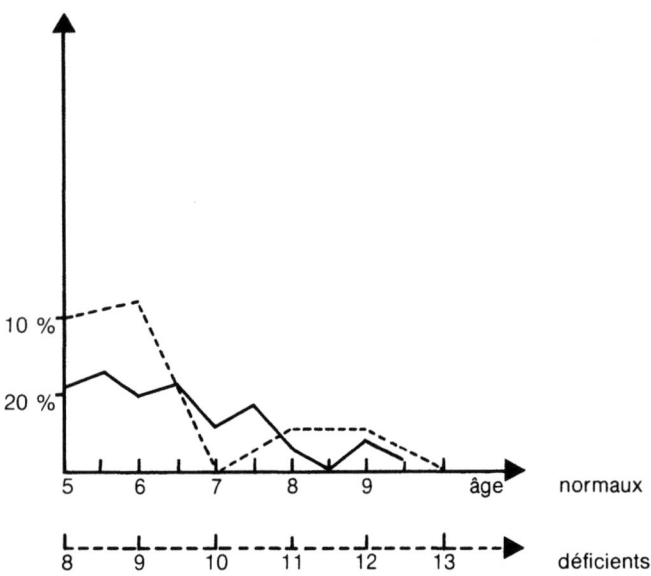

Figure 4. Description « voisinage double » chez les normaux et chez les déficients mentaux (en %).

Nous avons émis l'hypothèse d'une relation entre le développement cognitif de l'enfant normal et sa maîtrise du marqueur *entre* (Piérart, 1975) : la compréhension de *entre* irait de pair avec la construction des ordres logiques, la production différenciée de *entre* et *au milieu* serait contemporaine de la construction des opérations de mesure. Si le décalage observé dans le rythme d'acquisition de *entre* vient à l'appui de ces hypothèses, il importait cependant d'approfondir l'impact des paramètres des configurations spatiales sur les productions correspondantes. Pour ce faire, on a examiné la production d'un troisième échantillon de 80 déficients mentaux légers, de 9 à 14 ans et demi (Moens & Passelecq, 1976). L'épreuve comprenait les items 1, 3, 5, 6, 7 de l'épreuve précédente, qui contrôlent l'axe de présentation de la structure et les caractéristiques des éléments qui la composent. 4 items y furent ajoutés, reprenant ces paramètres en introduisant des inégalités dans les distances séparant les objets (D I)

IV₁ S, DI, D   une boîte entre un gobelet et une auto
IV₂ L, DI, I   un tabouret entre deux lits
IV₃ S, DI, I   un sabot entre deux sapins
IV₄ L, DI, D   une oie entre un fauteuil et un cheval

Les résultats, qui figurent au tableau V, se présentent de manière différente dans l'échantillon II (items III₁ à III₇) et dans l'échantillon III (items III₁ à III₇ plus items IV₁ à IV₄).

Tableau V
Production pour les configurations à trois objets dans l'échantillon III (% calculés sur n × 9)

	9 (14)	10 (15)	11 (16)	12 (17)	13 (12)	14 (6)
entre	16,6	29,6	37,5	38,5	36,1	37
au milieu	58,7	45,2	50	43,8	49,1	44
voisinage double	3,9	4,4	2,08	2,6	0,9	3,7
intériorité	0	0,74	0	0	0	0

La proportion des descriptions par le marqueur *entre* dans les deux échantillons est différente à 9 ans ($X^2 = 11.51 < p\ .001$), à 10 ans ($X^2 = 22.84 < p\ .001$) et à 13 ans ($X^2 = 40.08 < p\ .001$). Dans l'ensemble, *entre* est utilisé moins fréquemment lorsqu'une partie des items à décrire introduit des inégalités dans les distances séparant les objets. Sa production évolue toutefois régulièrement avec l'âge (la corrélation point bisériale entre les deux facteurs vaut $.14 < p = .05$). Pour *au milieu*, les résultats ne diffèrent dans les deux échantillons, qu'à 9 ans ($X^2 = 6.50 < p\ .05$) et à 13 ans ($X^2 = 21.83 < p\ .001$). L'utilisation de *au milieu* ne varie guère avec l'âge (le coefficient de corrélation point bisérial vaut $.065 > p = .05$).

L'analyse des divers paramètres, dont les détails peuvent être trouvés dans Piérart & coll. (à paraître) indique que les seules variables significatives de la production sont l'axe de construction de la structure et les distances séparant les éléments de celle-ci. Disposer les objets verticalement (item III₇) favorise très significativement la production de *entre* et on peut se poser la question de l'influence du contact entre les objets. Le placement sagittal induit une augmentation des réponses *entre* chez les enfants normaux, alors qu'il favorise les réponses de double voisinage chez les déficients mentaux. L'axe latéral n'influence pas les réponses des déficients. L'effet du paramètre de la distance s'exerce partiellement dans le même sens chez les déficients mentaux et les normaux. Pour les uns, comme pour les autres, l'inégalité des distances suscite surtout la description de voisinages. Par contre, l'égalité des distances entre les objets favorise la production de *entre* et *au milieu* chez les déficients et uniquement celle de *au milieu* chez les normaux. Ceci suggère que l'accès aux opérations de mesure joue un rôle dans la différenciation des deux termes. Les caractéristiques des objets formant la configuration spatiale, notamment l'identité des objets extrêmes constitue un paramètre situationnel qui reste sans incidence chez les normaux, comme chez les déficients de plus de 8 ans.

Conclusion

Les observations que nous venons de passer en revue ont porté sur des enfants déficients mentaux légers de 7 à 15 ans, fréquentant l'enseignement spécial de type I. A 7 ans, les marqueurs de relation spatiale *au-dessus de, en dessous de, sur, devant* et *derrière* sont déjà acquis et des observations sur des enfants plus jeunes seraient nécessaires pour préciser davantage les modalités de cette acquisition. Faute de ces observations, rendues difficiles à cause du dépistage relativement tardif du déficit mental léger, les mécanismes d'acquisition des marqueurs de relation spatiale ne peuvent être cernés. Les seules conclusions que l'on puisse tirer concernent les marqueurs qui s'acquièrent tard, chez les normaux aussi, *devant, derrière* dans les situations projectives et *entre*. *Devant, derrière* semblent être produits avec un retard d'un an, environ, chez les déficients mentaux légers et *entre* avec un retard de trois ans. L'importance de ce décalage, s'agissant de *entre,* est dû à la complexité des notions cognitives sous-jacentes à *entre,* marqueur qui n'est pas strictement spatial, mais qui interfère avec la construction de la mesure. Il ne s'agit toutefois pas d'un décalage chronologique pur et simple. Il y a, chez les déficients mentaux, des réponses et des comportements particuliers et une intégration des paramètres liés à la configuration spatiale qui leur est propre. Cette constatation repose la question du bien-fondé des modalités du pairage entre normaux et déficients, débattue à maintes reprises (Inhelder, 1969; Paour, 1978; Rondal et Lambert, 1981) à une échelle plus vaste.

NOTE

[1] Ce texte a été rédigé sur la base des observations recueillies par A. Belle, D. Delangre, A. Minot, B. Moens, K. Passelecq et V. Van Kerckhove dans le cadre d'un travail réalisé sous notre direction.

BIBLIOGRAPHIE

BELLE A., VAN KERCKHOVE V. (1976): *Usage adverbial et prépositionnel des marqueurs de relation spatiale chez les enfants débiles légers de 8 à 12 ans*, Mémoire de graduat en logopédie, Institut Supérieur de Logopédie, Ghlin (Mons).

DELANGRE D., MINOT A. (1975): *L'acquisition du sens de* devant, derrière *et* entre *chez les enfants débiles légers de 7 à 13 ans*, Mémoire de graduat en logopédie, Institut Supérieur de Logopédie, Ghlin (Mons).

INHELDER B. (1969): *Le diagnostic du raisonnement chez les débiles mentaux*, Neuchâtel & Paris, Delachaux & Niestlé.

LAURENDAU M. & PINARD A. (1968): *Les premières notions spatiales de l'enfant*, Neuchâtel, Delachaux & Niestlé.

MOENS B., PASSELECQ K. (1976): *Influence des caractéristiques des configurations spatiales* devant, derrière *et* entre *sur la compréhension et la production des termes correspondants*, Etude chez les déficients mentaux légers de 9 à 14 ans et demi. Mémoire de graduat en logopédie, Institut Supérieur de Logopédie, Ghlin (Mons).

PAOUR J.L. (1978): apprentissage des notions de conservation et induction de la pensée opératoire concrète chez les débiles mentaux, in ZAZZO, *Les débilités mentales*, Paris, A. Colin.

PIAGET J., INHELDER B. (1948): *La représentation de l'espace chez l'enfant*, Paris, P.U.F.

PIERART B. (1975a): *L'acquisition des structures linguistiques de localisation spatiale*, Thèse de Doctorat en Psychologie, Université de Louvain.

PIERART B. (1975b): La genèse de «entre»: «intuition primitive» ou «coordination des voisinages»? — contribution de l'approche psycholinguistique à l'étude de la notion. *Archives de Psychologie*, XLIII, *170*, 75-109.

PIERART B. (1977): L'acquisition des marqueurs de relation spatiale *devant* et *derrière*. *L'Année Psychologique*, 77, 95-116.

PIERART B. (1978): Acquisition du langage, patron sémantique et développement cognitif — observations à propos des prépositions spatiales *au-dessus de, en dessous de, sous* et *sur. Enfance*, 4-5, 197-208.

PIERART B., COSTERMANS J. (1979): A multi-dimensional analysis of some French preposition of space localization, *International Journal of Psycholinguistics*, 6-2, *14*, 45-77.

RONDAL J.A., LAMBERT J.L. (1981): L'acquisition du langage chez les déficients mentaux: le problème délai-différence et le développement linguistique avancé, *Revue de Phonétique Appliquée*, 57, 93-97.

SINCLAIR H., BRONCKART J.P. (1972): S.V.O. A linguistic universal? A study of developmental psycholinguistics, *Journal of Experimental Child Psychology*, 14, 329-348.

VION M. (1980): *La compréhension des phrases simples chez le jeune enfant*, Thèse de Doctorat en Psychologie, Université de Provence.

2.3. La construction de phrases simples chez le jeune enfant normal et arriéré mental

Harold H. CHIPMAN et Françoise PASTOURIAUX

Introduction

Depuis le début des années 60, de nombreuses études expérimentales et observationnelles en psycholinguistique génétique ont eu pour objet l'acquisition des structures syntaxiques. La plupart de ces études ont été menées avec des enfants d'intelligence normale, et qui ne présentaient aucun déficit langagier majeur. Il ressort de ces études que l'acquisition du langage est un processus de relativement longue durée pendant lequel l'enfant en développement construit certaines stratégies générales qui lui permettent de maîtriser les difficultés spécifiques posées par différentes combinaisons syntaxiques. Dans le cas de l'arriération mentale, le déficit langagier accompagnant le déficit cognitif est souvent plus important que ce à quoi l'on aurait pu s'attendre étant donné le retard cognitif. Quelle est donc la nature et l'ampleur de ce déficit ? Il n'est pas encore possible de répondre à cette question. En effet, un examen de la littérature montre alors qu'un certain nombre de recherches ont été menées dans le domaine du développement phonologique de l'arriéré, que le domaine de la syntaxe n'a été que très peu investigué jusqu'ici. Il semble que l'étude des retards de langage soit beaucoup moins avancée que l'étude de l'acquisition du langage en général.

De récentes études sur le développement normal du langage au-delà du stade des énoncés à trois éléments ont porté surtout sur la compréhension du langage, plutôt que sur la production. Cependant, la comparaison entre compréhension et production d'une même structure linguistique s'est avérée particulièrement fructueuse pour éclairer le processus d'acquisition du langage (voir Sinclair & Ferreiro, 1970, par exemple). Dans le domaine de l'arriération mentale par contre, les recherches ont souvent concerné la production. Par conséquent, la compétence linguistique dont disposent les sujets ayant une production pauvre ou non existante n'a pu être étudiée. La compréhension chez les arriérés commence à être étudiée (voir Semmel & Dolley, 1971; Chipman, 1977; Dewart, 1980), mais il semble que l'on n'ait pas encore fait beaucoup d'hypothèses sur la construction (plutôt qu'une simple évaluation du niveau) de la syntaxe chez l'arriéré mental.

Les études de production ont cependant mis en lumière certains aspects de la compétence syntaxique, ceci dans trois domaines au moins. En premier lieu, dans le domaine de la distribution des catégories de mots dans le langage de l'arriéré. Mein (1961) a analysé des données recueillies d'une part en situation de dialogue et d'autre part en situation de description d'images chez des patients adultes d'âge mental (A.M.) variant entre 3;0 et 6;11 ans. Il a trouvé que pour tous les A.M., les mots le plus fréquemment produits appartenaient à la catégorie des noms, ensuite venaient les verbes, puis les adjectifs et les pronoms; les mots les moins utilisés pour tous les A.M. étaient les articles et les conjonctions. L'auteur souligne que la prédominance de noms importante aux A.M. les plus bas tend à s'estomper aux A.M. les plus élevés et que les mongoliens utilisent significativement plus de noms que de verbes, ce qui n'est pas toujours le cas pour les arriérés non mongoliens. Mein estime que ces résultats (quelque peu surprenants) montrent que les arriérés effectuent des distinctions catégorielles et ne traitent pas tous les mots comme fonctionnellement semblables.

Le deuxième domaine recouvre l'usage des marqueurs grammaticaux et des inflections. La plupart des auteurs admettent que l'usage des morphèmes grammaticaux par les arriérés mentaux est bien en retard sur l'usage de ces marqueurs par les sujets normaux, quoique ce retard ne coïncide pas avec un usage grammatical bizarre ou aberrant (Ryan, 1975).

Le troisième domaine concerne la longueur moyenne des énoncés (LME) ou longueur moyenne des productions verbales (LMPV).

Alors qu'un enfant normal atteint une LME de 3 à l'âge de 30 mois environ, Rondal (1976) rapporte que, dans son étude, les sujets n'atteignaient ce niveau que vers 117 mois (écart type: 21 mois). Quoique ce retard de développement n'est peut-être pas toujours aussi important, il est clair que les arriérés mentaux ont des difficultés considérables pour parvenir au stade des énoncés à 3 mots. Ryan (1975) suggère que cela peut être dû à ce qu'«un enfant arriéré passe plus de temps au stade des énoncés à un élément, ce qui l'amène à accumuler un relativement grand nombre d'items lexicaux avant que ne débute la syntaxe, et ceci contrairement aux enfants qui se développent plus rapidement. Par ailleurs, ou de plus, cette différence peut être le reflet du fait que l'acquisition de mots isolés est relativement aisée, comparativement à la combinaison de ceux-ci en séquences structurées». Ceci suggère que la compétence syntaxique de l'arriéré mental peut être examinée lors de l'émergence et du développement de séquences de mots structurées. Le but de la présente étude est de cerner ces premières séquences structurées et d'évaluer non seulement leur aspect global (longueur) mais encore leur aspect analytique (combinaisons de différentes catégories de mots). Alors que le premier pas consistera à faire un inventaire des constructions à 2 et 3 mots (éléments), c'est le processus développemental expliquant la construction graduelle de la compétence syntaxique productive qui est le principal objet de notre étude.

Sujets

Le groupe d'enfants arriérés mentaux se compose de 5 sujets âgés de 5;6 à 7;9 ans (moyenne: 6;8 ans). Deux d'entre eux souffraient d'un syndrome de Down, l'un présentait un syndrome oro-digito-facial, et les deux derniers avaient une arriération d'origine non spécifique. Ils fréquentaient tous une école spéciale durant la journée (lieu où ils ont été interrogés) et le reste du temps, vivaient dans leur famille à Genève, Suisse.

Le groupe d'enfants non arriérés se composait de 5 sujets âgés de 2;7 à 4;3 ans (moyenne: 3;6 ans). Ils fréquentaient tous un jardin d'enfants à Genève (lieu où ils ont été interrogés).

Le statut cognitif des sujets arriérés a été déterminé sur la base d'observations quotidiennes faites par le psychiatre et le personnel de l'école. Dans deux des cas seulement des tests de Q.I. ont été utilisés, mais les résultats se sont avérés inutilisables. Il n'a donc pas été possible de calculer un âge mental. Par conséquent, les sujets appartenant au groupe des enfants non arriérés ont été sélectionnés sur la base de leurs résultats à une tâche de compréhension dans la mesure où ceux-ci ont démontré un niveau verbal comparable à celui des sujets arriérés mentaux.

Technique de recherche et matériel

Le matériel de recherche était constitué d'une série de jouets dont les enfants avaient l'habitude (poupées, animaux en peluche, plots, petites voitures...). Dans la partie *compréhension*, il était demandé aux sujets de mimer avec les jouets la signification des phrases que leur disait l'expérimentateur. Les actions des enfants étaient relevées soigneusement. Dans la partie *production*, on demandait d'abord aux sujets de décrire une série d'actions effectuées devant eux, puis on les amenait à converser librement avec les examinateurs (les jouets étaient souvent utilisés comme point de départ du dialogue). Il faut relever que lors de la première de ces deux phases, la production verbale exigée est dépourvue de but communicatif, ce qui la rend très artificielle. C'est pourquoi, afin de rendre le contexte plus naturel, on a demandé à l'un des expérimentateurs de se cacher pendant que les actions étaient effectuées, le sujet ayant alors à dire à cet expérimentateur quelle action avait été effectuée «derrière son dos» (raconter ce qui s'était passé). De cette manière était créée une atmosphère détendue de jeu propice à la production d'énoncés de la part de l'enfant. Chaque sujet a été interrogé plusieurs fois.

Plan expérimental

a) *Compréhension*
   Phrases à mimer

1. L'ours est sur la boîte
2. La voiture roule jusqu'au garage

3. Prends le plot bleu
4. Range les plots
5. Le singe est dans le panier
6. L'ours renverse la bouteille avec le bâton
7. Prends le grand plot
8. Le chien saute du camion et court vers la maison

b) Production
Actions effectuées par l'expérimentateur

1. L'expérimentateur met l'ours sur la boîte et demande: « Où est-il ? »
2. L'expérimentateur pousse la voiture jusqu'au garage et dit: « Raconte ce qui s'est passé »
3. L'expérimentateur prend un cube rouge et un cube bleu, il montre l'un d'eux et demande: « Comment est-il ? »
4. L'expérimentateur dit à l'enfant de ranger les plots dans une boîte, puis il demande: « Qu'est-ce que tu as fait ? »
5. L'expérimentateur met le singe dans le panier et demande: « Où est-il ? »
6. L'expérimentateur prend l'ours et lui fait renverser la bouteille avec un bâton puis dit: « Raconte ce qui s'est passé »
7. L'expérimentateur prend un grand cube et un petit cube, il montre le grand et demande: « Comment est-il ? »
8. L'expérimentateur prend le chien, le fait sauter de la voiture et courir jusqu'à la maison, puis il dit: « Raconte ce qui s'est passé ».

Résultats

a) Compréhension

La partie compréhension a précédé la partie production. Les résultats de la partie compréhension sont présentés au tableau 5.0. Comme on peut s'en rendre compte, pour les sujets non arriérés et pour les sujets arriérés, la compréhension des phrases utilisées ne présente pas de difficulté majeure. Pour l'une et l'autre population, peu d'erreurs ont été commises, et la plupart d'entre elles ont été corrigées spontanément par les sujets eux-mêmes.

b) Production

Avant de passer à l'analyse des données obtenues, il nous faut faire certaines remarques sur la sélection des données:

Tableau 5.0.
Résultats de la partie compréhension

PHRASES

Normaux / Ages	1	2	3	4	5	6	7	8
Sarah 2;7	+	+	+	+	+	+	+	− puis +
Patrick 3;0	+	+	−	+	−	+	− puis +	− puis +
Christ. 3;7	+	+	+	+	+	+	−	− puis +
Olivier 4;3	+	+	+	+	+	+	+	+
Jessie 4;3	+	+	+	+	+	+	+	+

Arriérés / Ages	1	2	3	4	5	6	7	8
Nath. I 5;6	− puis +	+	+	+	+	− puis +	+	+
Rachel 6;1	+	+	+	− puis +	+	− puis +	− puis +	−
Nath. II 7;1	+	+	+	+	+	+	+	− puis +
Luigina 7;7	−	+	+	+	+	+	+	−
Stéphane 7;9	+	+	+	−	+	+	+	− puis +

Code: + = réponse correcte; − = réponse incorrecte.

1. Les données utilisées pour l'évaluation proviennent des deux phases de la partie production.

2. Les interjections ou autres expressions de ce type n'ont pas été incluses dans le corps de données.

3. La prosodie fut prise en considération pour déterminer le début et la fin d'un énoncé, surtout dans les cas où la syntaxe était peu claire.

4. Un critère grammatical très strict a été adopté pour décider si une phrase était incomplète et/ou incorrecte. Les phrases étaient considérées incomplètes lorsque l'un des constituants syntaxiques principaux (S, V, O) manquait ou lorsque certains foncteurs (articles, pronoms...) étaient omis (par exemple : «ils ont été ici dans garage»), lorsqu'un verbe clairement transitif était utilisé sans objet (par exemple : «Mets»), et lorsque l'ordre grammatical n'était pas respecté (par exemple : «Dans le garage il allait»).

5. Lorsqu'elles comprenaient un ou deux éléments, les réponses à des questions n'ont pas été incluses dans le corps de données : par exemple, l'expérimentateur demande : «Comment est-il ?». L'enfant répond : «Grand». L'expérimentateur demande : «Qui est là ?». L'enfant répond : «Le singe». Il est clair en effet que la syntaxe de telles réponses ne peut être étudiée indépendamment de la forme de la question posée par l'adulte.

Le corps de données pour les sujets non arriérés comprend en tout 200 énoncés; pour les sujets arriérés, il en comprend 267. La distribution des énoncés complets et incomplets pour l'un et l'autre groupe est présentée au tableau 5.1.

Tableau 5.1.
Nombre total d'énoncés produits par les sujets non arriérés et arriérés

	Normaux	Arriérés
Enoncés complets	129 (64.5 %)	140 (52.5 %)
Enoncés incomplets et/ou incorrects	71 (35.5 %)	127 (47.5 %)
Total	200	267

On remarque que presque la moitié des énoncés produits par les sujets arriérés sont incomplets et/ou incorrects, alors que ce n'est le cas que pour 1/3 des énoncés produits par les sujets non arriérés. Les phrases incomplètes ne correspondent pas à des fragments de phrases syntaxiquement correctes du genre de celles qui apparaissent fréquemment dans le langage adulte.

Les tableaux 5.2.1., 5.2.2. et 5.2.3. donnent un inventaire détaillé des types de constructions syntaxiques produits.

A l'examen du *tableau 5.2.1.*, concernant les énoncés complets, on remarque que les sujets non arriérés et les sujets arriérés produisent les mêmes types de constructions syntaxiques, quoique avec des fréquences variables (l'exemple de syntaxe complète donné pour le groupe des arriérés constitue en fait le seul énoncé de ce type dans le corps de données, et il s'agit probablement d'une réponse donnée après coup à une question). Trois des catégories syntaxiques mentionnées demandent une définition. La catégorie «syntaxe complexe» recouvre les phrases pronominales et à plusieurs propositions, souvent avec des marqueurs de coordination ou de temps. La catégorie des phrases «c'est un(e) ...» recouvre ce qui pourrait aussi être appelé «phrases présentatives» dans lesquelles l'enfant désigne un objet ou une situation soit sous forme affirmative soit sous forme interrogative. Ceci peut être vu comme un reflet des activités déictiques dans l'usage du langage. Le redoublement noms-pronoms est particulièrement fréquent en français, aussi est-il justifié d'en faire une catégorie séparée.

Dans le *tableau 5.2.2.*, nous donnons des exemples de constructions syntaxiques incomplètes par manque de l'un des principaux constituants (sujet, verbe, objet). Il est intéressant de relever que seuls les sujets arriérés produisent l'ordre inhabituel (S)COV et des phrases incomplètes (S)VOC (alors que les non-arriérés tendent à produire des phrases complètes du type SVOC). Cependant, il est fort possible que les énoncés (S)VOC soient en fait des fragments de phrases entendues que les sujets arriérés reprennent telles quelles en bloc: «Vers(é) la limonade dans les verres», et qui sont en relation avec des expériences quotidiennes telles que mettre la table pour le repas. Il se peut donc que ces énoncés représentent répétition d'une phrase, ou d'un ordre, fréquemment entendu. A l'exception des constructions (S)COV et (S)VOC, les sujets arriérés et non arriérés produisent les mêmes types de phrases structuralement incomplètes. Pour l'un et l'autre groupe, les énoncés modaux, c'est-à-dire contenant un verbe modal tel que vouloir, pouvoir, sont incomplets par manque d'un sujet explicite.

Le *tableau 5.2.3.* donne des exemples de phrases qui présentent un ordre de mots déviant, ou sont incomplètes par manque d'un déterminant ou d'un foncteur. Il est intéressant de noter, comme nous l'avons déjà relevé à propos du tableau 5.2.2., que seuls les sujets arriérés produisirent des énoncés à ordre des mots déviant (voir les phrases SOV à syntaxe complexe). Quelques rares énoncés ont été jugés inclassables; et il faut ajouter qu'à l'exception de ces derniers, tous les énoncés étaient adéquats du point de vue sémantique, et compréhensibles dans le contexte de production. Les points suivants sont à relever. Alors que toutes les phrases SVA sont correctes pour les deux populations, les sujets arriérés produisent moins de constructions correctes SVO et SVC que les sujets non arriérés. D'autre part, les sujets non arriérés produisent peu d'impératives V ou de constructions VO complètes, alors que les sujets arriérés en produisent fréquemment. Ceci est peut-être dû à ce que ces derniers donnent fréquemment des ordres à l'expérimentateur, à eux-mêmes, et aux jouets (« Prends le camion, donne le biberon ») et ces productions verbales donnent souvent l'impression qu'elles servent à accompagner les actions (ce qui n'est pas le cas pour les sujets non arriérés). Les redoublements noms-pronoms sont toujours complets pour les non-arriérés, mais pas pour les arriérés (l'aspect de redoublement est correct, mais le reste de la phrase ne l'est pas). Finalement, alors que les deux groupes produisent des constructions SVOC complètes (cf. 5.2.2.), un premier examen des tableaux est trompeur car les sujets arriérés produisent extrêmement peu de phrases de ce type.

Tableau 5.2.1.
Exemples d'énoncés complets produits pour chaque type de structure syntaxique par les sujets normaux et arriérés

Type de structure syntaxique	Normaux	Arriérés
V	Viens	Dors, nounours Attends Viens, toi aussi
SV	I tape Il saute	J'sais pas I dorment
VO	Donne la corbeille	Ecoute la musique
SVO	Je l'ai caché Il a renversé du vin Il a conduit la voiture	La voiture cache le garage Elle boit l'eau Il fait le bruit
SVA	Il est bleu	Il est vert
SVC	Il est là-dedans Elle est allée dans le garage	I dort dans la maison Elle est là I court vers la maison
SVOC	On le laisse là dans la boîte Il fait tomber la bouteille avec le cure-dent	I met toute la vaisselle là
C'est un(e)...	C'est un cure-dent C'est un bol	C't'un téléphone C'est à moi C'est quoi, ça ? C'est ma maison
Redoublement pronominal	La voiture, elle a écrasé le chien Maintenant il peut plus sortir, le chien	Attends, celui-là il dort là La maman i lave la vaisselle
Syntaxe complexe	Il a marché sur la voiture et puis après il est tombé par terre	Non parce que là il tape la bouteille par terre

Code : S = sujet, V = verbe, O = objet, C = complément.

Tableau 5.2.2.
Exemples d'énoncés incomplets produits : manque de l'un des constituants syntaxiques principaux (S, V, O)

Type de construction syntaxique	Normaux	Arriérés
(S) V	Peux pas Est cassé Saut(é) Tomb(é)	Cach(é) Veux pas
(S) VC	Va dans le garage Tap(é) la bouteille	Met armoire
(S) VA	Est vide	Sont un peu grand
(S) VO	Pousse les nounours	Faire la peinture Dessin(é) ti chien
(S) OV		Les range La voiture cache
SV (O)	Elle renverse	Tu fais Il prend
S (V) A	Tout cassé les nounours	—
(S) VOC	—	Vers(é) la limonade dans les verres
(S) COV	—	Là la mettre
Enoncés modaux	Faut faire comme çà Peux pas mettre aussi là	Veux dormir Peux rentrer

Tableau 5.2.3.
Exemples de production d'énoncés incomplets et/ou incorrects

Type de construction syntaxique	Normaux	Arriérés
SVO / SOV	Il a tomb(é) la bouteille	Tu pas le cache
SVC	Il a cass(é) avec le bâton Ils ont été dans garage	Je vais la porte Il marche à la route
C'est un(e)...	—	Ça c'est lunettes à moi C'est maison
Syntaxe complexe	Il est all(é) ici à garage pour les voitures	C'est moi me cache C'est qui ça fait?
Inclassable	Il est cass(é) la bouteille	Y a le nounours bâton le lit le petit

La fréquence des différentes constructions syntaxiques sur l'ensemble du corps de données (fréquences exprimées en % du total des énoncés considérés) apparaît dans les tableaux 5.3.1., 5.3.2. et 5.3.3. Le *tableau 5.3.1.* donne la proportion des différents types d'énoncés complets sur l'ensemble des données.

Tableau 5.3.1.
Proportion de constructions syntaxiques complètes dans l'ensemble de la production de chaque groupe de sujets

Type de construction syntaxique	Normaux %	Arriérés %
V	1	1.5
VO	0.5	3.5
SV	13.5	19
SVO	5.5	5
SVA	3	2
SVC	16	9.5
SVOC	4	1
C'est un(e)...	5	9.5
Syntaxe complexe	6.5	0.5
Redoublement nom-pronom	9.5	1

Code : % = de ce type de construction par rapport à l'ensemble de la population de chaque groupe.

On peut faire les commentaires suivants : Le nombre de constructions SVO est peu élevé pour les deux groupes, alors que les constructions SVC apparaissent souvent (ce sont les plus fréquentes pour les sujets non arriérés). Les constructions SV sont fréquentes pour les deux groupes, ce sont les plus fréquentes pour les sujets arriérés. Les phrases VO (impératives) complètes sont rares dans la production des non-arriérés, mais, comme nous l'avons déjà relevé, elles sont plus fréquentes dans la production des arriérés. Le nombre de phrases « C'est un(e)... » est relativement élevé dans la production des arriérés, et ceci est peut-être dû à ce qu'ils ont l'habitude d'utiliser ce type de construction dans des exercices spontanés de dénomination, alors que les non-arriérés ne le font que si on leur demande explicitement de dénommer. Les sujets non arriérés produisent un nombre assez élevé de phrases à syntaxe complexe complètes, alors que le sujets arriérés n'en produisent presque aucune. Les sujets arriérés utilisent souvent le redoublement nom-pronom, la raison en est peut-être que c'est là une première étape vers la maîtrise de constructions syntaxiques plus complexes.

Tableau 5.3.2.
Proportion de constructions syntaxiques incomplètes (par manque de l'un des constituants syntaxiques principaux) dans le corps des données des sujets non arriérés et arriérés

Type de construction syntaxique	Normaux	Arriérés
(S)V	5	5.5
(S)VC	2	3.5
(S)VA	0.5	0.5
(S)OV	-	0.5
(S)VO	1	2
SV(O)	1	6
SV(A)	0.5	-
(S)VOC	-	1.5
(S)COV	-	0.5
Enoncés modaux	7	2.5

Code : % = de ce type de construction par rapport à l'ensemble de la production de chaque groupe.

Le tableau 5.3.2. donne la proportion des constructions syntaxiques incomplètes auxquelles manque un des principaux constituants syntaxiques. Les commentaires suivants peuvent être faits : Pour l'un et l'autre groupe, un bon nombre des énoncés sont constitués d'un verbe isolé (catégorie V) qui n'est pas utilisé comme impératif. Les autres types de construction apparaissent dans une proportion semblable, à l'exception des constructions SV et des énoncés modaux.

Les énoncés incomplets SV sont produits nettement plus souvent par les sujets arriérés, ce qui peut refléter une difficulté à construire des phrases complètes SVO. D'autre part, les enfants normaux produisent plus d'énoncés modaux que les arriérés.

Tableau 5.3.3.
Proportion d'énoncés incomplets et/ou incorrects produits par les sujets non arriérés et arriérés

	Normaux	Arriérés
SVO/SOV	0.5	1.5
SVC	1.5	2
C'est un(e)...	-	5
Syntaxe complexe	1	0.5
Inclassable	15.5	16

Le tableau 5.3.3. donne la proportion des constructions incorrectes auxquelles manque un foncteur (article, préposition, pronom). Le point le plus intéressant concerne peut-être les phrases « c'est un(e)... » qui ne sont jamais produites sous une forme incomplète (par manque d'un déterminant) par les sujets non arriérés. La forme incomplète, sans le déterminant, telle qu'elle est produite par les arriérés semble en effet curieuse. C'est peut-être là l'unique construction syntaxique réellement inhabituelle qui apparaisse dans ces données. Les phrases à syntaxe complexe sont rarement incomplètes (ce point sera repris plus loin). Quant aux énoncés inclassables, ils ont été produits par les deux populations.

Sur l'ensemble des données, on remarque peu de formes interrogatives ou négatives, pour les sujets non arriérés comme pour les arriérés; mais l'absence de telles transformations grammaticales ne reflète peut-être pas un manque de compétence mais répond plutôt au type d'interrogation mené par les expérimentateurs.

Le tableau 5.4. donne la proportion d'énoncés complets en fonction du nombre des mots par énoncé.

Tableau 5.4.
Nombre de mots par phrase complète

	1 mot	2 mots	3 mots	4 mots	C'est un(e)...	Redoublement nom-pronom
Normaux	1	22	38	16	8	15
Arriérés	3	41	29	3	18	6

Code: Tous les résultats sont donnés en %.

Les phrases «C'est un(e)...» et les redoublements nom-pronom ont été présentés séparément. On ne sait trop en effet si l'on doit considérer que l'unité linguistique «c'est» compte pour un ou deux mots, et «le monsieur i» pour deux ou trois mots. Comme on peut le voir, la plupart des sujets normaux ont produits des énoncés à trois mots, alors que la plupart des sujets arriérés ont produit des énoncés à deux mots. De manière plus générale, il apparaît que la longueur moyenne des énoncés est plus élevée pour les normaux que pour les arriérés. La longueur moyenne des énoncés de la population arriérée est un peu moins élevée que celle qu'avait notée Lackner (1976) pour ses sujets arriérés ou que celle qu'avait notée McCarthy (1954, cité par Lackner) pour des sujets de 2 ans normaux et particulièrement doués. Si l'on tient compte des âges moyens des deux populations (3;6 pour les non-arriérés et 6;8 pour les arriérés), le retard d'acquisition des arriérés paraît alors considérable.

Récapitulatif des résultats

1. Les constructions SV complètes (intransitives) sont celles qui sont produites le plus fréquemment par les arriérés et viennent en deuxième place pour les non-arriérés. Ceux-ci ne produisent que très rarement des constructions incomplètes du type (S)V, alors que de telles constructions représentent 5,5 % (une proportion importante) du total des énoncés incomplets des arriérés.

2. Peu de constructions SVO sont produites par l'une ou l'autre population.

3. Par contre, les constructions SVC sont celles qui sont produites le plus fréquemment pour les énoncés à trois éléments.

4. Les constructions SVA sont les moins fréquentes pour l'une et l'autre population.

5. Les constructions SVOC sont en général peu fréquentes, et sont produites surtout par les enfants normaux. La forme incomplète (S)VOC n'est jamais produite que par les arriérés.

6. Le redoublement nom-pronom, qui préfigure peut-être des formes syntaxiques complètes, apparaît surtout dans les données des non-arriérés, mais est aussi produit, sous forme complète, par les deux groupes de sujets.

7. Les phrases «c'est un(e)...» sont surtout produites par les arriérés, souvent sous forme incomplète, par manque d'un déterminant, alors que les non-arriérés en produisent moins fréquemment mais toujours sous forme complète. Le nombre élevé de ce type de phrase dans les énoncés des arriérés peut refléter le fait que, dans la vie courante, il leur est souvent demandé de dénommer ou de désigner des objets.

8. Des phrases à syntaxe complexe sont rarement produites par les arriérés, alors que les non-arriérés en produisent souvent et la plupart du temps sous une forme correcte.

Conclusions

Il est possible de considérer ces résultats à deux points de vue différents. D'une part, nous nous attacherons à comprendre comment sont élaborées les constructions syntaxiques à trois éléments ou plus, à partir d'unités à deux éléments (non holophrastiques dans ce cas), et, d'autre part, nous examinerons plus particulièrement les possibilités d'acquisition du langage chez les enfants arriérés mentaux.

a) Jusqu'à maintenant, il y a peu de tentatives de comprendre comment l'enfant construit des séquences à trois éléments du type SVO/SVA/SVC. Sinclair & Bronckart (1972) ont étudié l'interprétation des séquences NVN, NNV et VNN par de jeunes enfants non arriérés, ces séquences étant présentées sous une forme lexématique agrammaticale (par exemple, «garçon, fille, pousser»). Les sujets les plus jeunes (âgés de 2;4 ans approximativement) interprètent ces séquences comme étant formées de deux parties, qui correspondent soit à un lien agent-action, soit à un lien action-patient. Les interprétations en terme d'agent-action se traduisent en mime par une action de type intransitif (le garçon et la fille vont se promener), alors que dans le cas d'une interprétation en terme d'action-patient l'enfant s'attribue à lui-même le rôle d'agent (l'enfant fait tomber le garçon et la fille). Ce n'est que plus tard que l'enfant utilise les trois éléments pour donner une interprétation en terme d'agent-action-patient. Ces résultats suggèrent que les stratégies d'ordre des mots attribuant les trois rôles d'agent-action-patient sont elles-mêmes préparées par des stratégies plus simples n'attribuant que deux de ces rôles. Cette hypothèse s'est trouvée confirmée par le fait que les séquences de trois mots contenant un verbe intransitif («cheval, vache, partir») étaient toujours interprétées correctement (à la manière adulte) dès le plus jeune âge. Bien que ces résultats et cette hypothèse concernent la compréhension plutôt que la production, et proviennent uniquement de l'étude des séquences SVO/SV, nous aimerions suggérer qu'au niveau de la production des structures syntaxiques correspondantes se déroule un processus de construction similaire, ainsi que semblent le démontrer les points suivants :

1. La proportion importante de constructions SV dans la production des deux populations.

2. Aucun sujet, arriéré ou non arriéré, n'a produit de construction SVO/SVA/SVC sans avoir aussi produit des constructions SV (complètes et/ou incomplètes).

3. Les constructions SVA/SVC sont beaucoup plus fréquentes que les constructions SVO (dans lesquelles le troisième élément est obligatoire). *Le tableau 5.5* donne les proportions pour chacune de ces constructions. S'il est vrai que ces proportions peuvent peut-être résulter en partie du type d'expérimentation que nous avons adopté, il se peut aussi qu'elles reflètent un processus développemental suivant lequel les phrases intransitives sont non seulement plus simples à comprendre mais aussi plus simples à produire que les phrases transitives. Ainsi, le chemin suivi au cours du développement peut être décrit comme allant des constructions intransitives à deux éléments

Tableau 5.5.
Distribution des types d'énoncés à trois éléments

	Normaux	Arriérés
SVA + SVC	20.5	12.5
SVO	6	2

Code : Les résultats sont donnés en % de la production totale.

aux constructions transitives à trois éléments, en passant par les constructions intransitives à trois éléments. La relative difficulté des constructions SVO se remarque à la proportion peu élevée de constructions SVO comparativement à celle des constructions SVA/SVC.

b) Nous avons jusqu'ici dégagé une image des capacités de l'enfant arriéré dans le domaine de la syntaxe assez semblable à celle que possède l'enfant normal, mis à part un décalage temporel qui est considérable. Nous n'avons pas relevé d'ordre des mots extrêmement inhabituel ou déviant qui apparaisse avec une fréquence notable, et la plupart des types de structure syntaxique ont été produits par les deux populations. Les principales différences sont de l'ordre de la *fréquence* des productions. Ayant donné une certaine idée de l'aspect de délai dans l'acquisition du langage chez les arriérés mentaux, nous aimerions maintenant suggérer que les *différences* dans l'acquisition du langage, s'il y en a, se situent au niveau plus général du processus même d'apprentissage.

Premièrement, les arriérés mentaux sont non seulement lents à apprendre de nouvelles constructions syntaxiques correctes, ainsi que cela est généralement admis, mais ils sont également lents à abandonner des formes linguistiques incorrectes. A ce point de vue, il est intéressant de noter la chose suivante : dans le courant de l'apprentissage du langage, l'enfant normal ne persévère pas très longtemps dans l'usage de formes syntaxiques incorrectes. Vers l'âge de 4 ans, il est souvent déjà parvenu à une maîtrise considérable de l'aspect productif de la syntaxe. Par contre, l'enfant arriéré persiste souvent à utiliser une syntaxe incorrecte, alors même qu'il est en train d'apprendre de nouvelles formes syntaxiques correctes, de sorte qu'une même forme syntaxique sera produite correctement et incorrectement pendant une très longue période (souvent plusieurs années). Chez l'enfant normal, il semble que la production d'une forme syntaxique correcte élimine la forme incorrecte, alors que chez l'enfant arriéré l'apparition d'une forme correcte n'entraîne pas une telle élimination, d'où la juxtaposition des formes correctes et incorrectes.

En second lieu, c'est peut-être un processus d'intégration plus statique que dynamique qui est à l'origine de cette lenteur à abandonner les formes incorrectes. Des fragments de structures linguistiques sont stockées sans être intégrées dans le système déjà existant de manière à construire un niveau de compétence linguistique plus élevé. Ce qui manque c'est une forme de compétence linguistique dynamique ou productive, qui soit source de créativité linguistique. C'est cet aspect créatif du langage qui semble sévèrement handicapé chez les arriérés mentaux. Ceci se remarque à l'importance que prennent dans leur production les formules automatiques et toutes faites ou les fragments de phrases, et à leur tendance marquée à utiliser le langage pour donner des ordres ou pour dénommer (ainsi que le montre la fréquence des phrases «c'est un(e)...»). Par contre, il semble que les sujets normaux tentent très tôt de produire des formes syntaxiques plus complexes, même s'ils ne parviennent pas à un résultat correct. Ramer (1976) a discuté ces faits, à partir de ses propres observations de jeunes enfants normaux aux débuts de la syntaxe. Elle a trouvé, du point de vue de la vitesse d'apprentissage, un groupe de sujets lents, qui n'essayaient pas de produire des formes complexes, mais qui respectaient les règles d'ordre des mots, et, d'autre part, un groupe de sujets rapides, caractérisé par de nombreux essais de production de syntaxe complexe, et aussi par la production de constructions indéterminés dans lesquelles les règles d'ordre des mots étaient violées. Ramer appelle ces tentatives de production de syntaxe complexe «comportement de risque relié à la vitesse de développement» et considère que les erreurs concernant l'ordre des mots sont productifs. Un tel comportement de risque (au niveau du langage) nous semble être le produit d'une forme dynamique de compétence linguistique.

D'une manière générale, nos hypothèses impliquent que la créativité linguistique dépend d'une intégration dynamique du langage en un système fonctionnel qui facilite l'élimination des fragments de langage improductifs. Nous aimerions suggérer que ce n'est pas tellement en faisant uniquement un catalogue exhausif des données de production linguistique des sujets arriérés mentaux qu'il sera possible de faire ressortir des différences significatives, mais plutôt en tentant d'évaluer leur traitement interne du langage. L'on pourrait de cette manière-là être amené à la conclusion que la différence entre les productions linguistiques des sujets normaux et arriérés est bien réelle.

Note

Nous désirons remercier pour leur collaboration le personnel et les enfants du Jardin d'Enfants de la Servette et du Jardin d'Enfants Rondin-Picotin à Genève, Suisse. Nous sommes particulièrement reconnaissants à Arielle Basset et Carole Petitpierre-Arni de leur aide pour la récolte des données. Nous remercions particulièrement Mlle Pernette Steffen qui s'est chargée de la traduction de cet article en français.

BIBLIOGRAPHIE

CHIPMAN, H.H. The comprehension of passive sentences by mentally deficient children and adolescents. In Drachman, G. (Ed.) *Salzburger Beiträge zur Linguistik*, vol. 4. Salzburg: W. Neugebauer, 1977, 237-258.
DEWART, M.H. Langage comprehension processes of mentally retarded children. *American Journal of Mental Deficiency*, 1980, *84*, 2, 177-183.
LACKNER, J.R. A developmental study of langage behavior in retarded children. In MOOREHEAD, D.M. & MOOREHEAD, A.E. (Eds). *Normal and deficient child language*. New York: University Park Press, 1976, pp. 181-208.
MEIN, R. A study of the oral vocabularies of severely subnormal patients. *Journal of Mental Deficiency Research*, 1961, *5*, 52-62.
RAMER, A.L. Syntactic styles in emerging langage. *Journal of Child Langage*, 1976, *3*, 1, 49-62.
RONDAL, J.A. Développement du langage et retard mental: une revue critique de la littérature en langue anglaise. *L'année psychologique*, 1975, *75*, 513-547.
RONDAL, J.A. Maternal speech to normal and Down's syndrome children matched for mean length of utterance. *Monograph of the American Association on Mental Deficiency*, 1978.
RONDAL, J.A. Le développement linguistique des handicapés mentaux. *Journal de Psychologie*, 1978, *3*, 347-368.
RYAN, J. Mental subnormality and language development. In LENNEBERG, E.H. & LENNEBERG, E. (Eds). *Foundations of langage development*, 1975, vol. II. New York: Academic Press, pp. 269-277.
SEMMEL, M.I. & DOLLEY, D.G. Comprehension and imitation of sentences by Down's syndrome children as a function of grammatical complexity. *American Journal of Mental Deficiency*, 1971, *75*, 739-745.
SINCLAIR, H. & BRONCKART, J.P. SVO, a linguistic universal? A study in developmental psycholinguistics. *Journal of Experimental Child Psychology*, 1972, *14*, 329-348.
SINCLAIR, H. & FERREIRO, E. Etude génétique de la compréhension, production et répétition des phrases au mode passif. *Archives de Psychologie*, 1970, vol. XL., 160, 1-42.

3. LANGAGE ET COMMUNICATION CHEZ LES HANDICAPES MENTAUX

La première intervention porte sur une analyse des capacités communicatives verbales des sujets handicapés mentaux adultes, un domaine encore largement inexploré malgré son évidente importance dans le contexte de l'intégration des sujets handicapés mentaux dans les environnements sociaux, professionnels et culturels des sujets non handicapés. La seconde communication présente une intervention expérimentale qui a cherché à introduire chez des sujets adultes handicapés mentaux profonds, pratiquement sans langage jusque-là, l'utilisation d'un système de communication visuo-manuel connu sous le nom de « système de Premack ».

3.1. Performance verbale et capacités communicatives chez les handicapés mentaux adultes

Jean-Luc LAMBERT et Jean-A. RONDAL

« Nos connaissances relatives au développement linguistique des sujets handicapés mentaux se sont considérablement accrues au cours de ces dernières années », tel est le constat par lequel il est habituel de commencer un exposé consacré au langage dans le domaine de l'arriération mentale. Cela est vrai uniquement en ce qui concerne le langage des enfants déficients mentaux. En effet, nos connaissances sur le développement linguistique des sujets plus âgés, adolescents et adultes, restent incomplètes, voire inexistantes.

Au terme d'une analyse exhaustive de la littérature, nous avons relevé moins de dix études consacrées à ce sujet.

Evans (1977) a analysé un échantillon de langage spontané obtenu individuellement auprès d'un groupe de 101 adolescents et adultes mongoliens des deux sexes. La moitié environ des sujets de l'échantillon étaient âgés de 8 à 16 ans et l'autre moitié de 17 à 31 ans. Les trois quarts des sujets vivaient dans leurs familles et fréquentaient des centres de jour. Le dernier quart des sujets vivaient en institution. Les résultats obtenus à une série d'indices linguistiques ont permis de différencier les sujets selon qu'ils vivaient en milieu ouvert ou en milieu institutionnel. Les scores moyens des sujets vivant en milieu ouvert sont nettement supérieurs à ceux des sujets vivant en institution. Cette constatation n'est certes pas neuve. Par contre, la donnée la plus intéressante à notre point de vue concerne les différences rapportées par Evans entre le groupe des sujets adolescents et le groupe des sujets adultes, au bénéfice des seconds. Cette étude modifie considérablement le point de vue exprimé par Swann & Mittler (1976) qui au terme d'une enquête effectuée chez plus de 1.000 sujets retardés âgés de 2 à 19 ans, avaient conclu à l'existence d'un ralentissement considérable dans la croissance linguistique survenant à la fin de l'adolescence.

Bedrosian & Prutting (1978) et Bedrosian (1979) se sont intéressés à l'analyse des caractéristiques pragmatiques du langage de sujets mongoliens adultes. Ces deux études montrent que ces sujets, âgés en moyenne de 25 ans, sont capables d'entamer des conversations avec un partenaire sur une variété de sujets qui varient selon le contexte situationnel et interpersonnel. La plus grande partie des démarches mises en œuvre pour entamer une conversation consistent soit à fournir une information à l'interlocuteur, soit à requérir de l'interlocuteur une information ou une opinion. Plus récemment, Owings & McManus (1980) ont rapporté une étude approfondie des caractéristiques communicatives d'un sujet handicapé mental adulte âgé de 28 ans et présentant un niveau de vocabulaire expressif comparable à celui d'un enfant normal âgé de 5 ans. L'analyse des fonctions communicatives utilisées par cet adulte dans diverses situations montre que le sujet est capable d'utiliser les conventions sociales nécessaires pour adapter sa communication à l'interlocuteur et à la situation.

L'analyse du langage des adultes handicapés mentaux est d'une importance capitale, à la fois pour des raisons théoriques et pratiques. Théoriquement, les connaissances ainsi rassemblées permettront éventuellement aux chercheurs de résoudre deux questions importantes concernant le développement des sujets handicapés mentaux. La première est la controverse délai-différence. Le problème est de savoir si le langage des handicapés mentaux est uniquement décalé dans le temps par rapport au développement normal ou bien s'il s'en écarte résolument. Pour répondre à cette question, il n'est pas suffisant de considérer le langage comme un phénomène unitaire, mais de rassembler des données sur chacun des aspects du développement linguistique, c'est-à-dire la phonétique et la phonologie, le lexique, la sémantique, la morphologie, la syntaxe et la pragmatique. La seconde question théorique a trait à l'existence éventuelle d'un «plafond» dans le développement linguistique des sujets handicapés mentaux. Selon la thèse de Lenneberg (1967) posant l'existence d'une période critique dans le développement du langage, on ne devrait plus s'attendre à d'importantes acquisitions linguistiques chez les sujets handicapés mentaux après les âges chronologiques de 14 ou de 16 ans. Bien que cette position ait été critiquée par différents auteurs (par exemple, Rondal, 1975), il n'existe à ce jour aucune donnée définitive permettant de la confirmer ou de l'infirmer.

La connaissance du langage des adultes handicapés mentaux a des implications pratiques évidentes. Supposons que l'on montre qu'il existe une croissance des capacités linguistiques durant l'adolescence et la période adulte. Cela signifierait que ces années constituent encore une période adéquate pour l'intervention.

Afin de commencer à répondre à ces questions, nous avons mis au point un ensemble de recherches destinées à fournir des données sur le langage des adultes handicapés mentaux. Cet exposé présente quelques résultats préliminaires.

Méthode

Sujets

Vingt-deux adultes handicapés mentaux vivant dans leurs familles et fréquentant un centre de jour constituent les sujets du premier échantillon. Ces adultes sont divisés en deux groupes: 12 sujets mongoliens (AC moyen = 26 ans; QI moyen = 45) et 10 sujets handicapés mentaux modérés et sévères d'étiologies organiques autres (AC moyen = 28 ans; QI moyen = 46).

Tableau 1.
Caractéristiques de la population

	Syndrome de Down	Non syndrome de Down
Nombre de sujets	12	11
Age chronologique moyen	26	28.5
D S	1.7	6
Q I moyen	45.1	46.3
D S	10.0	11.7
Années en enseignement spécial (moyenne)	12.1	8
D S	2.9	5.7

Procédure

Les échantillons de langage sont obtenus à partir de l'enregistrement de conversations libres entre un adulte handicapé mental et une éducatrice. Cette éducatrice est la même durant toute l'étude et est familière aux adultes handicapés. Afin de préserver la spontanéité des échanges verbaux, l'éducatrice ne reçoit aucune instruction spécifique autre que celle-ci: «Laissez parler l'adulte handicapé sur le sujet qu'il a choisi et évitez de poser des questions demandant uniquement des réponses oui-non». Chaque sujet est soumis à une séance d'enregistrement durant environ 30 minutes.

Le langage des adultes handicapés mentaux est analysé à partir de 34 indices couvrant les différents aspects linguistiques (lexique, sémantique, pragmatique, morphologique et syntaxique). Quatre indices sont également utilisés pour analyser le langage de l'éducatrice.

Nous nous limitons dans cet exposé à 12 indices mesurant le langage des adultes handicapés mentaux.

Tableau 2.
Indices utilisés dans l'étude

INDICES

Aspect lexical	
1. Type token ratio:	$\dfrac{\text{Nombre de mots différents (types)}}{\text{Nombre total de mots (tokens)}}$
Aspects morpho-syntaxiques 2. Longueur moyenne de production verbale:	$\dfrac{\text{Nombre de morphènes}}{\text{Nombre de productions}}$
3. Phrases:	$\dfrac{\text{Nombre de phrases}}{\text{Nombre de productions}}$
4. Complexité de la phrase:	$\dfrac{\text{Nombre de verbes composés + subordonnées}}{\text{Nombre de productions}}$
5. Marqueurs nombre + genre:	$\dfrac{\text{Nombre de marqueurs}}{\text{Nombre de productions}}$

6. Articles:	$\dfrac{\text{Nombre d'articles définis + indéfinis}}{\text{Nombre de productions}}$
7. Formes verbales correctes:	$\dfrac{\text{Nombre de flexions verbales correctes}}{\text{Nombre de productions}}$
8. Verbes pronominaux:	$\dfrac{\text{Nombre de verbes pronominaux}}{\text{Nombre de flexions verbales correctes}}$
9. Verbes au présent:	$\dfrac{\text{Nombre de verbes au présent}}{\text{Nombre de flexions verbales correctes}}$
Aspects fonctionnels	
10. Informations:	$\dfrac{\text{Nombre d'informations fournies}}{\text{Nombre d'interactions verbales}}$
11. Informations nouvelles:	$\dfrac{\text{Nombre d'informations nouvelles}}{\text{Nombre d'informations}}$
12. Continuité conversationnelle:	$\dfrac{\text{Nombre d'informations fournies}}{\text{Nombre de thèmes introduits}}$

Indice 1. Type-Token-Ratio (TTR). Le TTR, une mesure de la diversité lexicale, est calculé en divisant le nombre de mots différents (Types) par le nombre de mots produits. Cet indice est obtenu sur 100 mots choisis au hasard dans l'échantillon de langage.

Indice 2. Longueur Moyenne de Production Verbale (LMPV). Le LMPV (en morphèmes) est calculé en divisant le nombre de morphèmes présents dans les énoncés verbaux par le nombre d'énoncés. Cette mesure apparaît comme un indicateur valide du développement linguistique, du moins jusqu'à une valeur de LMPV égale à 4.00, soit approximativement le niveau d'un enfant normal âgé de 3 ans. Au-delà de cette valeur, le LMPV perd de sa fiabilité et ne doit plus constituer le seul indice du développement linguistique. Nous avons calculé un second LMPV basé sur le nombre de syllabes; il existe en effet une corrélation très élevée entre le LMPV calculé en syllabes et le LMPV calculé en morphèmes (Lambert & Rondal, 1980). De plus, ce second indice est mieux adapté aux besoins des praticiens.

Indice 3. Proportion de phrases. Nombre de phrases divisé par le nombre d'énoncés verbaux. Un énoncé est défini comme une unité de langage verbal marquée à son début et à sa fin par une modification de l'inflexion. Une phrase est un énoncé contenant au minimun un nom et un verbe, ou un pronom et un verbe, dans une relation sujet-verbe.

Indice 4. Complexité de la phrase. Nombre de verbes composés (par exemple : « est parti », « a fait », « vais venir ») plus le nombre de propositions subordonnées divisé par le nombre total d'énoncés.

Indice 5. Marqueurs pour le nombre et le genre. Nombre de marqueurs morphologiques pour le nombre (singulier-pluriel) plus le nombre de marqueurs pour le genre (masculin-féminin) divisé par le nombre total d'énoncés.

Indice 6. Proportion d'articles. Nombre d'articles définis et indéfinis divisé par le nombre d'énoncés.

Indice 7. Proportion de flexions verbales correctes. Nombre de flexions verbales correctes sur les verbes conjugués divisé par le nombre total d'énoncés.

Indice 8. Proportion de verbes pronominaux. Nombre de verbes pronominaux divisé par le nombre de formes verbales correctes.

Indice 9. Proportion de formes verbales au présent. Nombre de formes verbales conjuguées au présent divisé par le nombre de formes verbales correctes.

Ces indices couvrent certains aspects lexicaux et morpho-syntaxiques. Nous avons construit des indices permettant d'analyser les aspects fonctionnels (pragmatiques) du langage.

Indice 10. Proportion d'informations. Nombre d'informations fournies par l'adulte handicapé mental divisé par le nombre total de ses interactions verbales.

Indice 11. Proportion d'informations nouvelles. Nombre d'informations non précédemment mentionnées dans la conversation divisé par le nombre total d'informations fournies.

Indice 12. Index de continuité conversationnelle. Nombre d'informations fournies par l'adulte handicapé mental divisé par le nombre de sujets introduits ou développés par l'adulte non handicapé.

Résultats

1. Scores moyens

Le tableau 3 présente la comparaison des deux groupes basée sur les scores moyens des différents indices.

Tableau 3.
Moyennes et D.S. pour les deux groupes

Indices	Syndrome Down Moyennes	DS	Non syndrome Down Moyennes	DS
1. T.T.R.	0.57	.07	.56	.04
2. LMPV	5.98	2.62	6.95	2.52
3. Phrases	.41	.31	.53	.29
4. Complexité de la phrase	.21	.17	.32	.24
5. Marqueurs nombre + genre	.56	.23	.69	.21
6. Articles	.38	.21	.51	.15
7. Formes verbales correctes	.54	.36	.78	.37
8. Verbes pronominaux	.01	.02	.02	.03
9. Verbes au présent	.41	.13	.34	.07
10. Informations	.97	.04	.94	.07
11. Informations nouvelles	.69	.12	.69	.11
12. Continuité conversationnelle	.83	.07	.82	.11

En tant que groupe, les sujets mongoliens ont un niveau de LMPV inférieur à celui des sujets non mongoliens. Cette différence n'est cependant pas significative. La supériorité des sujets non mongoliens se marque également à différents indices morpho-syntaxiques, mais aucune de ces différences n'est significative. En ce qui concerne les aspects fonctionnels du langage, les deux groupes présentent des résultats identiques.

Ces données fournissent trois indications importantes. En premier lieu, la variabilité interindividuelle est très marquée, notamment chez les adultes mongoliens. Pour ceux-ci, il est important de souligner que les caractéristiques linguistiques ne peuvent être déduites à partir de la seule base étiologique. D'autres variables, comme l'AM, le QI, le niveau socio-économique et la durée de scolarité spéciale doivent être prises en considération pour expliquer les données. En effet, certains cas sont particulièrement intéressants (par exemple, 3 adultes mongoliens présentent des niveaux de LMPV situés entre 8.00 et 10.20). En second lieu, le langage de notre échantillon d'adultes handicapés mentaux montre que ces sujets présentent des limites sur le plan du développement morpho-syntaxique. D'une manière générale, la moitié seulement de leurs productions verbales sont des phrases. La proportion de marqueurs pour le genre et le nombre, ainsi que le nombre d'articles ne dépassent guère une unité par émission. Lorsque le verbe est exprimé, il n'est conjugué qu'une fois sur deux. Les formes verbales pronominales sont quasi absentes du répertoire. La forme verbale la plus utilisée est le présent et nous ne relevons pas de formes futures. Ces données s'accordent aux résultats d'un certain nombre de recherches qui témoignent du retard important présenté par les sujets handicapés mentaux dans la production des morphèmes grammaticaux (Rondal & Lambert, 1981). Troisièmement, en dépit des limitations sévères sur le plan du développement morpho-syntaxique, le langage des adultes handicapés mentaux apparaît posséder une valeur fonctionnelle. Ce langage est informatif. Les adultes fournissent en effet une information par émission verbale. Septante pour cent de ces informations sont neuves, c'est-à-dire des informations non précédemment fournies dans la conversation. Plus de 80 % des informations données par les adultes sont en continuité avec les sujets conversationnels introduits ou développés par l'adulte non handicapé.

2. La croissance du LMPV

Si on compare les résultats du groupe d'adultes mongoliens avec les données issues de travaux précédents (Rondal, 1978; Rondal & al., 1980), on observe une croissance continue au niveau du LMPV des sujets mongoliens, de l'enfance à l'âge adulte. La figure 1 illustre cette tendance.

Tableau 4.
Evolution du LMPV des sujets S D

Expériences	Age chronologique (années)	D S	LMPV (en nombre morphèmes)	D S
Rondal (1978)	4:1	0:9	1.26	.23
	6:6	2:1	1.94	.19
	9:9	1:9	2.87	.14
Rondal, Lambert & Sohier (1980)	11:6	1:8	3.40	.95
Lambert & Rondal (1980)	26:0	1:7	5.98	2.63

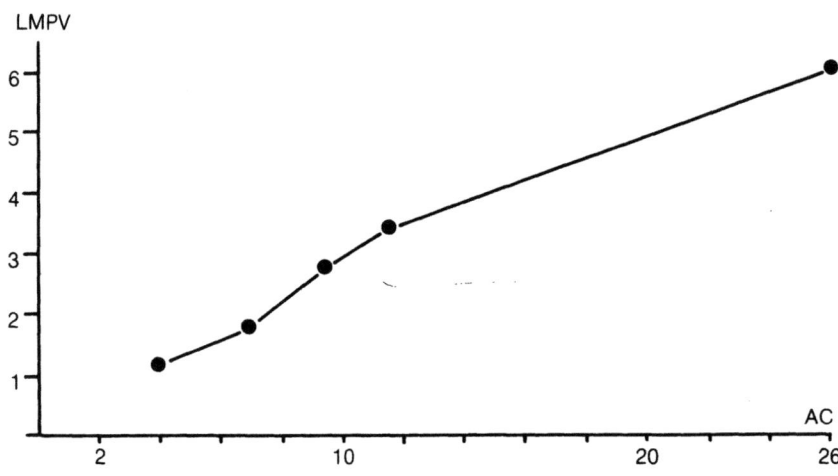

Entre l'âge de 4 ans et approximativement 30 ans, le LMPV des sujets mongoliens croît de 1.00 à 6.00. Nous n'observons aucun effet plafond. Notons toutefois que la comparaison se base sur des données interindividuelles et qu'actuellement aucune croissance ne peut être démontrée au niveau individuel.

3. Les corrélations linéaires

Les corrélations linéaires entre les différents indices linguistiques des sujets sont présentées au tableau 5.

Tableau 5.
Corrélations linéaires entre les indices linguistiques chez les adultes syndrome de Down

	T.T.R.	LMPV	Phrases	Complexité de la phrase	Marqueurs nombre + genre	Articles	Formes verbales correctes	Verbes pronominaux	Verbes au présent	Informations	Informations nouvelles	Continuité conversationnelle
T.T.R.												
LMPV	.8											
Phrases	.10	.96										
Complexité de la phrase	.12	.94	.92									
Marqueurs nombre + genre	.21	.59	.66	.58								
Articles	−.15	.89	.89	.82	.59							
Formes verbales correctes	.14	.95	.99	.93	.63	.87						
Verbes pronominaux	.35	.12	.26	.06	.00	−.01	.26					
Verbes au présent	.18	−.01	.12	−.18	.05	.12	.15	.51				
Informations	.14	.51	.51	.49	.52	.51	.49	.17	−.17			
Informations nouvelles	.18	−.54	−.44	−.37	.01	−.48	−.40	−.07	.00	.00		
Continuité conversationnelle	.36	.47	.56	.45	.61	.49	.54	.49	.20	.71	−.13	

(Chiffres italiques : $r \geq .58$; $p \leq 05$)
(Chiffres gras : $r \geq .71$; $p \leq 01$)

Comme il faut s'y attendre, les corrélations entre les différents indices morpho-syntaxiques sont élevées. Cependant, les corrélations entre ces indices et les indices fonctionnels sont faibles et non significatives. Ces données illustrent une fois de plus la nécessité qu'il y a à établir une distinction entre les aspects formels et fonctionnels du langage des sujets handicapés mentaux.

Discussion

Le langage des sujets handicapés mentaux adultes doit être analysé sous ses différents aspects. Comme nous venons de le voir, il est nécessaire de différencier clairement entre les aspects morpho-syntaxiques de ce langage et les composantes fonctionnelles ou pragmatiques. Les sujets handicapés mentaux présentent des difficultés particulières dans l'utilisation des morphèmes grammaticaux. Cela a déjà été démontré chez des sujets handicapés mentaux âgés de 12 ans et moins (Rondal, 1978; Lambert & Sohier, 1979). Ces difficultés subsistent à l'âge adulte. Elles signifient vraisemblablement que la plupart des sujets handicapés mentaux modérés et sévères ne parviendront pas à un stade de maîtrise complète des aspects morphologiques de la langue. Cette conclusion, bien que plausible, doit toutefois être accueillie avec une certaine prudence. Nous ne savons rien en effet des résultats d'une intervention langagière précoce auprès des sujets handicapés mentaux. Parallèlement, les données doivent être analysées au niveau individuel. La présence d'une forte variabilité interindividuelle doit nous amener à rejeter toute généralisation basée sur une appréhension des sujets handicapés mentaux adultes en tant que groupe. Il est nécessaire de commencer à analyser les nombreuses variables susceptibles d'expliquer les causes de la variabilité. Elles incluent l'AM, le QI, la durée et la qualité de la scolarité spéciale, et le niveau socioculturel familial.

En ce qui concerne l'aspect pragmatique du langage, nous pouvons conclure que les comportements langagiers des adultes handicapés mentaux possèdent une valeur fonctionnelle certaine. Nous confirmons ainsi les données de Bedrosian & Prutting (1978) et de Owings et McManus (1980). Il apparaît donc que les limitations sévères rencontrées sur le plan formel n'impliquent pas nécessairement une réduction des capacités communicatives chez ces sujets. Ce fait est important à signaler, surtout lorsque l'on envisage le nombre de conduites d'adaptation sociale qui sont médiatisées par le langage dans la vie quotidienne. Sur ce plan également d'autres données sont nécessaires. Nous ne savons pas, par exemple, comment se comportent des sujets handicapés mentaux adultes lorsqu'ils sont en présence d'autres personnes handicapées mentales.

En conclusion, le langage des adultes handicapés mentaux reste un domaine peu connu. Des données convaincantes ont été recueillies jusqu'ici chez les enfants handicapés mentaux modérés et sévères. Nous ne savons pas cependant ce que devient le langage de ces sujets lorsqu'ils vieillissent. Les données présentées aujourd'hui sont donc préliminaires. Nous devons insister sur le fait qu'une évaluation précise du langage des sujets handicapés mentaux requiert une approche longitudinale. Nous ne croyons pas cependant nous écarter de la vérité lorsque nous disons qu'il existe une croissance linguistique chez les sujets handicapés mentaux de l'enfance à l'âge adulte. Des données semblables ont été obtenues dans le domaine du fonctionnement intellectuel, entre 16 ans et 35 ans d'âge chronologique (Fisher & Zeaman, 1970). Si les informations obtenues dans le domaine du langage devaient avoir une valeur générale, elles remettraient en question l'opinion largement répandue chez de nombreuses personnes, principalement celles versées dans le domaine éducatif, opinion selon laquelle on ne doit plus s'attendre à des progrès significatifs chez les handicapés mentaux une fois qu'ils ont dépassé l'adolescence. Nous préférons donner une vue plus optimiste de la question en suggérant que les années après 14 et 16 ans constituent encore une période importante pour l'intervention langagière chez les personnes handicapées mentales modérées et sévères.

BIBLIOGRAPHIE

BEDROSIAN, J.L. *Communicative performance of mentally retarded adults. A topic analysis.* Paper presented at the Symposium of the American Association on Mental Deficiency, « The linguistic environment of the mentally retarded child ». Miami Beach, Florida, May 27 - June 1, 1979.

BEDROSIAN, J.L. & PRUTTING, C.A. Communicative performance of mentally retarded adults in four conversational settings. *Journal of Speech and Hearing Research*, 1978, 21, 79-95.

EVANS, D. The development of langage abilities in mongols: a correlational study. *Journal of Mental Deficiency Research*, 1977, 21, 103-117.

FISHER, M.A. & ZEAMAN, D. Growth and decline in retardate intelligence. In N. ELLIS (Ed.), *International review of research in mental retardation, Vol. 4.* New York: Acacemic Press, 1970.

LAMBERT, J.L. & RONDAL, J.A. A propos d'un indice de développement syntaxique chez les arriérés mentaux. *Le Langage et l'Homme*, 1980, 43, 43-44.

LAMBERT, J.L. & SOHIER, C. *Analyse du langage d'enfants retardés mentaux en enseignement spécial de Type II.* Université de Liège: Rapport de Recherches, 1979 (non publié).

LENNEBERG, E.H. *Biological foundations of langage.* New York: Wiley, 1967

OWINGS, N.O. & McMANUS, M.D. An analysis of communication functions in the speech of a deinstitutionalized adult mentally retarded client. *Mental Retardation*, 1980, 18, 309-314.

RONDAL, J.A. Développement du langage et retard mental: une revue critique de la littérature en langue anglaise. *L'Année Psychologique*, 1975, 75, 513-547.

RONDAL, J.A. Maternal speech to normal and Down's syndrome children matched for mean length of utterance. In E. MEYERS (Ed.), *Quality of life in severely and profoundly mentally retarded people: research foundations for improvement.* Washington, D.C.: American Association on Mental Deficiency, 1978, pp. 193-265.

RONDAL, J.A. & LAMBERT, J.L. *Langage et arriération mentale: théorie, évaluation, intervention.* Neuchâtel: Delachaux et Niestlé, 1981, sous presse.

RONDAL, J.A., LAMBERT, J.L. & SOHIER, C. L'imitation verbale et non verbale chez l'enfant retardé mental mongolien et non mongolien. *Enfance*, 1980, 3, 107-122.

SWANN, W. & MITTLER, P. Language abilities of ESN(S) pupils. *Special Education Forward Trend*, 1976, 13, 24-27.

3.2. Apprentissage d'un système de communication visuelle par des adultes arriérés sévères et profonds

Andrée COBBEN-JASPAR

Par son étude, Premack (1971, 74, 76) n'avait pas l'intention d'élaborer un système de communication adapté aux arriérés sévères et profonds. Après les études de Keller (1930) et Hayes et al. (1955) qui visaient à apprendre au chimpanzé le langage verbal et qui ont échoué probablement vu une incapacité physiologique, les Gardner (1969) apprirent à Washoe le langage des sourds-muets et une des critiques émises fut que Washoe était incapable de faire des commentaires sur les objets. Premack alors élabore un système minimun par lequel un être prouve qu'il a recours au langage. En effet, pour lui, la théorie du langage doit être abordée d'un point de vue fonctionnel. Il considère que bien que les systèmes structuraux varient, aucun d'eux n'est une condition nécessaire pour acquérir les fonctions générales du langage humain. Le système structural reflèterait plus les limitations humaines des processus d'information et aurait peu de rapport avec les propriétés logiques du langage.

Les fonctions générales qu'un organisme met en œuvre dans la connaissance doivent être distinguées des formes spécifiques que revêtent ces fonctions chez l'homme. Bien que la syntaxe et la phonologie soient probablement spécifiquement humaines, les fonctions de base du langage dépendent d'autres mécanismes tels que la logique et la sémantique, plus répartis dans la nature.

L'approche fonctionnelle implique deux conditions:

- établir une liste des fonctions par lesquelles un être prouve qu'il a recours au langage;

- établir une liste des procédés d'apprentissage exacts qui fournissent un moyen d'atteindre chacune des fonctions, c'est-à-dire une suite d'étapes ordonnées, chacune d'elles devant être réussie avant d'entreprendre la suivante. Cette liste n'explique cependant pas comment l'organisme accomplit la fonction.

La difficulté de la première condition excède celle de la seconde : il est plus complexe d'expliquer en quoi consiste une phrase interrogative que d'établir la procédure d'entraînement de celle-ci.

Les fonctions générales du langage sont réparties en quatre items : le mot, la phrase, les questions et la métalinguistique. Chacun d'eux permet d'aborder les thèmes suivant : le déplacement, l'affirmation (opposée à la demande), la prédiction. Le déplacement et la prédiction sont des attributs humains et sont impossibles sans langage, mais selon Premack, ils ne sont pas l'apanage de l'homme.

Les symboles sont des pièces en matière plastique colorée, de forme, de taille et de rugosité différentes qui peuvent adhérer à un tableau magnétique. L'objet et le symbole « mot » n'ont entre eux que des relations arbitraires. Ces pièces symbolisent des objets, des actions, des caractéristiques de ces objets (forme, couleur) ou action et même des opérations logiques (« ne pas », « si... alors »). L'unité la plus élémentaires est donc « le mot ». C'est donc un système de mots avec une structure phonémique implicite qui peut être explicitée quand l'examinateur le désire.

Premack a choisi les symboles visuels car ils ont un avantage important pour la mémoire à court terme :

- les mots sont permanents ;
- la phrase une fois écrite sur le tableau peut rester un certain laps de temps, donnant ainsi au chimpanzé le temps de « comprendre », de « penser » avant de répondre ;
- les phrases sont écrites sur un tableau magnétique dans l'axe vertical qui semble être le style préféré du chimpanzé. Ce style est rencontré également dans certains groupes humains.

Le sujet est la guenon « Sarah ». Le chimpanzé est, en effet, plus proche de l'homme, intelligent et surtout enjoué. De plus, ses connaissances sont plus accessibles que celles des espèces plus éloignées de l'homme.

Nous avons essayé de reconstituer en détails la procédure et la chronologie de l'expérience de Premack, tout d'abord parce que c'est cette expérience qui nous servira de base pour l'apprentissage du langage non verbal avec nos sujets, d'autre part afin de démontrer les possibilités et les limites de cette procédure.

L'introduction du langage chez un organisme naïf diffère de celle chez un organisme déjà équipé d'une part de langage. Avec un sujet naïf la première étape est d'établir une relation sociale simple en donnant par exemple de la nourriture.

Ensuite, il lui fait acquérir la fonction « mot ». Il distingue plusieurs catégories perceptives: le fruit, le donneur, l'action et le récepteur. La procédure consiste à mettre le symbole en plastique correspondant au fruit, proche du sujet et à inciter Sarah à mettre le symbole sur le tableau. A la suite de cette réponse, le sujet reçoit le fruit. La même procédure est appliquée à différents fruits accompagnés de leur symbole respectif. Il n'y a pas de possibilité d'erreur: Sarah a un seul symbole dont elle reçoit le fruit correspondant.

Pour vérifier l'établissement de l'association entre les membres de la classe « objet » et ceux de la classe « symbole », on met Sarah devant le choix suivant: elle doit choisir parmi plusieurs symboles celui correspondant au fruit présenté par l'examinateur.

Lorsque ces associations sont établies, on passe à l'entraînement des autres catégories perceptives. Dans la suite, une série de valeurs sont attribuées à une catégorie alors que les autres sont maintenues constantes.

Ainsi, pour l'entraînement aux « donneurs du fruit », Sarah doit mettre le symbole du « prénom de l'examinateur » suivi du symbole « fruit » en récitant l'ordre des symboles. Ensuite, on différencie les donneurs tout en maintenant le fruit constant et enfin, on réalise les choix entre plusieurs donneurs et plusieurs fruits.

Les verbes sont alors introduits (donner, mettre, ...). Cette catégorie est plus complexe à introduire car le chimpanzé n'essaye que de prendre.

La classe des récepteurs ne pose aucune difficulté sauf si Sarah doit produire une réponse s'adressant à un destinataire autre qu'elle-même. Dans ce cas, pour entraîner « l'altruisme », il suffit de lui donner une nourriture préférée à celle qu'elle doit donner.

En ce qui concerne la fonction phrase, un chimpanzé peut produire une chaîne de mots dans l'ordre sans comprendre que cette chaîne est une phrase, c'est-à-dire qu'elle possède une organisation interne, la syntaxe en fonction de laquelle chaque mot dépend de tous les autres.

La relation symétrique à deux termes (a sur b, b sur a) est le cas le plus simple. Premack a choisi un matériel neutre: les couleurs. Il met une carte verte devant Sarah puis écrit sur le tableau «rouge sur vert» et guide Sarah afin qu'elle mette la carte rouge sur la verte. Il entraîne la phrase opposée et passe à la généralisation à d'autres items non entraînés et au transfert de la compréhension à la production, c'est-à-dire qu'elle décrit le comportement de l'examinateur.

La relation «fermée» implique une connaissance de l'organisation interne de la phrase où les items prennent des positions déterminées. Hormis l'organisation syntaxique où tout objet prend n'importe quelle position, nous devons faire appel à la covariation sémantique qui permettra de distinguer dans la classe des objets celle des contenants de celle des contenus (exemple: pour le verbe «mettre dans»). Il faudra un entraînement pour permettre cette compréhension.

Ensuite, il apprend à Sarah à rejoindre deux phrases par la conjonction de coordination «et» en lui faisant exécuter deux phrases successives. L'abandon progressif d'un sujet puis d'un verbe n'altère pas la performance: la phrase «Sarah met pomme dans seau, Sarah met banane dans récipient» devient «Sarah met pomme dans seau, banane dans récipient».

Pour introduire l'interrogative, Sarah apprend d'abord le concept d'identité: entre deux objets semblables, elle doit placer le symbole «même»; entre deux objets différents, le symbole «différent». Ensuite, en présence de deux objets, Sarah choisit le symbole qui convient. Il suffit alors d'introduire l'interrogative en plaçant le symbole «point d'interrogation» entre les deux objets. Sarah devra le retirer en y mettant la réponse. Pour pouvoir poser une plus grande variété de questions, Premack introduit les symboles «oui», «non».

La métalinguistique consiste à apprendre le langage par l'intermédiaire du langage. Si on entraîne Sarah à mettre le symbole «nom de» entre une pomme et le symbole «pomme» et les symboles «pas», «nom de» entre banane et le symbole «pomme», Sarah pourra facilement apprendre un plus grand nombre de mots.

On pourra également poser deux interrogatives et quatre questions si on réintroduit les symboles «nom de», «pas», «oui», «non». Premack a montré finalement que Sarah attribuait au symbole «pomme» et à la pomme toutes les caractéristiques d'une pomme et non celles du symbole en plastique. Elle utilise donc le symbole comme un mot et est capable de communiquer avec des signaux arbitraires.

Premack a également entraîné Sarah au conditionnel en lui faisant remplacer le symbole « point d'interrogation » par un seul symbole représentant l'opération logique « si... alors ».

Il en est de même des quantificateurs où on associe à chaque situation un symbole puis on le généralise en opérant plusieurs choix.

Suite à l'expérience de Premack, cette procédure a été adaptée à deux populations : les aphasiques globaux et les enfants sévèrement atteints au plan du langage.

Gazzaniga et Premack (1972) apprennent à sept patients aphasiques globaux un langage artificiel en utilisant comme mots des symboles. Ces patients pouvaient encore distinguer des mots de syllabes sans signification mais non des mots de mots potentiels. Ils arrivaient également à manipuler trois lettres données au hasard pour former un mot : il existerait donc un codage prélinguistique des stimuli verbaux en tant qu'unités gnosiques visuelles. Ces patients n'avaient cependant plus de connaissances syntaxique ou grammaticale.

Les principes de l'expérience coïncident avec ceux de Premack. Les différentes étapes sont les suivantes :
- apprentissage des symboles « même », « différent » qui est réussi par tous les sujets en un mois d'entraînement ;
- apprentissage de la particule négative qui peut être accrochée aux deux symboles antérieurs : seuls cinq patients sur sept réussissent cette étape ; les patients préfèrent les particules simples et apprennent plus facilement « pas le même » que « pas différent » ;
- apprentissage des verbes, des noms, des sujets, du symbole « nom de » et réalisation de choix.

Les erreurs des sujets montrent qu'ils ne se trompent pas de classes mais à l'intérieur d'une même classe.

Gardner, Zurif, Berry et Baker (1976) ont élaboré un système de communication visuelle où ils définissent deux niveaux de fonctions communicatives. Au premier niveau, le sujet apprend à exécuter des ordres ou à décrire des événements avec des symboles arbitraires ; au second niveau, il exprime ses propres désirs avec des symboles représentatifs (dessin d'expression faciale, scène picturale, ...). Sur 19 patients aphasiques, 3 sont exclus car ils ne réussissent pas l'appariement « objet-image », 3 autres car ils n'exécutent pas les ordres simples. Quatre poursuivent l'apprentissage tandis que trois ont réussi le niveau I et deux le niveau II.

Les résultats indiquent que la performance est d'autant meilleure que la compréhension du langage verbal est pauvre. Les erreurs en production et en réception (lorsque le patient écrit ou lit) consistent en erreurs à l'intérieur d'une même classe, notamment dans la classe de verbes et dans celle des morphèmes grammaticaux (« et » et « dans »).

Les erreurs dans les différentes catégories ou dans l'arrangement de l'ordre des symboles sont rares. Les erreurs sont plus fréquentes en production qu'en réception mais l'alternance de ces deux types de réponses n'augmente pas le nombre d'erreurs. Des difficultés importantes sont constatées lors de l'apprentissage des verbes « prendre » et « donner ».

Carrier (1976) a élaboré une série de subprogrammes qui visent essentiellement à apprendre aux sujets das phrases syntaxiquement correctes. Sur un tableau, les sujets doivent mettre dans les sept colonnes des éléments d'une phrase « l'article, le sujet, l'auxiliaire du verbe, le verbe, la préposition, l'article et le nom du complément » après avoir réalisé des appariements de couleurs, de formes, de symboles d'images et appris à utiliser des symboles pour représenter les images. Le non-slip est destiné après les 10 programmes décrits à aboutir au langage oral: chaque fois que le sujet place un symbole, l'entraîneur dit oralement le mot représenté par le symbole. Ce programme a été appliqué à 180 enfants diagnostiqués arriérés mentaux sévères et profonds mais dont un nombre important était psychotiques ou émotionnellement perturbés. Cinquante-six auraient réussi l'apprentissage et utiliseraient le langage verbal, tandis que 21 utilisent ce langage dans l'environnement journalier. Les autres ayant des problèmes moteurs ou articulatoires restent incapables d'effectuer cet apprentissage et l'entraînement a été interrompu. Ce programme nous éloigne de notre propos et de l'expérience de Premack vu la non-poursuite d'une communication fonctionnelle.

En conclusion, à ces articles, nous émettrons d'abord une critique générale: la description des séances, de leur évolution est peu explicite quant à la procédure, aux critères de réussite, aux raisons d'échec ou d'arrêt de l'expérience. D'autre part, les études prennent des critères de sélection des sujets qui ne nous paraissent pas une condition nécessaire à l'apprentissage de ce langage comme par exemple l'appariement « image-objet ». Ceci nous oblige à poser le problème des prérequis.

Au plan des résultats, certaines données concordent :
- les erreurs sont plus fréquentes en production qu'en réception mais l'alternance de ces situations n'augmente pas la probabilité d'erreurs ;
- les erreurs sont constatées plus souvent à l'intérieur d'une même classe ; les confusions entre classes sont rares ;
- l'acquisition de verbes est difficile.

Toutes ces études posent la question de la signification de cette maîtrise de la communication non verbale au plan de la dissociation entre le langage naturel et les opérations cognitives sous-jacentes.

Il est peut-être utile de se poser la question du pourquoi on essayerait d'apprendre un langage codé à un arriéré mental : d'une part, dans le milieu institutionnel, ce dernier agit en fonction des nombreux déclencheurs de comportements spécifiques, des repères spatio-temporels, du mouvement du groupe et rien ne semble lui manquer. D'autre part, le langage est également un moyen supplémentaire pour l'arriéré de se libérer de la dépendance institutionnelle et notamment de celle de l'éducateur : il lui permettra d'exprimer ses désirs sans avoir recours à la réalité concrète et aux comportements moteurs.

Nous pouvons également nous demander quel est le rôle et la place du langage dans le développement normal (une étude de Milisen signale simplement un retard dans l'acquisition des sons au plan de la fréquence et de la variété) et quelles sont les relations du langage avec les comportements antérieurs et postérieurs à son acquisition.

Si nous nous référons à la perspective piagétienne, toute nouveauté s'appuie sur les acquisitions antérieures qu'elle prolonge en les restructurant à un niveau supérieur. La période sensori-motrice précédant le langage est caractérisée par un ensemble de conduites visant la résolution de problèmes pratiques actuels. Aux environs de 18 mois l'enfant cherche activement un objet qui vient de disparaître de son champ perceptif alors qu'auparavant l'objet cessait d'exister en dehors de celui-ci. Le mécanisme qui rend possible l'évocation d'un objet absent et qui rend compte du passage des conduites sensori-motrices aux conduites représentatives c'est l'imitation, sorte de représentation en actes matériels.

Dès le niveau sensori-moteur, Piaget postule cependant l'existence de signification à un niveau pré-représentatif. Ce sont les indices qui permettent à l'enfant de reconnaître un objet déjà vu : ils sont donc utilisés pour recognition mais restent liés à la réalité signifiée. C'est pour l'évocation d'un objet ou d'un événement en l'absence de la réalité concernée que le sujet utilisera des signes ou symboles. Le dessin, l'imitation différée, le rêve, le jeu symbolique et le langage apparaissent quasi simultanément et leur parenté est attestée par leur origine commune, «l'imitation».

L'apparition du langage a donc toute son importance au niveau du développement cognitif du sujet : il facilite la discrimination perceptive, il permet au sujet d'acquérir une identité dans le temps et dans l'espace et permet donc de passer à la représentation.

Nous ne nous étonnerons pas du fait que la majorité des programmes d'entraînement au langage incluent des entraînements à l'imitation motrice (Baer et al., 1967 ; Lovaas, 1968 dans Guess et coll., 1974).

D'autre part selon Premack, le langage ne peut planifier que les distinctions existantes. Certaines habiletés perceptuelles et conceptuelles doivent exister sans quoi l'acquisition du langage est impossible (appariement de couleurs, de formes, appariement afin d'examiner les capacités de transformations perceptuelles comme l'appariement d'objets tridimensionnels à des objets bidimensionnels...). Les résultats positifs à ces pré-tests seraient donc une condition nécessaire et suffisante pour l'acquisition du langage : une fois que le sujet distingue les instances positives et négatives d'un concept abstrait, il ne semble pas plus difficile d'introduire un nom pour ce concept que d'attribuer un nom à un objet concret.

Vu la position du langage dans le développement normal, il serait instructif d'examiner les pré-requis possédés par nos sujets au niveau d'une échelle recouvrant la période sensori-motrice et également de constituer par la procédure d'appariement un inventaire préalable des connaissances conceptuelles des sujets.

Hormis les observations dans le milieu de vie, les pré-tests et l'apprentissage se déroulent dans une pièce meublée d'une table et de chaises en dehors du milieu de vie. L'examinateur s'assied devant le sujet qui dispose devant lui d'un tableau magnétique.

Les quatre sujets sont des adultes diagnostiqués arriérés mentaux sévères et profonds et âgés respectivement de 27, 43, 37 et 20 ans.

Leur durée d'institutionnalisation atteint deux ans pour les deux premiers et le quatrième et 20 ans pour le troisième. L'étiologie de leur arriération est néo-natale ou périnatale.

Etant intestables par le biais des méthodes traditionnelles, nous avons réalisé une description de leurs comportements dans le milieu quotidien au plan de leur autonomie personnelle. Ces sujets sont continents et ambulatoires. Ils mangent seuls avec une cuillère ou une fourchette, s'habillent ou se déshabillent avec une certaine aide. Ils ne possèdent aucun langage verbal fonctionnel; trois d'entre eux réagissent aux sons et à leur nom tandis que le premier est apparemment sourd-muet.

Il nous semble important de signaler que:
- le sujet 1 présente de nombreux comportements stéréotypés: il regarde ses mains en hochant la tête, il ramasse de minuscules papiers qu'il regarde tomber, tourne sur lui-même et se balance;
- le sujet 2 présente une hémiparésie gauche et donc des problèmes visuels dans l'hémichamp droit; vu une atrophie linguale, il a des problèmes de déglutition;
- le sujet 3 présente comme le sujet 1 des stéréotypies: balancement, frottement de différentes parties du corps, stéréotypies des mains, de la tête, automutilation, séquences complexes de comportements stéréotypés par rapport à l'environnement;
- le sujet 4 est considérée comme paresseuse et inattentive; elle refuse la majorité des tâches quotidiennes; elle est subtile et jouette et présente des éléments de jeu symbolique.

Les résultats à l'échelle piagétienne montrent qu'il n'existe pas d'échec massif aux sous-échelles de la période sensori-motrice hormis à celle traitant de l'imitation vocale. Les 4 sujets peuvent imiter des gestes dans la vie courante s'ils ne le font pas sur ordre.

L'application de cette échelle conçue pour les enfants a nécessité quelques modifications:
- le remplacement de l'objet par de la nourriture;
- un nombre d'essais plus importants vu l'attention fluctuante et vu l'absence de prise d'initiatives (échec attribuable à l'absence de rétention de données due à la latence élevée de réponse);
- une observation dans le milieu quotidien à cause du manque d'intérêt pour des situations gratuites.

Les appariements ont consisté en de réelles situations d'apprentissage et n'ont pas simplement été la constitution d'un inventaire des discriminations des sujets.

La discrimination concerne d'abord 12 éléments de 3 types différents (par exemple : 3 couleurs) et ne différant entre eux que sur cet aspect. Le sujet doit apparier les stimuli de couleur identique. Toute réponse incorrecte est recorrigée immédiatement par guidance et toute réponse correcte est suivie d'un renforcement alimentaire et social. Le passage à une discrimination entre plus de 3 types de stimuli implique une réussite à plus de 95 % de cette dernière. La discrimination entre 5 à 6 types de stimuli implique une procédure différente :

- même si le sujet réalise une erreur, on le laisse continuer et ce n'est que la tâche terminée qu'on l'aide s'il ne s'est pas autocorrigé ;
- le renforcement n'est octroyé qu'à la fin de la tâche : ceci apprend au sujet à mettre plusieurs éléments sur le tableau avant d'obtenir de la nourriture ;
- si une erreur subsiste, nous essayons que le sujet retrouve son erreur dans le tableau global ; s'il n'y arrive pas nous l'aidons et il obtient alors le renforcement.

Enfin, on réalise des appariements où les stimuli à apparier diffèrent du stimulus initial par une ou plusieurs composantes (par exemple : appariement selon la couleur de stimuli différant entre eux par la forme, la matière et l'épaisseur).

Les 3 premiers sujets indiquent un bon niveau de discrimination des couleurs, des formes, des signes arbitraires, des images et des objets. Les pourcentages de réussite atteignent au moins 80 %. On constate quelques confusions dans l'appariement de couleurs (R, B, J, N, V, O, G) entre le noir et le bleu et entre le rouge et l'orange. Dans l'appariement de formes, toutes peuvent être discriminées entre elles dans des situations à nombre limité d'éléments (seul le sujet 2 avait réellement des difficultés lorsque sept stimuli étaient présentés simultanément).

L'appariement « objet-image » différencie les sujets : seul le sujet 4 apparie l'image à l'objet lorsque ceux-ci sont de moyenne ou de petite taille mais non de grands objets comme une chaise. Les sujets 2 et 3 peuvent apparier après plusieurs démonstrations des éléments relativement correspondant : orange, tomate, pomme, banane.

Au plan comportemental, nous observons d'importantes différences :

- le sujet 1 ne regarde jamais l'examinateur mais rien ne lui échappe; il travaille tant qu'il voit des renforcements alimentaires mais apprécie aussi une caresse; il est très rapide et est le seul sujet qui a un comportement systématique de recherche des stimuli et d'autocorrection durant la tâche;
- pour le sujet 2, le renforcement social et la réussite de la tâche semblent les éléments primordiaux; il prend plaisir à l'exercice;
- le sujet 3 a beaucoup de stéréotypies et seul le renforcement alimentaire a une importance; il tente d'ailleurs sans cesse de s'en approprier.

Le quatrième sujet pose d'importants problèmes comportementaux: la faiblesse et la fluctuation des résultats (50 %) sont attribuables à l'opposition du sujet. En effet, nos interventions, notre insistance et la guidance sont plus renforçantes que la réussite de la tâche (par exemple, elle ferme les yeux pour déposer le stimulus afin d'être guidée; elle pose les stimuli sur la bande adhésive séparant les deux couleurs). Après une analyse des éléments renforçants et des variations de comportement de notre part, nous avons durant 10 séances réélaboré sans cesse une procédure qui canalisait et contrôlait les réponses du sujet 4, cette dernière a obtenu 95 % de réussite sur la discrimination de 3 couleurs. Elle discrimine aussi certaines formes mais, notre but n'étant pas de réaliser des épreuves de discrimination, nous avons appliqué à cette dernière des épreuves comme aux autres sujets sans plus s'attarder.

Après ces épreuves, les avantages du système de Premack plutôt que ceux d'un langage gestuel comme celui des sourds-muets nous semblent encore plus évidents.

- il est applicable à des sujets ayant d'importants troubles moteurs;
- peu d'arriérés ont l'attention nécessaire et la capacité d'imiter des mouvements fins; nombreux sont ceux qui exécutent des stéréotypies qui interfèrent avec la communication gestuelle codée;
- les symboles sont fixes et permanents ce qui permet au sujet de relire ou de vérifier sa réponse; il doit de plus les regarder pour les prendre en mains.

D'autre part, l'expérience initiale de Premack nous semble la plus intéressante car elle s'adresse à des sujets naïfs et ne nécessite comme comportement de base que la discrimination des symboles. De plus, ces derniers acquièrent leur sens dans l'interrelation de personnes et ils ne représentent pas seulement une image.

Les symboles sont construits en fonction des données obtenues lors des appariements. Ils se différencient par la forme et la couleur et sont en triplex peint. Ils ont environ 5 cm de long et les conjonctions ont la moitié de cette taille. Les prénoms des personnes sont représentés par des lettres stylisées : les prénoms des sujets sont peints en rouge tandis que ceux des examinateurs sont blancs pointillés rouge. Les verbes sont symbolisés par des formes arbitraires de couleur blanche ou jaune. La nourriture est représentée par des formes géométriques de couleur bleue uniforme ou blanche avec des points noirs. Les symboles sont disposés à gauche du sujet, à côté du tableau, soit dans l'ordre vertical correspondant à l'ordre horizontal d'écriture, soit au hasard. L'écriture se fait de gauche à droite.

La durée des séances est de 50 à 120 min. en fonction de la fatigabilité du sujet. La fréquence des séances est de une à cinq par semaine.

L'enregistrement des données consiste à noter tous les échanges entre l'examinateur et le sujet de même que les particularités des situations ou des comportements du sujet. Notons que si nous avons une idée à propos de la procédure à suivre, ce sont les comportements du sujet qui entraînent très souvent des modifications. Bien souvent, tous les effets d'une modification ne sont compris qu'après la séance lors d'une analyse attentive des réponses.

Passons maintenant à la description de l'apprentissage proprement dit.

Durant cette première étape qui consiste en l'apprentissage de la classe « nourriture », les 3 symboles introduits sont le triangle bleu représentant la pomme, le rectangle blanc pointillé noir le biscuit et le rond bleu la banane.

A la première séance, après avoir préparé les morceaux de fruits et de biscuit devant le sujet, nous tendons de la nourriture dans la paume de la main et il suffit d'un geste de présentation pour que le sujet la prenne. Après plusieurs morceaux de fruits et de biscuits, nous ne laissons qu'un seul type de nourriture sur la table et nous déposons à côté du tableau le symbole correspondant. Il suffit de montrer celui-ci de l'index puis le tableau pour que le sujet accomplisse la réponse demandée « déposer le symbole sur le tableau ». Nous lui tendons le morceau dans la paume de la main, il le prend et le mange. En fait, on renforce la réponse « mettre le symbole sur le tableau » et après l'expérience d'appariement, il est peu probable que le triangle représente la pomme. Lorsque la réponse est bien établie, nous réalisons la même association avec l'autre symbole et sa nourriture respective. Ensuite, nous laissons les deux symboles et les deux types de nourriture sur la table et le sujet reçoit la nourriture correspondant au symbole mis sur le tableau. Il peut donc se rendre compte que le même symbole représente toujours la même nourriture. Pour vérifier si la relation «tel symbole-telle nourriture» est établie, nous mettons le sujet devant deux situations. Dans la situation de production, le sujet doit choisir parmi les symboles celui qui correspond à la nourriture présentée. Dans la situation de réception, le sujet doit prendre le type de nourriture correspondant au symbole placé par l'examinateur sur le tableau.

Nous avons préféré commencer par les réponses de production plutôt que par celles de réception afin de concentrer toute l'attention des sujets sur le choix des symboles plutôt que sur la prise de nourriture.

Des données, nous avons tenté de mettre en évidence l'évolution au cours des séances, d'élaborer un système de comptabilisation des réponses et d'analyser la progression observée.

A l'analyse, l'évolution des séances démontre que le degré de difficulté de celles-ci est progressivement croissant. Durant les premières séances, les associations avec un ou deux symboles sont très importantes par rapport au nombre de réponses de choix du sujet en production. Ces dernières vont augmenter progressivement au cours des séances et les associations se limiteront à de simples rappels en début de séance. Lorsque le sujet réalise 80 % de réponses correctes en production, nous introduisons le choix de la nourriture (réception) et ce n'est que lorsque l'alternance réception-production atteindra 80 % de réussite que nous introduisons le troisième symbole tout d'abord par des associations et ensuite en production et en réception. Toute séance débute par le rappel des acquis et la stabilité des résultats est la condition nécessaire à l'entraînement de l'étape suivante.

Nous avons élaboré le système de comptabilisation des réponses qui représente toutes les possibilités de réponses du sujet. Les réponses sont scindées en deux grandes catégories: les réponses initiales et les réponses internes. Les réponses initiales sont celles qui surviennent à la suite d'une modification de la situation expérimentale: il s'agit du passage des associations à la production ou à la réception et inversement, d'un changement de la disposition des symboles à côté du tableau ou du type de nourriture présentée. Les réponses internes sont celles qui surviennent lors de la présentation successive du même symbole ou du même type de nourriture. Parmi celles-ci nous distinguons les réponses alternées (le sujet répond au hasard) et les suites de réponses négatives ou positives. En présence de trois symboles, seules les réponses alternées seront modifiées selon que le sujet hésite entre deux ou les trois symboles. Les réponses montrées ou guidées à la suite d'une réponse négative sont totalisées dans les réponses incorrectes.

Les résultats indiquent d'importantes différences individuelles. En ce qui concerne l'acquisition des deux premiers symboles, les différences sont évidentes tant au plan du nombre de séances que du nombre de réponses nécessaires à la discrimination. Pour les 4 sujets, nous obtenons respectivement 581, 96, 1.222 et 1.225 réponses. L'évolution des types de réponses reflète également ces différences. Les sujets 1 et 3 qui présentent de nombreux comportements stéréotypés dans le milieu de vie répondent en fonction de contingences superstitieuses : tous deux réalisent des suites de réponses négatives lorsqu'on présente le même type de nourriture. Comme on les confronte à leurs réponses particulières en continuant à présenter la même nourriture, ils finissent par présenter l'autre symbole vu l'absence d'obtention de celle-ci. Les réponses suites négatives deviennent donc des réponses alternées. Le pourcentage de réponses internes correctes va donc augmenter tandis que celui des réponses initiales correctes reste faible. Dans la suite, après une réponse négative, ils vont immédiatement présenter l'autre symbole et tirer profit de l'expérience des réponses antérieures lorsqu'on présente le même symbole. Ensuite, les sujets contrôlent progressivement les réponses initiales.

Ces réponses particulières consistent pour le sujet 1 à répondre en fonction de la position (quelle que soit la nourriture présentée, le sujet prend le symbole le plus proche du tableau); pour le sujet 3, elles consistent en persévérations : le sujet répond en plaçant systématiquement le dernier symbole renforcé.

Le sujet 2 répond au hasard à la première séance mais ne présente jamais de suite de réponses négatives : il s'adapte donc très bien aux contingences.

Le sujet 4 a obtenu de bons résultats par rapport à ceux obtenus lors des appariements, durant les 5 premières séances, mais la non-collaboration se marque bientôt : le sujet contrôle les réponses lors d'un changement et non les réponses internes. Ceci est l'inverse par rapport aux résultats obtenus par les autres sujets et ne correspond pas à la maîtrise progressive de la difficulté de la tâche.

Le nombre de réponses varie de façon directement proportionnelle au développement de réponses superstitieuses comme nous l'avons constaté et aussi de façon directement proportionnelle à l'intérêt porté à la nourriture. Le sujet 3 n'est préoccupé que par l'obtention de la nourriture et cela par n'importe quel moyen à tel point qu'il est difficile de capter son attention quelques secondes; il a fallu procéder à l'extinction des réponses suivantes: « prendre de la nourriture, mettre les deux symboles sur la main de l'examinateur ou sur le tableau, les superposer » avant de procéder aux simples associations. A la quatrième séance, les résultats atteignent 100 % après avoir réalisé de nombreuses associations mais ce n'est qu'à la onzième séance que le sujet dépose un symbole spontanément sur le tableau sans associations préalables. Le nombre de réponses nécessaires est moindre chez le sujet 1 où le renforcement social et la réussite de la tâche ont une certaine importance. Le sujet 2 est attentif et accorde moins d'importance à la nourriture. C'est lui qui initie le passage de la production à la réception. Au cours de la deuxième séance, après plusieurs associations, il dépose un symbole sur le tableau et choisit la nourriture correspondante. Il ne réalise aucune erreur en réception.

Pour l'acquisition du troisième symbole, on constate les mêmes différences interindividuelles mais il faut moins de réponses et de séances pour être assimilé: pour les 4 sujets nous obtenons respectivement 220, 66, 195, 678 réponses. Le sujet 2 perçoit rapidement les changements introduits dans le milieu. Il nous montre la banane placée pour la première fois à côté des autres fruits; nous en profitons pour introduire le troisième symbole. C'est dans ce cas, lorsque l'initiative vient du sujet, que le nombre de réponses est le plus réduit.

Les résultats globaux pour les trois sujets, au cours des situations successives suivantes, production et réception avec deux puis trois symboles indiquent une amélioration qualitative et quantitative des réponses; pour les deux premiers sujets, les pourcentages de réponses correctes sont de 70, 83, 90 et 91. Les pourcentages des réponses initiales correctes augmentent de 60 à 92 % tandis que ceux des réponses initiales passent de 79 à 97 %.

La comparaison des résultats en production et en réception indique qu'avec deux ou trois symboles, les résultats sont meilleurs en réception pour les sujets 1, 2 et 4. Le sujet 3 en réception ne tente que de prendre de la nourriture, c'est-à-dire que c'est une ancienne réponse qui réapparaît en situation nouvelle.

Le passage de deux à trois symboles en production amène une diminution du pourcentage de réponses correctes chez les 4 sujets. En réception, on constate une amélioration des résultats chez les trois premiers sujets: on peut se demander s'il s'agit d'un effet propre aux situations de production ou de réception ou si l'amélioration des résultats est attribuable au fait que la production précède toujours la réception; ceci parlerait en faveur d'un transfert d'apprentissage.

Le transfert de la production à la réception n'est cependant pas évident comme nous l'avons déjà constaté chez le sujet 3 où les réponses superstitieuses réapparaissent en réception alors qu'elles ont disparu en production. Pour le sujet 1, en réception, au lieu de prendre la nourriture correspondant au symbole mis sur le tableau par l'examinateur, il reprend le symbole du tableau et le dépose dans la main de ce dernier avant d'oser prendre la nourriture.

En conclusion, nous abandonnons l'entraînement du sujet 4 vu la fluctuation des résultats qui démontre le refus d'apprentissage. Les sujets 1 et 2 ont trois symboles « nourriture » en production et en réception tandis que le sujet 3 n'en possède que deux en production.

Maintenant, nous allons introduire d'autres classes de symboles. Successivement nous représentons les prénoms des examinateurs, le prénom du sujet qui prendront le sens de donneur ou de receveur en fonction de l'action, et les actions « prendre » et « donner ».

Comme nous aurons plusieurs classes de symboles, nous devons modifier notre système de décodage. A côté du tableau, les symboles pouvant être mis dans l'ordre ou dans le désordre, nous avons deux grandes possibilités de situation en production: l'association où la seule erreur possible est l'ordre des symboles et les choix d'abord de deux puis de plusieurs classes de symboles.

Le total des réponses correctes vaut la somme des réponses correctes et recorrigées par le sujet à la suite ou non d'une intervention de l'examinateur. Les réponses incorrectes peuvent être de trois types à l'intérieur d'une même classe: le choix incorrect (le sujet se trompe de symbole à l'intérieur d'une même classe), l'omission (le sujet omet une classe de symboles ou un des symboles d'une classe) et l'ajout (le sujet ajoute une classe de symboles comme par exemple un récepteur avec le verbe prendre ou un symbole à l'intérieur d'une même classe). Le sujet peut également réaliser des inversions, c'est-à-dire que l'ordre d'arrangement des symboles est incorrect et des réponses totalement incorrectes ou confusions où il est impossible de distinguer l'erreur des éléments corrects.

En réception, les erreurs peuvent porter sur les verbes (confondre, prendre et donner), sur la nourriture et sur la différenciation « donneur - preneur - récepteur ».

Comme deuxième classe de symboles, nous introduisons les prénoms des examinateurs qui à ce stade coïncident avec la notion de donneur de la nourriture. Nous avons à notre cou un symbole similaire à celui disponible afin de faciliter la discrimination; nous réalisons un mouvement de va et vient entre les deux symboles à chaque démonstration ou à chaque erreur.

En premier lieu, on demande au sujet de réaliser une réponse motrice, c'est-à-dire de mettre le symbole « prénom de l'examinateur » avant le symbole « nourriture ».

Ensuite, le choix portera soit sur l'une soit sur l'autre classe. Enfin, il portera sur les deux classes de symboles.

Globalement au cours des séances successives, les résultats indiquent une augmentation du pourcentage de réponses correctes de 50 à 80 %. Les classes d'erreurs par ordre décroissant sont les omissions (72 %), les choix incorrects (24 %), et les ajouts (4 %). La majorité des erreurs porte sur le dernier symbole appris : nous avons 64 % d'omissions et 10 % de choix incorrects. Les confusions de classe n'atteignent même pas 1 %.

Au plan des réactions individuelles, les sujets montrent l'effet de l'expérience passée en ne mettant qu'un symbole sur le tableau et en omettant celui du donneur. Ce dernier est en effet le dernier symbole appris et donc n'a pas encore été renforcé. Tous les sujets développent des réponses particulières : chez les sujets 1 et 3 les anciennes réponses superstitieuses réapparaissent tandis que le sujet 2 met la face unie du symbole au lieu de la face pointillée et l'oriente différemment.

Finalement, on exige des sujets deux réponses motrices pour le même renforcement alimentaire avant qu'on aît donné un sens au symbole. Tant que les sujets n'ont pas compris, ils réagissent mal :
- Le sujet 3 réalise plusieurs symboles réponses indiquant son incompréhension, la réponse « mettre plusieurs symboles » devient

« mettre un symbole de chaque classe » mais la réponse n'est que partiellement correcte car il superpose les symboles ou les inverse. Vu la fluctuation des résultats et la réapparition de toutes les réponses superstitieuses à la moindre intervention de notre part, des choix n'ont pas encore pu être réalisés malgré 11 séances d'entraînement dont 9 d'association.

- Les réponses superstitieuses disparaissent lorsque le sujet atteint une compréhension même partielle du symbole. Le sujet 1 en situation de choix du donneur, remarque la correspondance des symboles à côté du tableau et à notre cou, rit et ne fait plus aucune erreur.
- Le sujet 2 présente des réactions comportementales comme se croiser les bras, augmenter fortement les latences jusqu'à la séance de choix du donneur.

L'effet de la réponse renforcée est donc très important : le sujet réalise en général la dernière réponse apprise en ne mettant qu'un symbole sur le tableau et lors de l'introduction du second symbole « donné », le sujet met le premier « donneur » appris.

Il nous reste à introduire le prénom du sujet et les verbes.

Pour le sujet 1, nous avions pensé que l'introduction du prénom du sujet serait plus évidente s'il venait en première position dans la phrase. L'examinateur écrit donc « prénom du sujet - nourriture - récepteur = examinateur » ; le sujet doit lire, choisir la nourriture et la donner à l'examinateur. Il était donc entraîné en réception et apprenait que le premier symbole était donneur de la nourriture et le dernier le récepteur. Le sujet présente de nombreuses réactions : refus de prendre la nourriture, comportements stéréotypés, latence de réponse élevée, nervosité et départ de la pièce.

Comme Premack, nous renforçons la réponse par un biscuit différent de celui représenté par le symbole et que le sujet préfère.

Durant cette séance d'introduction de ce troisième symbole, nous introduisons de nombreux éléments :
- le prénom du sujet en tant que symbole ;
- le fait de devenir donneur pour le sujet alors qu'il a été récepteur jusqu'à présent ;
- la notion que l'examinateur peut être récepteur.

Aussi les réactions du sujet sont compréhensibles et nous sommes repassée à l'apprentissage du nouveau symbole en production où il a au départ le sens d'une réponse motrice et où le sujet est récepteur de la nourriture.

Lorsque nous avons repris la réception, nous avons modifié différents aspects. Nous avons supprimé le renforcement car il provoquait une confusion avec le biscuit que le sujet devait éventuellement donner. C'est en production que le sujet reçoit un morceau de nourriture plus important, en dédommagement en quelque sorte.

Le sujet a compris la situation :
- il choisit le plus petit morceau de fruit quand il est donneur ;
- à une reprise, il sourit et intervertit le récepteur et le donneur, c'est-à-dire qu'il devient receveur de la nourriture ;
- il donne correctement la nourriture s'il est plus fréquemment receveur que donneur.

En réception, les résultats globaux indiquent 63 % de réponses globales correctes mais 24 démonstrations sur 47 réponses. Les erreurs portent essentiellement sur le choix de la nourriture (21 %) dont 11 % relatifs à la pomme, 31 % au biscuit et 53 % à la banane : le sujet hésite beaucoup à donner son fruit préféré, la banane. Il n'y a que 8 % d'erreurs où le sujet prend la nourriture au lieu de donner.

En production, pour les sujets 1 et 3, la troisième classe de symbole introduite est le symbole « récepteur » « prénom du sujet ». Ils écriront donc « prénom de l'examinateur - nourriture - prénom du sujet ». Nous épinglons à la manche du sujet le double du symbole récepteur. Pour le sujet 2, nous avons introduit le verbe « donner » : il écrira donc « prénom de l'examinateur - donner - nourriture ».

Pour les trois sujets, il a suffi à ce stade d'ajouter un symbole sans rien changer d'autre à la situation.

Les résultats pour les sujets 1 et 2 sont respectivement de 100 % et 88 % et deux démonstrations ont suffi. L'ajout d'un symbole ne provoque apparemment plus l'apparition d'un tas de réponses particulières et les sujets ont surmonté l'épreuve de devoir exécuter plusieurs réponses motrices avant d'obtenir le même renforcement alimentaire.

Le sujet 3, bien qu'il ait réalisé de nombreux progrès (absence de réponses particulières, présence du symbole « donneur ») et ne fasse pas d'erreurs en situation d'association, en situation de choix, les omissions du dernier symbole appris, le récepteur, atteignent 31 % tandis que les choix incorrects de la nourriture atteignent 38 %. Pour ce sujet, la signification du récepteur n'est pas claire car il met parfois deux symboles « nourriture » au lieu d'un symbole « nourriture » et un symbole « récepteur ».

En ce qui concerne la quatrième classe de symbole, pour les sujets 1 et 3 il s'agira du verbe « donner » et pour le sujet 2 du « récepteur ». Alors que l'introduction du récepteur ne pose pas de problème chez le sujet 2, l'introduction du verbe en tant que quatrième classe de symbole augmente la probabilité d'erreurs dans l'ordre d'arrangement des symboles.

Le sujet 1 en effet n'obtient que 53 % de réponses correctes et réalise 14 % d'inversions. Pour le sujet 3, l'entraînement s'est arrêté à ce stade, la fluctuation des résultats d'une séance à l'autre est importante mais il obtient aux environs de 90 % de réussite durant les dernières séances.

Après avoir introduit la quatrième classe de symbole en tant que simple réponse motrice, le sujet écrit donc « prénom de l'examinateur - donner - nourriture - prénom du sujet » en production. En passant à la réception avec le verbe « donner », c'est l'examinateur qui écrit « prénom du sujet - donner - nourriture - un prénom des examinateurs ». Le concept de « donner » s'élargit donc des prénoms des examinateurs à celui du sujet. Avec le verbe donner, c'est le premier symbole qui a le sens de donneur et le dernier celui de récepteur.

Après cela, on introduit le verbe « prendre » en réception puis en production : soit l'examinateur écrit « prénom du sujet - prendre - nourriture », soit le sujet écrit « son prénom - prendre - nourriture ». Ainsi le symbole précédant le verbe prend son sens en fonction de ce dernier. De plus, avec le verbe « prendre », il ne faudra mettre que trois classes de symboles.

Lorsqu'on alterne les 4 situations en fonction du fait que le sujet écrit, prend et reçoit la nourriture :
- en production avec le verbe « donner » : le sujet écrit, ne prend pas mais reçoit ;
- en réception avec le verbe « donner » : le sujet n'écrit pas, prend mais ne reçoit pas.
- en production avec le verbe « prendre », le sujet écrit, prend et reçoit ;
- en réception avec le verbe « prendre » : le sujet n'écrit pas, prend et reçoit.

De plus, nous avons introduit le conjonction de coordination entre deux ou plusieurs types de nourriture. La conjonction de coordination n'est pas représentée par un symbole: on demande au sujet de mettre les symboles «nourriture» en fonction de leur ordre de présentation. Cette conjonction a été entraînée avec le verbe «donner» en production pour le sujet 1 et avec les deux verbes dans les quatre situations pour le sujet 2.

En production avec le verbe «donner», le pourcentage de réussite est de 69 % (résultat faible du sujet 3). Les classes d'erreurs les plus importantes sont les omissions des deux derniers symboles appris, c'est-à-dire le récepteur pour le sujet 2 et le verbe pour les sujets 1 et 3.

La présentation de 2 types de nourriture fait diminuer les résultats de 74 à 32 % pour le sujet 1 et de 91 à 83 % pour le sujet 2. Plus de la moitié des erreurs consiste en l'omission d'un des deux types de nourriture ou en choix incorrect d'une d'entre elles. Les erreurs sont donc en rapport avec la dernière réponse apprise. Le sujet 1 ne met que le symbole correspondant à sa nourriture préférée.

En réception avec le verbe «donner», les résultats sont très différents: le sujet 1 obtient 61 % contre 84 % pour le sujet 2 (il a suffi de 5 réponses pour que le sujet 2 réalise les réponses correctement sans même avoir besoin de tendre la main). Nous constatons des erreurs sur le verbe chez le sujet 2 mais en plus chez le sujet 1 de nombreux choix incorrects de la nourriture. Les deux sujets mettent le sujet du verbe qui est le prénom du sujet derrière celui de l'examinateur, la position de receveur antérieurement renforcée. La faiblesse des résultats du sujet 1 sont à mettre en rapport avec des problèmes comportementaux:
- il ne supporte pas de donner: le sujet se détourne, s'agite et même se fâche si son prénom est en première position;
- il préfère donner la pomme à la banane, ce qui explique l'importance des choix incorrects;
- il obtient 100 % de réussite à une séance où on introduit la boisson qui lui est réservée et qu'il ne doit jamais donner.

En réception avec le verbe «prendre», les deux sujets ont des résultats très comparables: le pourcentage de réussite est de 90 pour le sujet 1 et de 88 pour le sujet 2. Le sujet 2 réalise moins d'erreurs sur le verbe que le sujet 1: ce dernier n'est pas du tout porté à donner.

En production avec le verbe «prendre», le sujet 1 obtient 74 % et le sujet 2, 91 % de réponses correctes. Comme nous l'avons vu, le sujet omet fréquemment de mettre le sujet du verbe; il le place après le symbole nourriture, position associée au fait de recevoir la nourriture. Les erreurs communes aux deux sujets consistent à mettre l'examinateur comme preneur.

Lors de l'introduction du verbe «prendre», deux classes d'erreurs apparaissent:
- le choix incorrect du donneur et la confusion «receveur - preneur» (50 % des erreurs en production);
- le choix incorrect du verbe (en réception mais notamment en production avec les deux verbes).

Signalons également que le sujet 2 n'exécutait aucune erreur en réception avec le verbe «donner» avant l'introduction du verbe prendre. Le pourcentage d'erreurs atteint respectivement 17 et 3 % quand on demande de donner un ou deux types de nourriture.

Chez les deux sujets on aboutit à une confusion des deux verbes et des quatre types de situations, aussi réentraîne-t-on les situations où le sujet est systématiquement receveur de la nourriture, c'est-à-dire la production des deux verbes et puis la réception du verbe «prendre». L'acquisition de la production du verbe «prendre» fut extrêmement lente chez le sujet 1 vu son aversion à mettre son symbole «prénom» en première position.

Dans l'absolu, les résultats sont plus élevés avec le verbe «prendre»; ceci peut être expliqué comme suit: en production comme en réception, nous avons les mêmes «sujet - verbe» et le sujet est receveur de la nourriture si c'est lui qui agit; avec le verbe «donner», en production et en réception, les couples «sujet - verbe» sont différents en fonction du receveur de la nourriture.

Pour le sujet 2 qui pour une fois peut donner et y prend un réel plaisir, la tendance observée est qu'il tente de donner en réception «prendre» tandis que l'inverse est constaté chez le sujet 1. Il nous semble donc que les composantes individuelles interviennent pour une part importante dans l'explication des résultats, en plus des difficultés de la tâche et des progressions de celles-ci.

La continuité des séances a été interrompue pendant quelques mois pour la rédaction d'un premier rapport. La reprise de l'entraînement a été progressive:
- les symboles étant placés dans l'ordre vertical correspondant à l'ordre horizontal d'écriture, on entraîne le verbe donner avec chaque type de nourriture;
- ensuite on réalise des choix des symboles nourriture;
- enfin, les symboles sont placés dans le désordre.

Les séances sont ensuite menées de façon à réacquérir le niveau de performance antérieur.

Le sujet 1 dont les résultats étaient relativement stables et élevés, nous pose d'importants problèmes comportementaux (après avoir mis un symbole sur le tableau, il exécute des mouvements stéréotypés ou se masturbe et interrompt sa réponse; toutes les cinq minutes, il quitte la pièce pour se rendre aux toilettes; ce sont des comportements qui sont également présents dans le groupe de vie). Le manque total d'attention et l'interruption fréquente des séances ou de ses réponses, interfèrent avec la rétention des dernières acquisitions et aboutissent à la confusion totale des acquis antérieurs. Il n'a rien appris de neuf cette année et ses résultats fluctuent de 0 à 100 %.

Le sujet 3 à réacquis en deux séances les résultats antérieurs. Il a suffi de 6 séances pour obtenir 100 % de réussite. En 7 séances, il a acquis le verbe « prendre » en réception et obtient 92 % de réponses correctes.

Le sujet 2 obtient de très bonnes performances : après quelques associations, il différencie le verbe « donner » en production et en réception (celle-ci sans une erreur) et, à la seconde séance, il atteint 80 % avec le verbe « prendre » en réception. A la sixième séance, avec au total un nombre très limité de réponses (sur les 6 séances 109 réponses) il a acquis un niveau de performance supérieur. Au plan mnésique, les associations établies entre les concepts « donneur - récepteur - preneur » sont restées. Les seuls problèmes se situent au niveau des verbes. Le sujet 2 en arrive à écrire « prénom du sujet - donner - nourriture - prénom de l'examinateur », situation qui n'a pas été entraînée. Chez ce sujet nous avons introduit le concept « même - différent ». Après avoir réalisé un appariement d'éléments identiques (bois d'allumette, boîte d'allumettes, cuiller, fourchette...) que le sujet réussit après une démonstration, nous disposons deux objets à une certaine distance l'un de l'autre et 10 cm plus bas, nous plaçons le symbole « même ». Il suffit que le sujet place le symbole entre les deux objets. Après chaque essai, nous écrivons qu'il prenne de la nourriture. Après 5 ou 6 associations guidées de ce type, le sujet réalise la réponse seul. Ensuite, on procède de même avec le symbole « différent ».

Enfin nous proposons un choix au sujet : il a deux objets à une certaine distance l'un de l'autre et il doit choisir le symbole à placer entre eux.

Nous remarquons qu'au cours des séances, le sujet arrive à répondre correctement quand les objets sont identiques mais hésite beaucoup plus quand ils sont différents. Les résultats se dégradent ensuite. Finalement comme les symboles étaient fort analogues, nous avons décidé de changer un des deux symboles; comme le symbole «même» est une plaquette blanche avec le signe égal et est bien discriminé, nous avons remplacé le symbole «différent» (plaquette blanche avec le signal égal barré) par une plaquette totalement blanche. Les résultats augmentent immédiatement et le pourcentage de réussite passe de 44 à 63 et à 85 %.

A la huitième séance, nous avons appris au sujet à exécuter deux phrases successivement: quelles que soient les phrases proposées, celui-ci à la fin de la séance les exécute. Il obtient 80 % de réussite.

Conclusions

Avant d'entreprendre l'apprentissage du langage non verbal, nous avons réalisé différentes évaluations: la passation d'une échelle piagétienne recouvrant la période sensori-motrice, l'observation au plan de l'autonomie, la réalisation d'appariements. A l'échelle piagétienne, nous n'avons pas d'échec massif, à l'exception de la sous-échelle traitant de l'imitation vocale. L'échec à certains items particuliers est en effet attribuable à la fluctuation de l'attention ou au faible développement de leur prise d'initiatives et de leurs comportements de jeu. Tous nos sujets ont la permanence de l'objet et quelques comportements d'imitation gestuelle. Deux d'entre eux peuvent imiter des gestes non visibles par eux-mêmes et un seul a quelques comportements de jeu symboliques. En langage verbal, au plan de la compéhension, les sujets réagissent à leur prénom et/ou au «non» verbal mais aucun ne comprend un ordre simple. Au plan de l'expression, ils n'émettent que des sons. En ce qui concerne les appariements, trois sujets peuvent apparier des couleurs, des formes, des images et des objets. Un seul apparie des objets aux images si leur taille n'est cependant pas démesurée par rapport à leur représentation sur l'image. Le quatrième sujet nous a posé d'importants problèmes comportementaux et pourtant c'est celui qui possédait le plus de pré-requis au niveau de l'échelle piagétienne.

La procédure de langage non verbal visuel a été entreprise avec quatre sujets et poursuivie avec trois d'entre eux. Nous avons repris les principes de base de la procédure de Premack.

Les conclusions que nous pouvons tirer de notre expérimentation sont les suivantes.

Les deux premiers symboles introduits nécessitent un nombre très important d'essais tant au plan des associations que des choix. Les symboles ultérieurs peuvent être acquis en un nombre limité de réponses quand il s'agit simplement d'ajouter un symbole à la réponse acquise ou de représenter un nouveau type d'objet (une association a suffi pour introduire le quatrième symbole appartenant à la classe des éléments concrets: la boisson).

Les deux premiers symboles sont plus facilement acquis lorsqu'ils sont bien différenciés tant au plan des symboles qu'au plan de la nourriture (symboles de forme et de couleur différentes; nourritures différentes aux plans de l'apparence, du goût et de l'appartenance sémantique).

Tout nouveau symbole ne peut être entraîné que lorsque le sujet possède l'étape antérieure. Les meilleurs résultats ont été obtenus lorsque le rappel des acquisitions antérieures en début de séance n'était plus nécessaire. Cependant, lorsque le sujet fait une demande ou un comportement qui devra être appris ultérieurement, nous en profitons malgré l'instabilité des résultats antérieurs.

Tout nouveau symbole entraîné par rapport au sujet (production) est beaucoup plus rapidement acquis.

Les sujets qui développent des réponses particulières ne répondant pas aux contingences établies par l'examinateur (réponses « position » ou « persévération ») ont un apprentissage plus lent et des résultats moins stables d'une séance à l'autre.

Les sujets se différencient notamment au niveau du nombre de réponses pour acquérir un niveau de performance suffisant: nous remarquons que le nombre de réponses est le plus faible pour le sujet qui n'exécute pas de mouvements stéréotypés mais que le nombre de réponses augmente en fonction de l'intérêt que le sujet porte à la nourriture.

Les exigences de la procédure doivent sans cesse répondre aux comportements des sujets. Les renforcements obtenus par les sujets dans une situation ou une procédure similaire diffèrent de manière considérable. Pour l'un, l'obtention de la nourriture est le centre d'intérêt. Pour un autre, les mimiques de mécontentement et le déjouement de la procédure seront plus renforçants que les renforcements alimentaires ou sociaux. Pour un troisième, ce sera la louange ou le fait de donner de la nourriture qui sera plus renforçant que de la recevoir.

Il vaut mieux faire acquérir les symboles dans leur ordre d'agencement : il suffit d'une association pour faire acquérir le récepteur, dernier symbole de la phrase, tandis que l'acquisition du verbe en tant que quatrième symbole aboutit à des inversions dans l'ordre d'agencement de ceux-ci.

Durant une séance, le nombre de réponses que le sujet accepte ou réalise facilement doit être plus élevé que celui des réponses exigeant de la part du sujet un effort important, sans pour cela admettre des réponses antérieures plus simples. Dans le cas contraire, on aboutit en effet à une colère ou à un blocage. Si cela se produit, il est préférable de veiller à terminer la séance en réentraînant quelques réponses simples afin que le sujet ne quitte pas sur un échec.

Après une réponse difficile, nous laissons le plus souvent le sujet demander ce qu'il désire ou nous lui présentons ce qu'il préfère. Il faut noter que dans les réponses en choix libre, les erreurs sont extrêmement rares.

L'introduction d'une nouvelle classe de symboles aboutit fréquemment à des erreurs dans les réponses antérieures et à certaines confusions. Au départ, une nouvelle classe de symboles est souvent assimilée à une classe existante. Parfois même, ce n'est pas à la première séance de l'introduction d'une nouvelle classe que le plus d'erreurs apparaissent vu le rappel antérieur des acquis. C'est fréquemment à la seconde séance que les éléments anciens et récents se confondent avant d'obtenir de bons résultats.

Les plus grandes difficultés sont :
- de ne pas renforcer autre chose que le concept (le sujet 1 ne peut admettre comme donneur ou receveur que la personne en face de lui ; il faut lui apprendre que cela peut être n'importe quelle personne) ;
- de se rendre compte très rapidement du développement des réponses superstitieuses : lors de l'introduction des deux types de nourriture et de la conjonction de coordination, le sujet 1 à dû écrire à plusieurs reprises « un fruit et un biscuit » ; finalement il a associé le symbole biscuit non plus au biscuit mais à la présentation de deux types de nourriture ;
- de tirer profit de la spontanéité du sujet qui est parfois très positive

et non superstitieuse : lorsque l'on présente au sujet 2 pour la première fois deux types de nourriture, il écrit la phrase avec un symbole nourriture, prend la nourriture correspondante, enlève le symbole et met celui correspondant au deuxième type de nourriture présenté : l'apprentissage qui consiste à mettre successivement deux ou trois symboles nourriture est à son avantage ; il transfert en effet l'apprentissage de la production à la réception.

Grâce à Premack, nous avons évité quelques écueils :
- nous préparons les fruits devant le sujet ; il peut apparier le symbole au fruit entier ou aux morceaux ;
- dans l'entraînement au concept d'identité « même - différent », nous avons entraîné les mêmes jugements durant l'appariement et la situation de langage non verbal.

Nous nous heurtons cependant à certaines difficultés identiques : une situation correcte en production ne l'est pas nécessairement en réception ; ce qui est mis sur le tableau par l'examinateur n'est pas équivalent à ce que le sujet y met lui-même.

Le changement dans le milieu quotidien qui nous semble le plus évident est que deux des quatre sujets nous semblent plus à l'aise dans l'interrelation de demande : ils insistent plus et sont plus souriants.

Les trois sujets possèdent quatre classes de symboles mais ils se situent à des niveaux de réussite différents.

Le sujet 3 n'a été entraîné qu'à la production avec le verbe « donner » et à la réception avec le verbe « prendre ». Il possède quatre classes de symboles : le prénom des examinateurs, le sien, les verbes et les trois types de nourriture.

Les sujets 1 et 2 ont acquis les verbes « prendre » et « donner » tant sur les versants de la production que de la réception ainsi que la conjonction de coordination (non représentée par un symbole) appliquée uniquement aux éléments de la classe « nourriture ».

Alors que pour le sujet 2 ces situations ne posent pas de problèmes particuliers et qu'il applique la conjonction de coordination à deux ou trois symboles ou types de nourriture tant en réception qu'en production avec les deux verbes, l'introduction de cette conjonction en production avec le verbe « donner » chez le sujet 1 entraîne une importante diminution des résultats. De plus, ce sujet n'accepte pas facilement de donner de la nourriture ; la seule séance où le pourcentage de réussite avec le verbe donner est élevé est celle où l'on a introduit le symbole «boisson», renforcement préféré à tous les autres et qu'il n'a par ailleurs jamais dû donner.

Les deux sujets ont de meilleurs résultats dans les situations où le sujet est receveur de la nourriture, c'est-à-dire la production avec les deux verbes et la réception avec le verbe «prendre». Bien que l'introduction du second verbe entraîne beaucoup d'erreurs et notamment les confusions «donneurs - récepteur - preneur» en situation de production et des choix incorrects du verbe (donner au lieu de prendre et inversément) en situation de réception, nous constatons que les résultats sont meilleurs avec le dernier verbe acquis. Ceci peut s'expliquer par le fait que le sujet est en production comme en réception toujours preneur et receveur de la nourriture, ce qui n'est pas le cas avec le verbe donner.

Après plusieurs mois d'interruption et un réentraînement progressif, le sujet 1 présente de nombreux comportements stéréotypés mettant en échec l'apprentissage: ses résultats varient de 0 à 100 %. Le sujet 2 a rapidement dépassé sa performance antérieure et a acquis en supplément le concept même et différent et le fait d'exécuter deux phrases successives.

Dans l'apprentissage, nous constatons que comme dans les études avec les aphasiques nous avons plus d'erreurs à l'intérieur d'une classe que des confusions inter-classes et que les verbes sont les éléments les plus difficiles à apprendre.

L'apprentissage d'un langage visuel non verbal selon la procédure de Premack pose le problème fondamental de l'efficacité du renforcement. Avec des adultes arriérés sévères et profonds, l'acquisition des symboles et des concepts sous-jacents est très lente. De plus, les sujets reçoivent hormis les contacts sociaux les mêmes types de nourriture pour des critères de réponses de plus en plus exigeants.

Malgré l'introduction d'autres types de nourriture, les seuls sujets capables de poursuivre l'acquisition sont ceux pour lesquels la réussite d'une discrimination est elle-même renforçante. Parmi nos sujets, seul le sujet 2 semble atteindre ce niveau. C'est aussi lui qui prend plaisir à l'interrelation et qui au cours du temps accepte de réaliser ce qu'on lui demande et de continuer jusqu'à ce qu'il comprenne la situation. L'apprentissage est en fait de plus en plus rapide.

Ces acquisitions de base prouvent que des sujets adultes arriérés mentaux sévères et profonds peuvent acquérir un certain langage visuel. Cependant, nous ne pouvons pas nous prononcer sur la limitation imposée par la mémoire au nombre de symboles, ni sur l'utilité de passer à des signes représentatifs. L'application de ce système dans le milieu quotidien nécessiterait une diversification importante des situations, ce qui pose le problème du temps d'apprentissage du sujet et de la disponibilité complète d'une personne à cet effet.

BIBLIOGRAPHIE

BAER, D.M.; PETERSON, R.F. et SHERMAN, J.A. The development of imitation by reinforcing behavioral similarity to a model. *Journal of the Experimental Analysis of Behavior*, 1967, *10*, 405-416.

CARRIER, J.K. Application of a nonspeech language system with the severely language handicapped. In L.L. LLOYD (Ed.), *Communication assessment and intervention strategies*. University Park Press, 1976, 523-548.

CLELAND, C.C. et CLARK, C.M. Sensory deprivation and aberrant behavior among idiots. *American Journal of Mental Deficiency*, 1966, *71*, 213-225.

COOPER, M.L.; THOMSON, C.L. et BAER, D.M. The experimental modification of teacher attending behavior. *Journal of Applied Behavior Analysis*, 1970, *3*, 153-157.

DROZ, R. et RICHELLE, M. *Manuel de psychologie*, Chapitre III, 4, 281-320.

GARDNER, M.; ZURIF, E.B.; BERRY, T. et BAKER, E. Visual communication in aphasia. *Neuropsychologia*, 1976.

GUESS, D.; SAILOR, W. et BAER, D.M. To teach language to retarded children. In R.L. SCHIEFELBUSCH and L.L. LLOYD (Eds.), *Language perspectives — acquisition, retardation and intervention*. Baltimore: University Park Press, 1974, 505-528.

HOLLIS, J.H. The effects of social and nonsocial stimuli on the behavior of profoundly retarded children: Part II. *American Journal of Mental Deficiency*, 1965, *69*, 755-789.

LAMBERT, J.L. *Contribution à une analyse behavioriste de l'arriération mentale*. Thèse de doctorat. Université de Liège, 1975-1976.

MILLER, J.F. et YODER, D.E. An ontogenic language teaching strategy for retarded children. In R.L. SCHIEFELBUSCH et L.L. LLOYD (Eds.) op. cit, 529-564.

HUTT, C. et HUTT, S. *Direct observation and measurement of behavior*. C. Thomas, 1970.

PIAGET, J. et INHELDER, B. *La psychologie de l'enfant*. Que sais-je? (n° 369) P.U.F., 1971.
PREMACK, D. A functionnal analysis of language. *Journal of Experimental Analysis of behavior*, 1970, *14*, 107-125.
PREMACK, D. L'éducation de Sarah. *Psychologie*, 1971, *13*, 35-42.
PREMACK, D. Language in chimpanzee? *Science*, 1972, *172*, 808-822.
PREMACK, D. et PREMACK, A.J. Teaching visual language to apes and language déficient persons. In R.L. SCHIEFELBUSCH and L.L. LLOYD (Eds.) op. cit, 347-376.
SCHUTTE, R.C. et HOPKINS, B.L. The effects of teacher attention on following instructions in a kindergarden class. *Journal of Applied Behavior Analysis*, 1970, *3*, 117-122.
SMITH, M.D. Operant conditioning of syntax in aphasia. *Neuropsychologie*, 1974, *12*, 403-405.
THOMAS, D.R.; BECKER, W.C. et ARMSTRONG, M. Production and elimination of disruptive classroom behavior by systematically varying teacher's behavior. *Journal of Applied Behavior Analysis*, 1968, *1*, 35-45.
VELLETRI-GLASS, A.; GAZZANIGA, M. et PREMACK, D. Artificial language training in global aphasics. *Neuropsychologia*, 1973, *11*, 95-104.
WYATT, G.L. *La relation mère-enfant et l'acquisition du langage*. Dessart, Psychologie et Sciences humaines, Bruxelles, 1973.

4. ASPECTS DEVELOPPEMENTAUX ET RELATIONNELS

Cette quatrième section est dévolue plus particulièrement à l'analyse d'une série de données portant sur certains aspects développementaux et relationnels de l'utilisation du langage chez les enfants handicapés mentaux. La première intervention porte essentiellement sur l'important problème de l'environnement linguistique et de la stimulation langagière reçue par l'enfant handicapé mental de la part de son entourage et de la mère notamment et sur certains problèmes méthodologiques existant dans ce type d'étude. La seconde communication fait un inventaire des problèmes langagiers des enfants mongoliens aux différents points de vues phonologique, morphologique, sémantique et syntaxique. La troisième communication s'intéresse particulièrement à l'émergence des processus symboliques et du langage chez le jeune enfant handicapé mental au cours de la période dite du développement sensori-moteur.

4.1. Troubles du langage et de la communication chez les enfants de faible niveau intellectuel

Gabriele LEVI et Barbara ZOLLINGER

Les enfants présentant un retard mental (RM) parlent-ils ou apprennent-ils à parler de manière différente que les enfants normaux?

Les mères des enfants avec RM communiquent-elles ou parlent-elles avec leurs enfants de manière différente que le font les mères des enfants normaux?

Depuis cinquante ans, la discussion de ces problèmes a été très vive: les réponses sont encore partiellement contradictoires et les conclusions restent prudentes:

1. Les enfants avec RM parlent plus ou moins comme les enfants normaux plus jeunes. A âges mentaux égaux, les enfants normaux et les enfants avec RM démontrent plus ou moins les mêmes compétences et les mêmes structures linguistiques. En ce qui concerne leur répertoire, les enfants avec RM utilisent des structures et des compétences plus simples.
2. Les mères des enfants avec RM parlent avec leurs enfants plus ou moins comme les mères d'enfants normaux plus jeunes, d'âges mentaux équivalents. Il faut tenir compte que les mères des enfants avec RM n'interagissent qu'avec des enfants dont le développement cognitif est perturbé. C'est pour cette raison qu'elles semblent un peu plus incertaines et/ou plus autoritaires dans leurs interactions verbales.

Il nous semble plutôt difficile d'évaluer l'impact de ces données sans considérer que derrière cette discussion existent, en réalité, deux autres questions prioritaires qui n'ont pas toujours été analysées avec clarté :

1. Quels rapports existent, au niveau épidémiologique et au niveau clinique, entre les troubles cognitifs et les difficultés du langage et de la communication que l'on rencontre très souvent chez les enfants avec RM ? Quels rapports existent entre la gravité des troubles intellectuels et la gravité des troubles langagiers ?
2. Quels sont les enfants « normaux » avec lesquels il faut comparer les enfants avec RM, avec ou sans troubles du langage ? Les troubles intellectuels et langagiers sont-ils fonctionnellement identiques chez des enfants appariés pour l'âge mental ?

Ces questions nous semblent prioritaires. Si nous n'examinons pas les rapports entre troubles cognitifs et difficultés du langage et si nous ne justifions pas les critères théoriques servant de base aux comparaisons entre enfants normaux et enfants avec RM, nous courons les risques suivants :

a) de falsifier la valeur de nos réponses pour avoir comparé des groupes peu comparables ou pour avoir effectuer des comparaisons tautologiques ;
b) de ne pas être capable de décrire ce que signifie pour un enfant avec RM le fait de parler d'une manière différente ou de la même manière qu'un enfant normal.

L'existence du RM et l'existence de troubles du langage spécifiques chez les enfants sans RM sont deux occasions importantes — d'ailleurs non épuisées — pour vérifier les modèles théoriques sur le développement cognitif et sur le développement du langage.

De même, il faut analyser avec attention la coexistence des difficultés du langage et des troubles cognitifs chez les enfants avec RM, soit pour construire un modèle concernant le RM, soit pour construire un modèle concernant les troubles du langage.

Le problème central peut être formulé comme suit : la gravité et la typologie des difficultés du langage des enfants avec RM sont-elles prévisibles selon les troubles cognitifs existants ?

Les réponses à ces questions peuvent influencer :

a) notre théorie sur les difficultés du langage et les troubles cognitifs chez les enfants avec RM ;

b) nos choix des méthodes lorsqu'il faut comparer ces enfants entre eux et avec des enfants normaux.

Pour encadrer notre problème, il est nécessaire de tenir compte de deux données apparemment antithétiques :
1. La prévalence des troubles du langage chez les enfants avec RM est plus élevée que celle rencontrée dans la population normale. En outre, les enfants avec les RM les plus graves présentent généralement les troubles du langage les plus fréquents et les plus graves.
2. Pour chaque cas particulier, le niveau de la gravité du trouble du langage *n'est pas* prévisible en fonction du niveau de gravité du RM.

Si nous tentons de regrouper les enfants avec RM selon ce paramètre, nous trouvons que :
a) beaucoup d'enfants avec RM ont des troubles du langage plus accentués que prévu sur la base de l'âge mental ;
b) plusieurs enfants avec RM ont des difficultés *beaucoup* plus graves que celles attendues sur la base de l'âge mental ;
c) quelques enfants ont des performances linguistiques supérieures à celles attendues sur la base de l'âge mental.

Si nous tenons compte de l'existence de ces divers groupes, nous sommes portés à penser qu'il n'est pas sensé de parler en termes absolus des difficultés de langage dans le RM : ce n'est que dans très peu de cas que la difficulté linguistique résulte de l'expression directe et linéaire du trouble cognitif. Dans beaucoup de cas, les troubles semblent dépendre d'autres facteurs ; dans plusieurs cas, il n'existe aucun trouble véritable du langage.

On pourrait beaucoup discuter de l'interprétation de ces données et de la distribution de ces groupes de sujets selon le niveau de gravité du RM. Il reste à démontrer le fait que parlant des troubles du langage dans le RM il nous faut toujours définir, outre l'âge mental, l'écart entre le trouble du langage et le trouble cognitif chez ces enfants.

Un même discours peut être développé si nous examinons la valeur des comparaisons en âge mental dans les théories et dans les recherches sur le RM. Nous nous trouvons dans ce cas face à des données apparemment contradictoires :

1. Le niveau de gravité d'un RM est exprimé, d'après plusieurs échelles, selon le QI ou en âge mental.
2. Entre les enfants de mêmes âges mentaux, mais d'âges chronologiques différents, il existe en ce qui concerne les comportements cognitifs soit des différences, soit des ressemblances importantes.

Si nous considérons des enfants de mêmes âges mentaux, sans autre restriction, nous laissons de côté soit la variable âge chronologique, soit la variable niveau de gravité du RM. Par exemple, avec un âge mental de deux ans, nous pouvons trouver soit un enfant avec un RM très léger dont l'âge chronologique est de deux ans et demi, soit un autre enfant avec un RM grave ayant un âge chronologique de 14 ans.

Nous possédons des données sur les différences prévisibles qui existent dans des situations aussi diverses. Dans une recherche précédente (Levi & Parisi, 1973), nous avons montré que les performances d'un enfant présentent un âge mental de 3 ans et un âge chronologique de 4 ans sont supérieures à celles d'un enfant présentant un âge mental de 4 ans et un âge chronologique de 7 ans.

Sans nous répéter encore sur ce point, il nous semble raisonnable de souligner que dans les recherches sur le RM, l'écart entre l'âge mental et l'âge chronologique doit être une variable contrôlée.

En conclusion:

1. Les prestations des enfants avec RM sont corrélées soit avec l'âge mental, soit avec l'écart entre l'âge mental et l'âge chronologique.
2. Entre les enfants avec RM, avec les mêmes âges mentaux et les mêmes écarts âge mental/âge chronologique, il est possible de former divers groupes de troubles du langage, plus ou moins compatibles avec le trouble cognitif.

Il nous est apparu que cette situation clinique complexe peut être utile si nous voulons étudier l'interaction verbale mère-enfant. En particulier, il nous a paru intéressant de nous poser, dans un but de recherche, la question suivante: dans quelle mesure le langage de la mère — le «motherese» — est-il en corrélation avec les prestations cognitives et/ou avec les prestations linguistiques des enfants avec RM?

D'après l'analyse conduite jusqu'ici, il semble que cette question est une formulation correcte de la question « classique », à savoir le langage des mères d'enfants avec RM est-il différent de celui employé par d'autres mères ? Cela pourrait être le cas pour deux raisons :

1. Les enfants avec RM sont distribués en combinaisons différentes par rapport aux deux ordres de troubles et ainsi de toute manière une réponse unitaire n'est pas possible.
2. Au contraire, en différenciant les enfants avec RM, avec trouble langagier ou trouble cognitif, il devient possible d'étudier de manière nouvelle la corrélation entre le langage maternel, le développement du langage et le développement cognitif.

La capacité de la mère d'enrichir le langage de l'enfant et de favoriser le développement joue un rôle important, mais en même temps a des limites bien précises :

1. Interagissant verbalement ou non avec l'enfant, la mère tient compte de la production verbale, du contexte et de la compréhension générale de l'enfant. Pourtant, le langage de la mère n'est en étroite corrélation qu'avec la compréhension verbale de l'enfant (Cross, 1977). Cette donnée signifie que la mère enrichit la compréhension verbale de l'enfant, favorisant directement la compréhension pragmatique du contexte et, indirectement, la compréhension et la production verbales de l'enfant.
2. Avec un langage adéquat et ponctuel, la mère stimule l'enfant à mettre en relation les structures cognitives déjà acquises avec les structures linguistiques qu'il est en train d'acquérir. Evidemment, le langage maternel favorise cette liaison et non la formation des structures prélinguistiques telles quelles. Même chez les enfants linguistiquement doués, le langage maternel n'est pas capable de faire émerger dans le langage des structures qui ne sont pas encore acquises dans le développement cognitif (Cross, 1977; Newport, Gleitman et Gleitman, 1977).

Dans l'interaction avec l'enfant RM, la mère rencontre des difficultés pour deux raisons particulières :

1. Il est difficile de connaître avec précision quel est le niveau cognitif auquel agit l'enfant.
2. Il est difficile de distinguer entre ce que comprend l'enfant au niveau cognitif et au niveau verbal.

Ces objectifs sont plus compliqués pour les parents d'enfants avec RM pour les raisons suivantes :

a) pour divers aspects, l'enfant avec RM ressemble à un enfant normal de même âge chronologique et les réponses des parents sont influencés par le fait qu'ils souhaitent que telle soit effectivement la réalité;
b) l'enfant avec RM présente des dissociations dans ses performances et sème la confusion même parmi les observateurs expérimentés.

En conclusion:

1. Le langage maternel est étroitement corrélé avec la compréhension verbale de l'enfant et il utilise la compréhension verbale de l'enfant pour lier les structures cognitives prélinguistiques aux productions verbales.
2. Chez l'enfant avec RM, il existe souvent des dissociations insolites entre les niveaux de la production et de la compréhension verbale, entre le niveau cognitif potentiel et les réalisations concrètes.

Tenant compte de ces considérations, il est impossible de penser que le langage employé en interaction avec les enfants RM oscille entre des moments de complexité excessive et des moments de simplifications inadéquates. Ces oscillations pourraient être proportionnelles aux écarts entre âge chronologique, âge mental et âge linguistique.

Exposé de la recherche

Pour vérifier ces hypothèses de travail, nous avons étudié les comportements linguistiques fournis dans l'interaction de 8 mères avec leurs enfants présentant un RM. Les couples mères-enfants ont été répartis dans les deux groupes suivants:
a) groupe RM/RM: les mères de 4 enfants (Age Chronologique -AC- 4:0 à 6:3 ans) (AC moyen: 5:2 ans) et d'âge mental -AM- de 2:6 à 3:6 ans (AM moyen = 3:0 ans) avec une production verbale compatible avec l'âge mental (MLU = 3-4);
b) groupe RM/DYSPHASIE: les mères de 4 enfants (AC = 4:11 à 6:5 ans; AC moyen = 5:5 ans; AM = 2:6 à 3:6 ans) avec une production verbale nettement inférieure à l'AM (MLU = 1).

Les enfants des deux groupes étaient comparables quant à la classe sociale, aux niveaux culturels des familles, à l'absence de problèmes neurologiques, sensoriels et relationnels significatifs. Pour donner une idée des difficultés inhérentes à la constitution de groupes pour ce genre d'études, les 8 enfants ont été choisis dans une population de 90 candidats qui fréquentaient le centre à cette époque.

Les deux groupes sont comparables selon l'âge mental et la gravité du RM (écart AC - AM); les 8 enfants présentent un RM. Dans le premier groupe (RM/RM), le trouble du langage est compatible avec le trouble cognitif. Dans le second groupe (RM/DYSPHASIE), le trouble du langage, mesuré au moyen du LMPV (longueur moyenne de production verbale), est nettement plus grave que le trouble cognitif.

Les enfants ont été évalués au moyen des batteries de tests neuropsychologiques et neurolinguistiques employées dans notre Centre, où, en plus du testing intellectuel, des observations du jeu et des épreuves graphiques sont prévues. Parmi les épreuves langagières utilisées, citons :
- des épreuves de compréhension verbale;
- des épreuves de répétition verbale;
- des épreuves de production verbale (langage spontané);
- des épreuves pour les praxies orales;
- des épreuves pour les séquences phonologiques, audiologiques et articulatoires.

Tous les enfants ont été examinés sur les plans neurologique et psychiatrique. Des évaluations de la motricité, des examens ORL et visuels, des EEG et des examens audiométriques ont été menés également afin d'exclure la présence de troubles associés significatifs.

La figure 1 présente les profils neurolinguistiques des deux groupes :
1. Il existe un écart de deux ans entre l'AC et l'AM pour les deux groupes.
2. Pour les deux groupes, l'utilisation efficace des fonctions sémiotiques correspond à l'AM obtenu à l'aide des épreuves classiques.
3. Dans le groupe RM/RM, la production verbale correspond à l'âge mental, tandis qu'il existe un écart pour les épreuves de compréhension et de répétition.

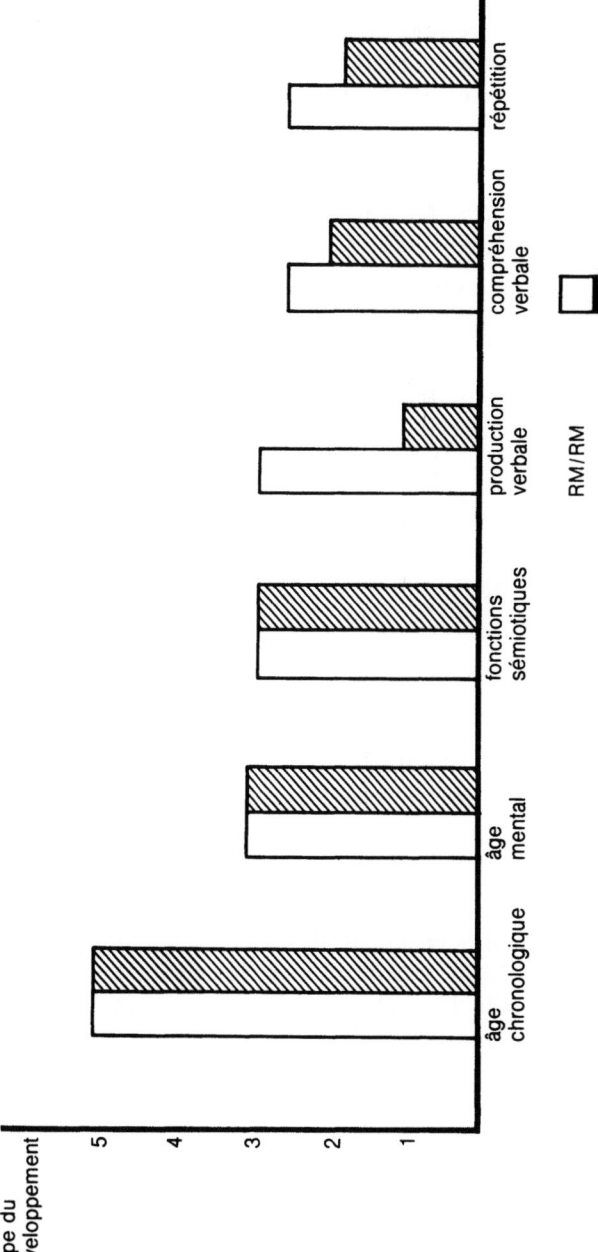

Figure 1. *Profil fonctionnel des difficultés linguistiques-cognitives chez les enfants.*

4. Pour le groupe RM/DYSPHASIE, il existe une cetaine récupération pour la répétition verbale et une récupération ultérieure pour la compréhension. Nous reviendrons par la suite sur le rapport compréhension verbale et production verbale.

L'interaction linguistique mère-enfant a été étudiée au cours d'une session de jeu, d'environ 20 minutes. Pour fournir et rendre comparable l'échange verbal entre les mères et leurs enfants, nous n'avons présenté que du matériel constructif et non symbolique.

La production verbale a été recueillie avec un enregistreur. Après les 5 premières minutes de la session, les 50 premiers énoncés de la mère et de l'enfant ont été analysés en même temps.

Les énoncés de la mère ont été classés sur base d'une version simplifiée de la grille de Cross (1977):
- complexité sémantique exprimée par le TTR (Type-Token-Ratio);
- complexité syntaxique (LMPV);
- modes des interactions exprimés en types de phrases, répétitions des énoncés, énoncés non situationnels et parole par minute.

Résultats

Le tableau 1 présente les résultats des deux groupes de mères, comparés avec ceux fournis dans la littérature.

1. En ce qui concerne la complexité sémantique et syntaxique de leurs productions, les mères des enfants RM/DYSPHASIE ont un TTR et un LMPV inférieur à celui des mères du groupe RM/RM. Les deux groupes de mères ont des performances inférieures à celles enregistrées pour les mères d'enfants normaux.
2. En ce qui concerne les types de phrases produites, les mères des deux groupes produisent le même pourcentage de phrases interrogatives correspondant à celui enregistré dans la littérature pour les mères d'enfants normaux.

Par rapport avec les enfants RM/RM, les mères des enfants RM/DYSPHASIE produisent un pourcentage nettement supérieur d'énoncés impératifs et, inversement, un pourcentage nettement inférieur d'énoncés déclaratifs. Comparés à ceux de la littérature chez les enfants normaux, ces résultats sont différents pour les deux grou-

Tableau 1:
Dates des paramètres des mères en interaction avec leurs enfants RM/RM ; RM/DYSPHASIE ; Normaux

Paramètres du langage de la mère	ENF.	RM/RM	RM/DYSPHASIE	Normaux
Complexité sémantique (TTR = Type Token Ratio)		0,45	0,39	0,50 (Phillips)
Complexité syntaxique (LMPV = Longueur Moyenne de Production Verbale)		4,6	4,0	6,6 (Snow) 4,8 (Cross) 3,5-4,1 (Phillips) 4,24 (Newport)
Types de phrases - Déclaratives		25 %	17 %	27 % (Cross) / 30 % (Newport) 50 % (Sachs)
- Interrogatives		43 %	43 %	33 % (Cross) / 44 % (Newport) 49 % (Sachs)
- Impératives		24 %	33 %	7,4 % (Cross) / 18 % (Newport)
Répétitions (des propos énoncés)		13 %	44,5 %	14 % Snow / 28 % Cross 23 % Newport
Enoncés non situationels		—	3 %	17 % Cross
Mots/min.		55	69	34 Remick

Modes de l'interaction

pes et significativement différents pour les mères des enfants RM/DYSPHASIE.

3. En ce qui concerne les autres caractéristiques de l'interaction, les mères des enfants RM/DYSPHASIE produisent un pourcentage de paroles par minutes supérieur à celui des mères des enfants RM/RM qui, à leur tour, sont nettement supérieures aux mères des enfants normaux. Toujours pour ce paramètre, les mères des enfants RM/DYSPHASIE ont une production verbale double de celle des mères d'enfants normaux.

Les mères des enfants RM/DYSPHASIE répètent leurs énoncés avec des mots plus ou moins identiques à une fréquence triple des mères RM/RM et de manière identique aux mères d'enfants normaux.

Les mères des deux groupes produisent — par rapport aux mères d'enfants normaux — un nombre nettement réduit d'énoncés non situationnels. Il faut aussi tenir compte du fait que les énoncés non situationnels de ces mères tendent à être imprévisibles en ce qui concerne l'activité de l'enfant et sont souvent une sorte d'«examen» de langage.

En conclusion:

1. Les énoncés des mères des enfants RM/DYSPHASIE se distinguent nettement de ceux produits par les mères d'enfants normaux et aussi par les mères des enfants RM/RM.
2. Les mères des enfants RM/DYSPHASIE tendent à parler beaucoup plus (fréquence de parole par minute), de manière simplifiée (TTR et LMPV), répétant deux à trois fois le même énoncé. Leur communication semble être autoritaire (fréquence de phrases impératives) et peu explicative (fréquence de phrases déclaratives). Leur langage est souvent relié au contexte immédiat et est de faible capacité évocative et régulatrice (fréquence d'énoncés non situationnels).
3. Les mères des enfants RM/RM présentent, sous une forme atténuée, les caractéristiques des mères des enfants RM/DYSPHASIE. Une différence importante les sépare des mères des enfants RM/DYSPHASIE: elles répètent très peu leurs productions. Cela veut dire que leur communication tend à être autoritaire, mais avec beaucoup plus de succès.

Discussion

Il nous paraît nécessaire de faire quelques commentaires sur ces résultats en concentrant notre attention sur trois points :
1. Les conséquences pour les recherches, qui résultent de l'hétérogénéité entre les enfants avec RM.
2. La signification possible des différences rencontrées entre les deux groupes de mères.
3. Les problèmes de l'interaction mère-enfant et de l'acquisition du langage chez les enfants avec RM.

1. Dissociations du développement chez les enfants avec RM

Le RM crée des dissociations importantes du développement avec des lignes évolutives diverses. La question de savoir si les enfants avec RM ont des prestations retardées ou atypiques reste sans réponse, si l'on ne tient pas compte de ce fait. Les enfants avec RM sont différents des enfants normaux et sont différents interindividuellement par l'écart qui existe entre l'âge chronologique et l'âge mental et par les dissociations du développement de leurs facultés. Les comparaisons entre des enfants normaux et des enfants avec RM appariés uniquement sur la base de l'âge mental rendent impossibles toute confrontation, car, les différences existantes entre les enfants normaux et les enfants avec RM sont annulées. Concernant ce point, nos résultats semblent prometteurs : quand les groupes sont formés en tenant compte soit de l'écart entre l'âge chronologique et l'âge mental, soit de l'écart entre l'âge mental et l'âge linguistique, nous decelons des différences entre mères et enfants. Notre intention est de compléter cette contribution en étudiant l'interaction mère-enfant chez des groupes d'enfants avec les mêmes LMPV et les mêmes âges mentaux, mais avec des écarts âge chronologique/âge mental différents. On peut discuter beaucoup sur l'interprétation de ces différences, mais nous tenons à souligner l'importance méthodologique de l'hétérogénéité du développement des enfants avec RM pour saisir ces différences.

2. Différences entre les deux groupes de mères

La littérature est plutôt univoque en considérant que la corrélation entre le langage des mères et la compréhension verbale de l'enfant est plus élevée qu'avec la production verbale de celui-ci. Nos résultats confirment ce point lorsqu'il n'y a pas de grandes dissociations entre la compréhension et la production verbale. Les mères des enfants RM/DYSPHASIE ont un langage plus adapté à la production verbale qu'à l'âge mental des enfants. Ce fait peut être interprété de deux manières :

1. Devant une situation de RM, certaines mères ne savent pas évaluer le niveau cognitif de leur enfant; elles adaptent leur langage selon une attente très basse et très fluctuante.
2. Quelques enfants avec RM ont un déficit linguistique spécifique, qui est différent du déficit cognitif et leurs mères cherchent à affronter le plus possible le problème linguistique des enfants mais sans y réussir.

Il semble évident que ces deux hypothèses ne sont nullement exclusives, les deux facteurs interagissant. Le follow-up des enfants avec RM/DYSPHASIE lors d'une recherche précédente (Levi et al., 1977) nous amène à insister sur l'importance du jugement émis par les parents vis-à-vis du retard mental de leur enfant. Chez un enfant qui présente des dissociations importantes et atypiques entre l'âge chronologique, l'âge mental, la compréhension et la production verbale, il devient très difficile de porter ce jugement.

3. *Compréhension verbale et interaction linguistique chez les enfants avec RM*

L'enfant avec RM tend à sous-utiliser sa compréhension verbale; les parents de ces enfants courent en conséquence le risque de sous-évaluer la compréhension verbale de l'enfant. Ces deux faits sont solidaires et, en quelque sorte, ils sont en rapport avec les stratégies d'apprentissage linguistiques utilisées par les enfants retardés mentaux.

Des profils neurolinguistiques présentés par nos deux groupes d'enfants résulte un fait que nous avons rencontré à plusieurs reprises (Levi et al., 1973): dans certains cas, la compréhension verbale des enfants avec RM est inférieure à leur niveau de production verbale. Les enfants avec RM répètent souvent des énoncés qu'ils ne comprennent qu'imparfaitement. L'usage pragmatique de ces énoncés peut être correct dans les routines de la vie quotidienne, même si l'enfant en a une compréhension limitée. D'autre part, il paraît que les mères favorisent aussi involontairement ce phénomène : une fréquence élevée d'énoncés impératifs, répétés plusieurs fois et fortement lié au contexte, peut amener l'enfant à utiliser comme « guide pragmatique » quelques mots clés. La créativité linguistique faible présentée par les enfants avec RM (Chipman, 1980) nous semble aussi entrer dans ce discours : l'enfant avec RM tend à apprendre le langage plus par imitation que par identification des règles sémantico-syntaxiques. La mère de l'enfant avec RM peut favoriser cette tendance. Si elle s'adapte à la production verbale, sans réussir à évaluer la compréhension verbale de l'enfant, elle ne pourra évidemment stimuler cette dernière.

BIBLIOGRAPHIE

BERRY, P. (ed. by), *Language and comunication in the mentally handicaped.* Edward Arnold, 1976.
BUCKHALT, J., A., MAHONEY, G., J., PARIS, S., G., Efficiency of Self-Generated Elaborations by EMR and Non-retarded Children. In: *Amer. J. of Ment. Defic.* 1976, *81*/1, 93.
BUIUM, N., RYNDERS, J., TURNURE, J. Early Maternal Linguistic Environment of Normal and Down's Syndrome Language Learning Children. In: *Amer. J. of Ment. Defic.* 1974, *79*/1, 52-58.
BURGER, A., L., BLACKMAN, L., S., Imagery and Verbal Mediation in Paired-Association Learning of Educable Mentally Retarded Adolescents. In: *J. Ment. Def. Res.*, 1978, *22*, 125.
CHESELDINE, S., MC CONKEY, R., Parental Speech to Young Down's Syndrom Children. In: *Amer. J. of Defic.*, 1979, *83*/6, 612-620.
CHIPMAN, H., H., PASTOURIAUX, F., Early Sentence Constructions in Normal and Mentally Retarded Children. (1981, sous presse).
CROMER, R., F., The Cognitive Hypothesis of Language Acquisition and its Implications for Child Langage Deficiency. In: MOREHEAD, D., M., MOREHEAD, A., E., (ed by) *Normal and Deficient Child Language.* Baltimore, University Park Press, 1976, 283-333.
CROSS, T., G., Mothers' Speech Adjustements: the Contributions of Selected Child Listener Variables. In: SNOW, C., E., FERGUSON, C., A., (ed by) *Talking to Children.* Cambridge, University Press, 1977, 151-188.
DEWART, M., H., Language Comprehension Processes of Mentally Retarded Children. In: *Amer. J. of Ment. Defic.*, 1979, *84*/2, 177-183.
INGALIS, R., P., *Mental Retardation.* John Wiley and Sons, New York, 1978.
JARMANN, R., F., Patterns of Cognitive Ability in Retarded Children: A Reexamination. In: *Amer. J. of Ment. Defic.*, 1978, *82*/4, 344-348.

GUTMANN, A., J., RONDAL, J., A., Verbal Operants in Mothers' Speech to Nonretarded and Down's Syndrome Children Matched for Linguistic Level. In: *Amer. J. of Ment. Defic.*, 1979, *83/5*, 446-452.

LAYTON, T., L., SHARIFI, H., Meaning and Structure of Down's Syndrome and Nonretarded Children's Spontaneous Speech. In: *Amer. J. of Ment. Defic.*, 1978, *83/5*, 439-445.

LEONARD, L., B., COLE, B., STECKOL, K., F., Lexical Usage of Retarded Children: an Examination of Informativeness. In: *Amer. J. of Ment. Defic.*, 1979, *84/1*, 49-54.

LEVI, G., PARISI, M., Prestazioni Sintattiche e Prestazioni Intellettive. In: *Neuropsichiatria Infantile*, 1973, *145*, 485.

LEVI, G., FABRIZI, A., FRANCO, P., Sviluppo Cognitivo e Sviluppo del Linguaggio in Bambini Disfasici con e senza Difficoltà Intellettive. In: *Atti XV Congresso Audiologia e Foniatria*. Catania, 1977.

LEVI, G., Methodological Problems in the Study of Developmental Dyspasia. Presented at the *Workshops en Normal and Deficient Child Language*. Rome, CNR, 1980 (sous presse).

LEVI, G., Fusioni emergenti e diagnosi di sviluppo nelle disfasie evolutive. Presented at the *Workshops Neuropsychology and Neurolinguistics To Day*. (1981, sous presse).

MARSHALL, N., HEGRENES, J., GOLDSTEIN, S., Verbal Interactions: Mothers and their Retarded Children versus Mothers and their Nonretarded Children. In: *Amer. J. of Ment. Defic.*, 1973, *77/4*, 415-419.

MILLER, J., F., YODER, D., E., Syntax Teaching Programm. In: MC LEAN, J., YODER, D., SCHIEFELBUSCH, R., (ed. by) *Language Intervention with the Retarded*. University Park Press, 1972.

NELSON, K. *Structure and Strategy in Learning to Talk*. Monographs of the Society for Research in Child Development, 1973, *149*, 38.

NEWPORT, E., L., GLEITMAN, H., GLEITMAN, L., R., Mother, I'd rather do it myself: Some Effects and Non-Effects of Maternal Speech Style. In: SNOW, C., E., FERGUSON, C., A., (ed. by) *Talking to Children*. Cambridge, University Press, 1977, 109-149.

PHILLIPS, J., Syntax and Vocabulary of Mothers' Speech to Young Children: Age and Sex Comparisons. In: *Child Development*, 1973, *4/1*, 182-185.

REMICK, H., Maternal Speech to Children During Language Acquisition. In: RAFFLER-ENGEL, W., LEBRUN, Y., (ed. by) *Baby Talk and Infant Speech*. Amsterdam, Swets and Zeitlinger, 1976, 223-224.

SINCLAIR, H., BRONCKART, J., P., SVO, a Linguistic Universal? A Study in Developmental Psycholinguistics. In: *Journal of Experimental Child Psychology*, 1972, *14*, 329-348.

SINCLAIR, H., Language and Cognition in Subnormals: a Piagetian View. In: O'CONNOR, N., (ed. by) *Language, Cognitive Deficits and Retardation*. Buterworths, 1975.

SNOW, C., E., Mother's Speech to Children Learning Language. In: *Child Development*, 1972, *43/2*, 549-565.

SNOW, C., E., Mother's Speech Research: From Input to Interaction. In: SNOW, C., E., FERGUSON, C., A., (ed. by) *Talking to Children*. Cambridge University Press, 1977, 31-49.

ZAZZO, *Les Debilités Mentales*. Paris, Armand Colin, 1968.

ZOLLINGER, B., *Verbale Mutter-Kind-Interaktion*. Tesi in Pedagogia Curativa, Università di Friburgo (Ch), 1980.

Commentaire des directeurs de l'ouvrage

1. Le lecteur intéressé consultera avec fruit les références suivantes sur la délicate question des appariements entre enfants normaux et enfants handicapés mentaux et sur la question des rapports entre QI, âge mental et âge chronologique chez les sujets handicapés mentaux: Baumeister, 1967; Zazzo, 1979, Lambert, 1978; Rondal, 1980.

2. Force nous est de signaler au lecteur que les conclusions de G. Levi et B. Zollinger sur la moindre qualité du langage maternel adressé à l'enfant retardé mental ne correspondent pas à celles d'autres auteurs. On consultera la première section de cet ouvrage à ce sujet, de même que Rondal, 1977, et Rondal et Lambert, 1981, pour des revues en langue française sur la question de l'adéquation de l'environnement linguistique maternel dans le cas des enfants handicapés mentaux.

BIBLIOGRAPHIE ADDITIONNELLE

BAUMEISTER, A. Problems in comparative studies of mental retardates and normals. *American Journal of mental Deficiency*, 1967, *71*, 869-875.
LAMBERT, J.L. *Introduction à l'arriération mentale*. Bruxelles: Mardaga, 1968.
RONDAL, J.A. Environnement linguistique maternel et retard mental. *Enfance*, 1977, *1*, 37-48.
RONDAL, J.A., Maternal speech to normal and Down's syndrome children matched for mean length of utterance, in C. Meyers (ed.), *Quality of life in severely mentally retarded people: research foundations for improvement*. Washington, D.C.: American Association on Mental Deficiency, Monograph n° 3, 1978, pp. 193-265.
RONDAL, J.A. Une note sur la théorie cognitive-motivationnelle d'Edward Zigler en matière de retard mental culturel-familial. *Psychologica Belgica*, 1980, *20*, 61-82.
RONDAL, J.A. et LAMBERT, J.L. *Langage et communication chez les handicapés mentaux: Théorie, évaluation et intervention*. Neuchâtel: Delachaux et Niestlé, 1981, sous presse.
ZAZZO, R. La débilité en question. In R. Zazzo et coll., *Les débilités mentales*. Paris: Colin, 1979, pp. 5-47.

4.2. Quelques aspects du langage des enfants mongoliens

Christine SCHANER-WOLLES

Un projet est en cours à notre institut, depuis un an environ, ayant pour but l'appréhension diagnostique du langage des enfants mongoliens[1]. Mon intention n'est pas seulement de vous parler aujourd'hui de ce projet, mais de vous en communiquer les premiers résultats partiels.

Nous avons été amenés à faire cette étude, vu que dans les pays de langue allemande, la médecine, la logopédie, la pédagogie et la psychologie s'occupent du langage enfantin pathologique mais que la linguistique, dont l'apport dans ce domaine a été infime, n'a pas été prise en considération par les disciplines précédentes (Ihssen, 1978).

Cependant, je suis d'avis qu'un diagnostic et une analyse linguistique du langage enfantin pathologique sont indispensables à la pédagogie thérapeutique du langage.

Il est impossible, par exemple, de procéder à une différenciation entre le retard de développement du langage et le déficit de développement du langage, sans faire une étude linguistique et psycholinguistique approfondie des capacités du langage verbal de l'enfant présentant des troubles du langage et sans les comparer aux données relatives au développement normal du langage.

En se joignant à la conception de Lenneberg (1972), il y a retard de développement du langage lorsque l'enfant inadapté passe par les mêmes stades de développement cognitif et verbal que l'enfant sain.

Au contraire, un déficit de développement du langage est caractérisé par des différences qualificatives au cours du développement des différentes capacités linguistiques: le développement du langage ne peut être comparé à celui d'enfants normaux d'un degré de développement cognitif équivalent (Menuyk, 1964; Lee, 1966). Pour cette raison, il faudra concevoir la thérapie du langage sous un aspect différencié.

Tandis que, face à un déficit de langage, le programme thérapeutique devra se diriger vers les caractéristiques déviantes, face à un retard de développement de langage, les données relatives aux enfants normaux seront déterminantes.

Des thérapies fondées sur la linguistique ne pourront être appliquées, chaque enfant étant pris individuellement, que lorsqu'on aura clairement défini les aspects inhibiteurs ou déviants du langage ainsi que l'ampleur du retard ou du déficit.

Nous espérons, par notre projet, avoir posé la première pierre pour répondre au besoin très pressant d'études linguistiques et psycholinguistiques exactes du langage infantile pathologique.

Sujets testés

Afin de contourner le problème de la multiplicité des handicaps mentaux et de supprimer le plus possible les variables incontrôlables, nous avons choisi le syndrome de Down. Seuls des mongoliens vivant dans leur famille et dont la langue maternelle est l'allemand feront l'objet de notre étude.

Aucune limite d'âge ne sera fixée.

Cependant, nous exclurons les mongoliens n'allant pas à l'école, une expérience préliminaire ayant montré que les enfants de moins de 6 ans étaient inaptes à passer le test. Les enfants de moins de 15 ans fréquentent à Vienne une école spécialisé pour grands arriérés, les plus âgés l'ont déjà quittée et travaillent dans un externat spécialisé.

Le groupe de référence se compose d'enfants de 2 à 5 ans allant à la maternelle.

Mode de travail

Dans le but d'avoir une vue d'ensemble différenciée et comparative des capacités verbales des sujets, une batterie de tests a été mise au point, dans laquelle sont représentés les différents niveaux linguistiques, ici en l'espèce la phonologie, la morphologie, la syntaxe, la sémantique et le texte sous ses diverses modalités — compréhension, répétition et production orale.

La batterie de tests se compose en tout de 24 tests dont la passation se déroulera en 4 séances de 6 tests chacune. Le tableau 1 expose en détails la batterie de tests.

En raison de l'importance de la batterie de tests, il ne sera pas possible d'examiner tous les tests. Je me limiterai, à cet effet, à la présentation des résultats provisoires des tests morphologiques (Nos 11, 15, 21). Je ne pourrai qu'évoquer brièvement les autres tests dans ce bilan provisoire.

Tests morphologiques

Etudions tout d'abord ces tests morphologiques. Dans le test 21[2], on provoque la formation du comparatif au moyen d'une série d'objets appariés.

Les objets se distinguent à chaque fois l'un de l'autre par un caractère visible : par exemple un crayon court et un crayon plus court, une petite balle et une balle encore plus petite.

Dans un test des phrases à compléter, on exige de l'enfant qu'il réponde par un comparatif sous forme d'attribut.

L'interviewer dit par exemple :
Schau, dieser Ball ist schon klein.
Aber der ist noch...?
(Regarde, ce ballon est déjà petit.
Mais celui-ci est encore...)

L'enfant doit ajouter uniquement le comparatif « KLEINER » (PLUS PETIT). Il doit alors employer pour ce test la forme générale de formation du comparatif à savoir : POSITIF + /ər/.

Tableau I
Batterie de tests

Tests	Niveau linguistique	Modalité
1re séance :		
1. répétition de mots	—	mémoire
2. imitation de phrases	syntaxe	imitation
3. dénomination d'images : objets I	phonologie	production
4. paires minimales	phonologie	compréhension
5. compléter des phrases : antonymes	sémantique	production
6. dénomination d'images : formation de phrases I	syntaxe	production
2e séance :		
7. imitation de mots I	phonologie	imitation
8. dénomination d'objets	morpho-sémant.	compréh./production
9. dénomination d'images : formation de phrases II	syntaxe	production
10. imitation de phrases II	syntaxe	imitation
11. compléter des phrases : pluriel	morphologie	production
12. exécuter des instructions	syntaxe-sémant.	compréhension
3e séance :		
13. imitation de mots II	phonologie	imitation
14. imitation de phrases III	syntaxe	imitation
15. compréhension du pluriel	morphologie	compréhension
16. dénomination de personnes	morpho-sémant.	production
17. dénomination d'images : objets II	phonologie	production
18. récit I	texte	compréh./production
4e séance :		
19. imitation de phrases IV	syntaxe	imitation
20. assortir des images - dénomination : termes généraux	sémantique	production
21. compléter des phrases : comparatif	morphologie	production
22. dénomination d'images : objets III	phonologie	production
23. questions-réponses	syntaxe	compréh./production
24. récit II	texte	compréh./production

Etant donné qu'il existe cependant un grand nombre d'adjectifs auxquels on doit ajouter une inflexion vocalique à l'affixe :
par ex. *groß - größer*   (grand - plus grand)
      kurz - kürzer   (court - plus court)
nous avons choisi dans notre test des mots dotés ou non d'une inflexion, tels que *kleiner* (plus petit) ou *dicker* (plus gros).

On examine la formation du pluriel des noms communs par un test de phrases à compléter (test N° 11)[2]. On propose alors à l'enfant deux objets tout à fait identiques.

La réponse est déclenchée par l'instruction :
Schau, das ist ein Ball.
Und jetzt lege ich noch einen Ball hinzu.
Jetzt liegen hier...?
(Regarde, c'est une balle.
Et maintenant j'ajoute encore une balle à cette balle.
Maintenant, nous avons...?)
Et l'on veut obtenir de l'enfant le mot attendu «Bälle» (balles).

Cependant, contrairement à la formation du comparatif, la formation du pluriel est en allemand beaucoup plus complexe. Non seulement, il existe une multitude d'allomorphes pour le pluriel, mais en outre leur emploi est très arbitraire.

Par exemple, le pluriel de *Maus* (souris) est *Mäuse*, mais celui de *Haus* n'est pas *Häuse*, mais *Häuser*.

Le tableau N° 2 présente les 5 allomorphes du morphème pluriel des substantifs que l'on emploie le plus, ainsi que certains exemples respectifs du test.

On remarque dans le tableau N° 2 qu'une inflexion peut être ajoutée aux allomorphes ø, /ə/ et /:r/. Une inflexion est impossible pour les autres représentants du morphème pluriel, à savoir /n/ ou /ən/ et /S/. L'emploi de l'inflexion est lui-même très empirique. Par exemple, les pluriels de *Hund* (chien), *Hut* (chapeau) et *Hand* (main) se font avec la terminaison *e*. On ajoute une inflexion à *Hand* et Hut: *Hände* (mains), *Hüte* (chapeaux). *Hund* ne subit pas l'inflexion *(Hunde)*, (chiens).

On a choisi les mots du test (items de test) de sorte que, non seulement, les 5 allomorphes les plus usités soient représentés, mais en tenant compte aussi de l'inflexion.

Tableau 2
Ls 5 allomorphes du morphème pluriel des substantifs que l'on emploie le plus en allemand

Allomorphes	Inflexion vocalique	Singulier	Pluriel	Traduction
1. ∅	− +	(Messer) Apfel	(Messer) Äpfel	(couteau) (pomme)
2. /ə/	− +	Brief Ball	Briefe Bälle	(lettre) (ballon)
3. /ər/	− +	Bild Buch	Bilder Bücher	(image) (livre)
4. /n/ ou /ən/	−	Puppe	Puppen	(poupée)
5. /s/	−	Auto	Autos	(auto)

Les formes de pluriel rencontrées dans le test de production seront aussi examinées dans le test de compréhension. A cet effet, trois objets sont présentés à l'enfant: 2 objets identiques et un objet pour lui détourner l'attention. On demande alors à l'enfant de prendre les *balles* et ensuite de choisir une *balle*.

Evaluation et résultats

Les résultats provisoires que je désire transmettre concernent une population de 29 mongoliens et de 21 enfants normaux. La dispersion d'âge s'étend de 8.5 à 41.8 pour les mongoliens et pour les enfants normaux de 2.3 à 4.11. L'âge mental des mongoliens variait de 2.5 à 6.3.

La formation de groupes d'après l'âge est apparue inutile, du fait que seul pour les mongoliens l'âge mental est connu. Nous ne connaissons que l'âge chronologique des enfants normaux qui ne devrait pas toujours être identique à l'âge mental. En nous basant sur Brown, nous avons choisi un classement en fonction de la longueur moyenne d'énoncé (MLU) qui est mesurée en morphèmes, bien que cette mesure ne soit pas sans poser des problèmes à la langue allemande, comme Park (1974) l'a déjà constaté. Cependant, deux raisons primordiales ont renforcé notre décision: la première se rapporte à la comparaison de nos résultats à ceux d'autres examens semblables qui emploient généralement la longueur moyenne d'énoncé (par exemple, Brown, 1973; Park, 1978).

En outre, on peut établir au moyen d'une répartition basée sur la longueur moyenne d'énoncé une corrélation directe entre le niveau de développement morphologique et le niveau de complexité grammaticale. Cette relation est d'un grand intérêt, des examens préliminaires laissant penser que les différents niveaux linguistiques se développent différemment chez les mongoliens. Avant d'en arriver aux résultats des tests morphologiques, voici rapidement une remarque à faire sur l'évaluation. Tandis que les réponses des tests phonologiques seront transcrites phonétiquement avec beaucoup de soin, les erreurs articulatoires très nombreuses lors des autres tests — tant qu'on sera capable de reconnaître la forme attendue — seront négligées. Seules les quelques réponses vraiment incompréhensibles seront exclues. Consacrons-nous maintenant aux résultats.

Le tableau N° 3 indique les résultats du test comparatif relatifs aux mongoliens.

Trois groupes MLU apparaissent: jusqu'à 3.00, entre 3.10 et 4.00, puis au-delà de 4. On a divisé les réponses en 6 catégories: forme

Tableau 3
Fréquences relatives des caractères de réponses dans le test n° 21 (enfants mongoliens)

%		*forme exacte*	*erreur d'inflexion*	*périphrase: 'ganz + positif'*	*positif*	*forme déviante*	*sans réponse*
MLU	-3	22,9	—	—	41,5	6,2	29,1
	3-4	30,0	—	—	53,3	—	16,6
	4-	91,0	1,0	3,0	4,0	—	1,0

exacte du comparatif, forme exacte morphologique mais erreur d'inflexion, positif, périphrase au moyen de *ganz* + positif (tout + positif), forme morphologique déviante, sans réponse. Le nombre de réponses exactes augmente nettement avec le MLU. Particulièrement le dernier groupe fait un grand bon en avant (91 % des comparatifs sont exacts).

Une seule erreur d'inflexion a été enregistrée: 1 enfant dont le MLU dépasse 4.0 format *kurzer* (plus court) au lieu de la forme exacte avec l'inflexion *kürzer*. Les périphrases a l'aide de *ganz* + positif (tout + positif) étaient rares également et n'apparaissaient que dans le dernier groupe. Une petite fille au MLU inférieur à 3.00 employait systématiquement une règle morphologique pour la formation du comparatif qui ne présente aucune similitude avec le langage enfantin normal ou le langage des adultes. La règle morphologique déviante peut être ainsi reproduite: *lang + positiv* (long + positif). Elle disait de même *langgroß* (longgrand), *langdünn* (longmince) et *langdick* (longgros), au lieu de *größer*, *dünner*, *dicker*. Un caractère commun aux premiers groupes est le nombre de « sans réponse » et la répétition du positif déjà dit par l'interviewer au lieu du comparatif. On peut expliquer cette tendance de deux manières. Les différences entre objets montrés n'ont pas été perçues ou bien elles ne pouvaient être traduites verbalement faute d'une règle morphologique correspondante. Nous pensons pouvoir exclure avec certitude la première explication, les items de test se distinguant nettement par leurs caractéristiques testées. Pour cette raison, les différences difficiles à distinguer visuellement, telles que *weich-weicher* (doux plus doux), *schwer-schwerer* (lourd plus lourd) n'ont pas été adoptées pour le test. Les enfants des deux premiers groupes savaient encore moins la règle morphologique — les très faibles pourcentages de réponses exactes de ces groupes ne sont dus qu'aux items employés très fréquemment, tels que *größer* (plus grand) et *kleiner* (plus petit). Les formes exactes paraissent être beaucoup plus l'effet d'une imitation qu'un résultat dû à l'emploi d'une règle. Et il devrait être aisé de comprendre que la formation du comparatif est en rapport étroit avec l'apprentissage d'une règle, du fait de l'augmentation rapide des réponses exactes pour le groupe dont le MLU dépasse 4.00. Une fois la règle apprise, très peu d'écarts apparaissent.

Comparons ces résultats à ceux d'enfants normaux inscrits dans le tableau N° 4. Généralement, on constate les mêmes tendances que pour les mongoliens. Il est étonnant de ne remarquer presque aucune forme comparative pour un MLU inférieur à 4. C'est seulement pour

Tableau 4
Fréquences relatives des caractères de réponses
dans le test n° 21 (enfants normaux)

%		Catégories de réponses					
		forme exacte	erreur d'inflexion	périphrase : 'ganz + positif'	positif	forme déviante	sans réponse
MLU	-4	9,5	—	—	57,2	—	33,3
	4-6	33,3	10,4	4,2	43,7	—	8,3
	6-	80,4	2,8	—	16,7	—	—

un MLU supérieur à 6 qu'on dépasse en bonnes réponses un pourcentage de 80 % — par contre les mongoliens marquaient déjà pour un MLU supérieur à 4 un pourcentage de 91 % de formes comparatives exactes. Comparés aux enfants normaux, les mongoliens présentaient, de ce fait, une nette divergence entre le niveau de leur développement morphologique et leur niveau relatif à la complexité grammaticale. Revenons plus tard à cette constatation et reprenons maintenant les résultats des enfants normaux. Nous avons constaté les premiers débuts de la formation du comparatif à partir d'un MLU 4. Le nombre des réponses avec erreurs d'inflexion confirme le principe de Slobins (1973):

« Fais attention à la terminaison des mots ».

Les formes morphologiques déviantes produites par une petite mongolienne ne seraient pas apparues chez les enfants normaux.

En résumé, nous pouvons dire qu'on n'a remarqué aucune différence qualitative entre les sujets testés et le groupe de référence, pour le test comparatif. Du point de vue quantitatif, les mongoliens avaient de meilleurs résultats.

Considérons maintenant les résultats du test de formation du pluriel. Le tableau N° 5 nous présente les résultats des mongoliens.

Tableau 5
Fréquences relatives des caractères de réponses
dans le test n° 11 (enfants mongoliens)

		Catégories de réponses					
%		pluriel exact	erreur d'inflexion	généralisation exagérée	forme impossible	singulier	sans réponse
MLU	-3	11,25	—	—	1,25	56,25	31,25
	3-4	34,0	2,0	4,0	—	56,0	4,0
	4-	81,2	0,6	3,1	2,5	12,5	—

Les groupes MLU sont les mêmes que ceux du test du comparatif. Les réponses ont été classifiées en 6 catégories: pluriel exact, terminaison morphologique exacte mais faute d'inflexion, généralisation exagérée des allomorphes pluriels usuels, forme impossible, singulier et sans réponse. La catégorie «forme impossible» renferme toutes les réponses qui ne suivent pas les règles morphologiques allemandes relatives au pluriel.

Il est frappant d'observer une croissance continue des pluriels exacts en fonction du MLU ainsi qu'une diminution des singuliers et des «sans réponse» qui en résulte. Les erreurs d'inflexion concernent toutes les mêmes items de test: quelques enfants disaient *Bucher* (livres) au lieu de la forme exacte subissant l'inflexion *Bücher*. De même, la généralisation exagérée se produisait rarement. Le peu de données ne nous permet pas de constater une préférence pour un allomorphe pluriel déterminé — Park (1978) et Mac Whinney (1978) soulignent la généralisation exagérée fréquente de *-n* ou *-en*.

Les allomorphes pluriels /ər/ et /ən/ ont été trop généralisés à deux reprises, à savoir dans *Mäuser (souris) au lieu de la forme exacte *Mäuse* et dans *Hunden au lieu de la forme exacte *Hunde* (chiens). L'allomorphe /ə/ a été employé 3 fois au lieu de /ər/ dans *Büche (livres) au lieu de *Bücher* et *Bilde au lieu de *Bilder* (images). On peut peut-être expliquer les erreurs précédentes phonétiquement, du fait que dans le langage populaire autrichien la terminaison *-er* est prononcée presque toujours comme un [ɐ]. Les pourcentages de la colonne 4 — forme impossible — englobent deux catégories d'erreurs. D'une part les réponses *Hünden, *Mäusen et *Bällen (chiens, souris et ballons) au lieu des formes exactes *Hunde*, *Mäuse* et *Bälle*.

Bien que dans ce cas apparaît une généralisation exagérée par la terminaison *-en* au lieu de la terminaison exacte *-e*, nous n'avons pas considéré ces erreurs comme étant une généralisation exagérée, du fait qu'elles sont d'ailleurs caractérisées par une combinaison impossible de la terminaison *-en* et de l'inflexion (comparez avec le tableau 2). D'autre part, on a intégré à cette catégorie des erreurs telles que *Bildern* (images) au lieu de *Bilder*. Dans ce cas, on a employé simultanément deux terminaisons préférées de cette catégorie à celles de la catégorie des généralisations exagérées, nous pouvons constater aussi pour les mongoliens une préférence certaine pour *-en*, comme Park et Mac Whinney l'ont observé dans les données des enfants normaux. Examinons maintenant les résultats du groupe de référence pour ce test (tableau N° 6)

Tableau 6
Féquences relatives des caractères de réponses dans le test n° 11 (enfants normaux)

%		Catégories de réponses					
		pluriel exact	erreur d'inflexion	généralisation exagérée	forme impossible	singulier	sans réponse
MLU	-4	7,1	—	4,3	1,4	50,0	37,1
	4-6	43,75	2,5	6,25	1,25	43,75	2,5
	6-	76,6	1,6	—	—	20,0	1,6

Nous avons conservé aussi la répartition des groupes du test du comparatif. Nous remarquons aussitôt, comme pour le test du comparatif, que les enfants normaux ont le même comportement que les mongoliens. Cependant, aussi pour ce test, ils n'atteignent le même degré de maturité morphologique que pour un MLU supérieur. Les erreurs d'inflexion correspondent aux réponses: *Mause* (souris) et *Balle* (ballons) au lieu des formes correctes avec l'inflexion *Mäuse* et *Bälle*.

Les généralisations exagérées se partagent en terminaisons inexactes, telles que *-e* dans *Buche* (livres) et *Bilde* (images) pour *Bücher* et *Bilder* et *-n* ou *-en* dans *Apfeln* (pommes), *Auton* (autos) et *Briefen* (lettres). Les pourcentages de formes impossibles sont dus aux réponses *Bäben* pour *Babys* (bébés) et *Apfen* pour *Äpfel* (pommes) dans lesquelles l'allomorphes pluriel /ən/ n'a pas été ajouté au singulier *Baby* et *Apfel* mais à *Bäb* et *Apf*. Ce type d'erreur n'est pas apparu chez les mongoliens. De même, pour les enfants normaux, dans les premiers groupes, nous sommes frappés par les pourcentages élevés de singuliers. Park, lui aussi, a constaté dans son étude « Plurals in the Child's Speech » sur les enfants normaux de langue allemande une phrase dans laquelle « [...] plurality was realized in plural contexts by singulars ». (Mimeo: 6).

L'essence de ces réponses est problématique car on forme certains pluriels allemands avec l'allomorphe zéro. (Comparez avec le tableau 2). La question se pose de savoir s'il s'agit pour ces réponses de singuliers réels ou plutôt de pluriels et d'une généralisation exagérée de l'allomorphe pluriel zéro. Mac Whinney (1978) soutient la première solution pendant que Mugdan (1977) défend la deuxième. Comme nous remarquons les mêmes tendances pour les enfants normaux et les mongoliens, ce problème ne présente plus d'intérêt pour notre étude, cependant l'idée de généralisation exagérée de l'allomorphe zéro va à l'encontre du principe de Slobin (1973), selon lequel les relations sémantiques profondes devraient être marquées clairement et distinctement.

Tout comme pour le test du comparatif, on n'a pas constaté non plus pour le test de formation du pluriel, de différences qualificatives et quantitatives essentielles, entre les enfants normaux et les mongoliens.

Pour le troisième test, celui de la compréhension du pluriel, les résultats apparaissent cependant sous un autre aspect.

Etant donné que dans le développement du langage la compréhension précède la production orale, on aurait pu imaginer que dans un test, la compréhension poserait moins de problèmes que la production orale.

C'est seulement vrai pour les enfants normaux comme l'ont constaté Fraser, Bellugi et Brown (1963).

Pour un MLU supérieur à 6, on a atteint la limite des 100 % de réactions correctes, comme on peut le voir dans le tableau N° 7.

Tableau 7
Féquences relatives des réactions dans le test n° 15
(enfants normaux)

	%	Réactions	
		réactions correctes	soit 1 objet soit 2 objets
MLU	-4	24,3	75,7
	4-6	67,5	32,5
	6-	100,0	—

Cependant, pour le test de production, les mêmes enfants ont obtenu 76,6 % de pluriels exacts. De même pour les deux autres groupes MLU, les réponses correctes sont beaucoup plus nombreuses que pour la production orale. Néanmoins, les plus jeunes enfants du premier groupe MLU ont semblé avoir des difficultés avec le problème posé : excepté 2 enfants, ils ont choisi soit un objet, soit deux objets, sans attendre qu'on leur pose la question. L'objet qui détourne l'attention n'a pas été choisi. Chez les mongoliens, ce comportement observé chez les enfants normaux les plus jeunes, domine beaucoup plus longtemps (tableau N° 8)

Tous les enfants des deux premiers groupes MLU ont choisi pour tous les items de test, soit un objet, soit deux objets. Et même dans le groupe MLU supérieur à 4.0 quelques mongoliens eurent le même comportement, ce qui explique les 66,25 % de réactions obtenues.

Tableau 8
Fréquences relatives des réactions dans le test n° 15
(enfants mongoliens)

	%	Réactions	
		réactions correctes	soit 1 objet soit 2 objets
MLU	-3	—	100,0
	3-4	—	100,0
	4-	66,25	33,75

Déjà dans une étude préliminaire (Schaner-Wolles, 1978) les mêmes difficultés se présentèrent pendant la passation d'un test de compréhension. Tout en attribuant, à l'époque, en partie les difficultés aux images utilisés, les travaux avec des objets réels ne pouvaient interrompre les réactions stéréotypées des mongoliens. En fait, ce comportement ne peut être traité de pathologique car il apparaît chez des enfants normaux. Cependant, des déficits spécifiques devraient être rendus responsables de la longue persistance dans ce stade de développement, telles l'attention limitée et la préférence pour des stéréotypes de la part des mongoliens.

La divergence entre le test de compréhension et les tests de production ainsi que celle constatée au début, d'une part, entre le degré de maturité morphologique, et le degré de complexité grammaticale d'autre part, nous ont montré que les réalisations verbales des mongoliens ne peuvent pas être comparées globalement avec celles des enfants normaux. D'ailleurs, il semble que notre supposition que les erreurs verbales des mongoliens soient imputables, ni à un pur retard de développement verbal, ni à un pur déficit, se confirme.

Notre exigence pour un diagnostic et une analyse exacts des différents niveaux linguistiques, ici en l'espèce la phonologie, la morphologie, la syntaxe, la sémantique et le texte sous ses diverses modalités, est vraiment confirmée.

Nous le remarquerons encore mieux quand les résultats des tests morphologiques oraux seront comparés à ceux des autres tests.

On ne peut pas constater, à tous les niveaux linguistiques, les parallèles entre mongoliens et enfants normaux qui sont particulièrement prononcés dans les tests morphologiques.

Par exemple, les mongoliens persistent dans un agrammatisme — pour lequel les valeurs MLU inférieures sont déjà un indice — que l'on peut observer seulement chez les enfants normaux très jeunes. Mais non seulement, ce «sur place» sur les échelons linguistiques primitifs normaux caractérise les réalisations linguistiques des mongoliens, mais on peut remarquer aussi dans nos données des déviations typiques qui n'apparaissent pas dans l'acquisition normale du langage. Ce n'est pas une exception, tout particulièrement dans les tests phonologiques. Dans ce test, on ne peut pas constater uniquement une coexistence des processus phonologiques enfantins de différents âges, mais on peut constater aussi la présence renouvelée de processus de modification complexes et l'existence de processus déviants.

Donnons seulement un exemple: tandis que les enfants normaux remplacent, à un stade initial, une fricative par l'occlusive homorgane ou par l'occlusive dentale voisée /d/, des remplacements par l'occlusive d'un autre point d'articulation apparaissent fréquemment chez les mongoliens. Exemples:

['drapə] au lieu de [draxən] (cerf-volant)
[ʃix] au lieu de [ʃif] (bateau)

Nous pouvons alors vraiment conclure que les différents niveaux linguistiques se développent différemment chez les mongoliens. Ils ne se distinguent par seulement par l'ampleur de leur déviation l'un de l'autre (par exemple, les très nettes déviations en phonologie par rapport aux minimes déviations en morphologie), mais ils se distinguent d'ailleurs par l'importance du retard (par exemple, on remarque un beaucoup plus grand retard pour la syntaxe que pour la morphologie).

En s'exprimant simplement:

Quand on désire projeter le niveau de développement des mongoliens sur les conditions d'acquisition normale du langage, on est alors obligé de corréler chacun des niveaux linguistiques avec divers niveaux de développement du développement normal du langage.

Nous ne pouvons nier que cette constatation a des conséquences sur une thérapie du langage menée systématiquement.

Ce serait dépasser le cadre de cet exposé que de s'engager dans ce domaine.

NOTES

[1] Ce projet est subventionné par le fonds autrichien pour l'aide à la recherche scientifique.

[2] *Tests morphologiques*

Test N° 21: formation du comparatif: positif + er

«Schau dieser Ball ist schon klein
Aber der ist noch...? (KLEINER)»
(«Regarde, ce ballon est déjà petit.
Mais celui-ci est encore...? (PLUS PETIT)»

Positif + er: klein-kleiner (petit-plus petit)
              dick-dicker (gros-plus gros)
Positif + er avec inflexion: kurz-kürzer (court-plus court)
                                  groß-größer (grand-plus grand)

Test N° 11: formation du pluriel

Maus-Mäuse (souris-souris) mais: Haus-Häuser (maison-maisons)

Tableau 2.

Inflexion: Hund - Hunde (chien-chiens)
mais: Hut - Hüte (chapeau-chapeaux)
      Hand - Hände (main-mains)

Résultats:

Formation du comparatif: Tableaux 3, 4.

Fautes des enfants mongoliens:
- *kurzer pour kürzer (plus court)
- *langgroß (longgrand), *langdünn (long-mince), *langdick (longgros) pour länger, dünner, dicker.

Formation du pluriel: Tableaux 5, 6.

Fautes des enfants mongoliens:
- *Bucher pour Bücher (livres)
- *Mäuser pour Mäuse (souris)
  *Hunden pour Hunde (chiens)
  *Büche pour Bücher (livres)
  *Bilde pour Bilder (images)
- *Hünden pour Hunde (chiens)
  *Mäusen pour Mäuse (souris)
  *Bällen pour Bälle (ballons)
  *Bildern pour Bilder (images)
  (Bild+er+n)

Fautes des enfants normaux:
- *Mause pour Mäuse (souris)
  *Balle pour Bälle (ballons)
- *Büche pour Bücher (livres)
  *Bilde pour Bilder (images)
- *Apfeln pour Äpfel (pommes)
  *Auton pour Autos (autos)
  *Briefen pour Briefe (lettres)
- *Bäben pour Babys (Sg. *Baby*) (bébés)
  *Apfen pour Äpfel (Sg. *Apfel*) (pommes)

Compréhension du pluriel: Tableaux 7, 8.

BIBLIOGRAPHIE

BROWN, R. (1973), *A first Language: the early Stages*. Cambridge Mass.: Harvard Univ. Press.

IHSSEN, W. (1978), Linguistik. Kindersprachforschung und Patholinguistik der Kindersprache. *Linguistische Berichte, 55*, 62-70.

LEE, L. (1966), Developmental Sentence Types: A Method for Comparing normal and deviant syntactic Development. *Journal of Speech and Hearing Disorders 31*, 311-330.

LENNEBERG, E. (1972), *Biologische Grundlagen der Sprache*, Frankfurt: Suhrkamp.

MAC WHINNEY, B. (1978), The Acquisition of Morphonology. Monograhs of the Society for Research in Child Development, *43* (N° 174).

MENUYK, P. (1964), Comparison of Grammar of Children with functionally deviant and normal Speech. *Journal of Speech and Hearing Disorders, 7*, 109-121.

MUGDAN, J. (1977), *Flexionsmorphologie und Psycholinguistik*. Tübingen: Gunther Narr.

PARK, T.Z. (mimeo), *Plural's in the Child's Speech*. Bern: Institut de psychologie.

PARK, T.Z. (1974), *The Development of Syntax in the Child with special Reference to German*. Bern: Institut de psychologie.

PARK, T.Z. (1978), Plurals in Child Speech. *Journal of Child Language*, 5, 2, 237-250.

SCHANER-WOLLES, C. (1978), Der Gebrauch substantivischer Plural-allomorphe bei Kindern mit Down-Syndrom. *Wiener Linguistische Gazette, 18*, 37-52.

SLOBIN, D.I. (1973), Cognitive Prerequisites for the Development of Grammar, dans Ferguson, C.A. & D.I. Slobin (eds) *Studies of Child Language Development*. New York: Holt, Rinehart & Winston.

4.3. Emergence du processus symbolique et développement cognitif chez le jeune enfant handicapé mental : réflexions méthodologiques et théoriques lors de l'élaboration d'un système d'observation

Gisela CHATELANAT

Un retard ou un déficit du langage sont généralement associés à l'arriération mentale. Par ailleurs, il est largement reconnu que la communication et plus spécifiquement le langage revêtent une grande importance dans la vie que la personne handicapée mentale peut mener dans notre société. Il n'est donc pas étonnant que la majorité des programmes éducatifs incluent des efforts pour améliorer les capacités de communication et favoriser l'acquisition du langage.

Après une période de pessimisme concernant les possibilités d'intervention lorsque l'acquisition du langage ne se produit pas en l'absence d'instruction formelle, depuis les années 1960 des études nous ont montré que l'enfant handicapé mental peut progresser dans ce domaine à la suite d'interventions structurées. La plupart des stratégies d'intervention dans ce domaine consistaient à provoquer le comportement verbal par imitation et se servaient du principe de renforcement pour instaurer un vocabulaire initial. Néanmoins, la difficulté d'obtenir une généralisation des acquisitions ainsi faites était décourageante. Les enfants parvenaient difficilement à utiliser le langage dans divers contextes de leur vie quotidienne et à améliorer leurs performances en dehors d'une intervention hautement structurée et intensive.

Par ailleurs, la plupart des travaux nous fournissaient une description et une analyse de l'enfant handicapé dans des situations proches de celles du laboratoire, impliquant en général un adulte (l'expérimentateur) et un matériel restreint, présélectionné. En plus les sujets de ces études étaient généralement âgés de plus de 6 ans. De ce fait, notre connaissance du langage chez le jeune enfant handicapé mental dans une grande variété de situations sociales était fort limitée.

Chez les behavioristes, parmi ceux qui se préoccupaient de l'apprentissage chez l'enfant handicapé mental, une scission entre deux types d'interventionnistes devenait de plus en plus évidente. Le courant radical de la modification du comportement maintenait que le problème de l'apprentissage du langage pouvait être étudié séparément des autres aspects du développement, tandis que les interventionnistes développementaux argumentaient que le langage de l'enfant handicapé mental, s'insérant dans une évolution séquentielle générale, était à voir en relation étroite avec les autres aspects du développement de la cognition et de la communication.

Malgré les nombreux travaux poursuivis depuis par les partisans des deux courants, à l'heure actuelle, aucune approche et aucune méthode ne nous a fourni une base solide de données empiriques pour construire et appliquer des programmes d'apprentissage du langage selon des critères clairement définis et incontestables (Brinker et Bricker, 1980).

Le psycho-pédagogue qui examine critiquement les différents modèles actuellement proposés, afin de construire son propre programme d'apprentissage, se trouve devant une tâche d'autant plus difficile que « des différences de terminologie peuvent cacher des réelles similitudes de procédure et des différences apparentes de procédure peuvent avoir des liens conceptuels » (Fay et Schuler, 1980, p. 162). Par conséquent, dans la pratique, l'élaboration de ces programmes se fait sur la base de connaissances partielles ou de données difficiles à interpréter et elle comprend inévitablement une bonne part de tâtonnements et d'ajustements successifs.

Au départ, contenu et méthode sont en général largement déterminés par le cadre de références théoriques dans lequel, par leur formation et leurs expériences antérieures, se situent les auteurs d'un programme d'apprentissage linguistique. Mais comme l'évaluation des progrès des enfants et l'analyse de leurs réponses spécifiques sont génératrices de nouvelles hypothèses, leur vérification nécessite alors souvent l'intégration d'éléments théoriques et méthodologiques issus d'autres approches que celle initialement prévue.

Ainsi, par exemple, un modèle psycho-génétique du développement comme celui de Piaget, peut nous guider pour déterminer les objectifs éducatifs séquentiels qui sont à formuler dans un programme d'éducation en tenant compte des relations que cette théorie établit entre le développement cognitif et l'acquisition du langage. Ceci n'exclut pas qu'on s'inspire parallèlement de l'analyse expérimentale du comportement préconisé par Skinner comme méthode pour rechercher et documenter systématiquement les liens fonctionnels qui existent entre le comportement et l'environnement. Il n'est pas non plus nécessairement contradictoire dans ce contexte de se servir des principes de renforcement (définis opérationnellement et non pas a priori) toujours dans le but de favoriser l'exercice ou l'élaboration d'une conduite par l'aménagement contrôlé de l'environnement physique et social de l'enfant handicapé.

Bien entendu, cette manière empirique de procéder devrait s'accompagner de la rigueur nécessaire dans la formulation des problèmes et la documentation des données et de leurs analyses. En effet, il ne s'agit pas de faire «n'importe quoi», un «n'importe quoi» qui serait en quelque sorte cautionné par des bouts de théories diverses, un «cocktail» composé au hasard des lectures et des préférences idéologiques de chacun. Il me paraît au contraire indispensable que les résultats obtenus dans un programme d'intervention éducative soient confrontés et intégrés dans les corps de connaissances actuellement constitués.

Je profiterai de cette occasion pour déplorer que dans la réalité les choses ne se passent pas toujours ainsi. Une bonne partie des praticiens, soit par manque d'intérêt soit par manque de formation ou de conditions de travail adéquates, négligent de s'attacher non seulement aux problèmes d'apprentissage posés par un enfant individuel, mais aussi aux processus généraux sous-jacents qui pourraient caractériser l'acquisition du langage chez les enfants handicapés mentaux. Or, la compréhension de ces processus généraux, communs à des groupes d'enfants, n'est pas seulement un but de la recherche théorique, mais devrait également préoccuper le praticien à la recherche de moyens d'intervention plus efficaces.

On peut espérer qu'un rapprochement entre théorie et pratique sera facilité quelque peu, grâce à l'intérêt grandissant qu'accordent de nouveau les psycholinguistes aux aspects fonctionnels/sémantiques du langage, aspects qui intéressent probablement davantage les praticiens de l'éducation précoce dans le domaine de l'arriération mentale grave que les aspects structuraux/syntaxiques. L'avancement des travaux concernant la phase prélinguistique et la formulation des questions relatives aux pré-requis cognitifs du langage parlé constituera sans doute une motivation supplémentaire pour les professionnels s'occupant de jeunes enfants handicapés mentaux qui les conduira à souhaiter un lien plus étroit entre la recherche psycho-linguistique et cognitive d'une part et la pratique psycho-pédagogique de l'autre.

J'ai eu la chance, il y a quelques années, de travailler dans un contexte exceptionnellement favorable à ce lien étroit entre recherche et application pratique. Il s'agissait du Infant-Toddler and Preschool Research and Intervention Project, dirigé par W. et D. Bricker au John F. Kennedy Center, Nashville*. Pour différentes raisons, la structure de ce Centre était idéale pour étudier le développement du langage (Bricker, 1972).

— La conception longitudinale (le Centre accueillait des enfants entre 3 mois et 6 ans, regroupés en trois unités selon leur âge et leur niveau de développement) permettait d'observer des conduites successives pendant toute la période pendant laquelle la majeure partie des acquisitions linguistiques apparaît dans le développement normal.

— Les interventions éducatives se centraient sur les grands domaines du développement : processus cognitifs, développement moteur, langage, socialisation; il était donc possible d'étudier les interrelations entre ces différents domaines.

— La participation d'un nombre presque équivalent d'enfants non handicapés au niveau de développement à peu près identique renseignait constamment éducateurs et chercheurs sur les similitudes et différences de comportements et d'acquisitions séquentielles entre les deux groupes d'enfants. Par ailleurs, un effet de « modelage » se produisait lors des interactions fréquentes des enfants handicapés et leurs pairs non handicapés — effet bénéfique pour l'enfant handicapé et non péjoratif pour l'enfant non handicapé, comme nous avons pu le constater avec les parents et comme il a été mis en évidence plus systématiquement par la suite (Guralnick, 1978).

— Une participation active des parents (incluant un programme de formation individualisé, des visites à domicile, des groupes de discussion et d'information) donnait quelques garanties pour une certaine cohérence et une continuité dans l'observation et la prise en charge. Ce contact étroit avec les parents nous donnait également

---

* Pour une description détaillée du programme, voir Bricker, 1976.

une connaissance directe du milieu linguistique dans lequel l'enfant évoluait en dehors des heures qu'il passait au Centre avec nous.

Convaincues qu'un modèle du développement normal du langage avec ses lois et fondements cognitifs devrait servir de base à l'élaboration de programmes éducatifs pour enfants handicapés mentaux (Bricker, 1974), les recherches et applications du Centre de Nashville se sont inspirées des orientations centrales se dégageant de la littérature concernant l'acquisition du langage chez l'enfant normal. Les études mettant en évidence l'importance des communications prélinguistiques et celles qui suggèrent que les organisations sensori-motrices constituent — du moins en partie — des pré-requis pour l'acquisition du langage nous paraissaient particulièrement intéressantes pour un programme d'éducation précoce.

Ce sont les travaux de Piaget et ses collaborateurs sur la genèse des structures de l'intelligence et leurs mécanismes de fonctionnement qui ont orienté nos études des liens qui pouvaient exister dans le développement sensori-moteur de l'enfant handicapé mental et les premières phases du programme d'apprentissage linguistique mises au point par W. et D. Bricker (1971, 1972).

Nous avions commencé par une première série d'études sur les relations entre compréhension et expression d'un vocabulaire initial et la classification fonctionnelle des objets dont les noms figuraient sur la liste du vocabulaire à apprendre (Vincent et Chatelanat, 1973; Vincent et Bricker, 1973). Il en résultait que la capacité des enfants d'appliquer aux objets des schèmes sensori-moteurs complexes que Uzgiris-Hunt appelle «socialement déterminés» (mettre un chapeau sur la tête de la poupée; taper avec un marteau sur un clou; remuer avec la cuillère dans la tasse, etc.) était un des pré- ou co-requis important de l'apprentissage d'un vocabulaire réceptif ou expressif.

Par ailleurs nous avons vu (Chatelanat, 1972; Chatelanat et Henderson, 1973) que l'apparition de ces schèmes à travers lesquels l'enfant montre une appréciation des propriétés fonctionnelles des objets, telles qu'une culture donnée les a définies, semble poser un problème particulier aux enfants handicapés mentaux. L'enfant handicapé mental continuait, malgré la présence de schèmes complexes dans son répertoire, d'appliquer avec la même fréquence d'autres schèmes moteurs d'un niveau inférieur aux objets présentés. Des interactions qui tenaient compte des propriétés spécifiques de l'objet et de leur signification socialement désignée coexistaient donc avec des interactions sensori-motrices caractéristiques des premiers sous-stades. Par contre, les enfants non handicapés du même âge mental intégraient ou substituaient plus rapidement les conduites d'un niveau de fonctionnement inférieur dans les conduites plus complexes du niveau suivant.

On pourrait ici se demander si ces persévérances ou difficultés d'intégration ne se retrouvent pas pour les schèmes relatifs à l'imitation qui est si extensivement utilisée dans les programmes d'apprentissage précoce. La dépendance de l'imitation elle-même de l'organisation cognitive pourrait dans cette période de niveau de fonctionnement fluctuant expliquer en partie les résultats peu stables des jeunes enfants handicapés mentaux dans ces programmes.

La revue de la littérature et ces premières investigations avec les enfants du Centre nous ont amenés à des conclusions plus générales :

Si, en tant qu'acte de communication et instrument pour classifier et pour représenter l'expérience, le langage a ses racines dans la période prélinguistique, l'intervention dans ce domaine doit nécessairement tenir compte de la manière dont l'enfant handicapé parvient à organiser ses conduites sensori-motrices. Et si les liens entre communication, intelligence sensori-motrice et langage peuvent être précisés dans le cas du développement de l'enfant handicapé mental, un programme d'apprentissage linguistique devrait déjà faire partie intégrante d'une intervention éducative précoce qui serait alors centrée sur l'ensemble des conduites sensori-motrices.

Un principe des interventionnistes développementaux est que l'apprentissage doit toujours se baser sur un comportement qui fait déjà partie du répertoire de l'enfant. A partir d'une conduite existante on formulera alors un objectif d'apprentissage qui exige des comportements légèrement plus complexes que ceux que l'enfant maîtrise déjà dans ce domaine. Il est alors tout d'abord nécessaire de faire une évaluation détaillée des conduites acquises, situant l'enfant par rapport à des repères précis dans un espace de développement.

Dans l'étude dont il sera question maintenant (Chatelanat et Schoggen, 1980), nous avons essayé d'assembler et de décrire de tels repères dans ce qu'on pourrait appeler une carte topographique de la période sensori-motrice et d'élaborer un instrument d'observation permettant de préciser le niveau de fonctionnement et les particularités de fonctionnement sensori-moteur d'un enfant. Le premier but était de faire un lien entre évaluation et intervention qui pouvait aider les enseignants et parents à formuler et à structurer le contenu du prochain pas que l'enfant était prêt à faire dans un programme d'apprentissage. Les tests existants, basés sur les descriptions et interprétations piagétiennes du développement sensori-moteur (Uzgiris, Hunt, 1966; Escalona et Corman, 1969) mettaient en évidence des acquisitions terminales ainsi que des pas intermédiaires assez grossiers dans les grands domaines (permanence de l'objet, causalité, construction de l'espace, différenciation moyens/but, imitation) étudiés par Piaget, mais ils n'étaient pas destinés à analyser un continuum de développement. Par ailleurs, ils avaient une tendance à négliger l'évaluation de facteurs situationnels, comme le matériel employé, le contexte social, etc. En plus, les tests ne donnaient que peu d'information sur comment et dans quelle mesure le jeune enfant utilise ses comportements exigés et évalués dans une situation de test dans les interactions spontanées de sa vie quotidienne.

Quant à l'intervention elle-même, les renseignements obtenus par ce type d'évaluation ne sont pas suffisants pour planifier dans le détail un programme de stimulation et d'apprentissage qui facilitera les développements sensori-moteurs décrits par Piaget.

Il nous semble aussi contradictoire d'utiliser comme source d'information principale des formes d'évaluation préétablies qui séparent des domaines (permanence de l'objet, construction de l'espace, relations causales, relations moyens/buts, imitation) et les considèrent comme des sous-séquences isolées. Le cadre de référence piagétien nous permet justement de ne plus les traiter comme entités indépendantes les unes des autres. L'interrelation entre domaines devrait donc faire partie intégrante de la procédure d'évaluation, de l'interprétation des informations et des prescriptions pour l'intervention ultérieure. Même si Piaget a parfois présenté le développement sensori-moteur séparément pour chaque grand domaine, la description et l'interprétation des mécanismes de développement a toujours tenu compte d'une séquence développementale générale, englobant tous les domaines de la période prélinguistique.

Pour utiliser un cadre de référence piagétien afin de générer des stratégies d'intervention, il était d'abord nécessaire de traduire les descriptions piagétiennes du développement sensori-moteur dans des termes de comportements observables sans altérer le lien significatif avec la théorie sous-jacente. Une représentation graphique a été proposée par W. Bricker, G. Chatelanat et C. Robinson (voir Filler et al., 1975). Une version légèrement modifiée est présentée ici. Cette figure illustre les six niveaux successifs du développement sensori-moteur. De gauche à droite: permanence de l'objet, relations spatiales et causales, relations moyens/buts et imitation.

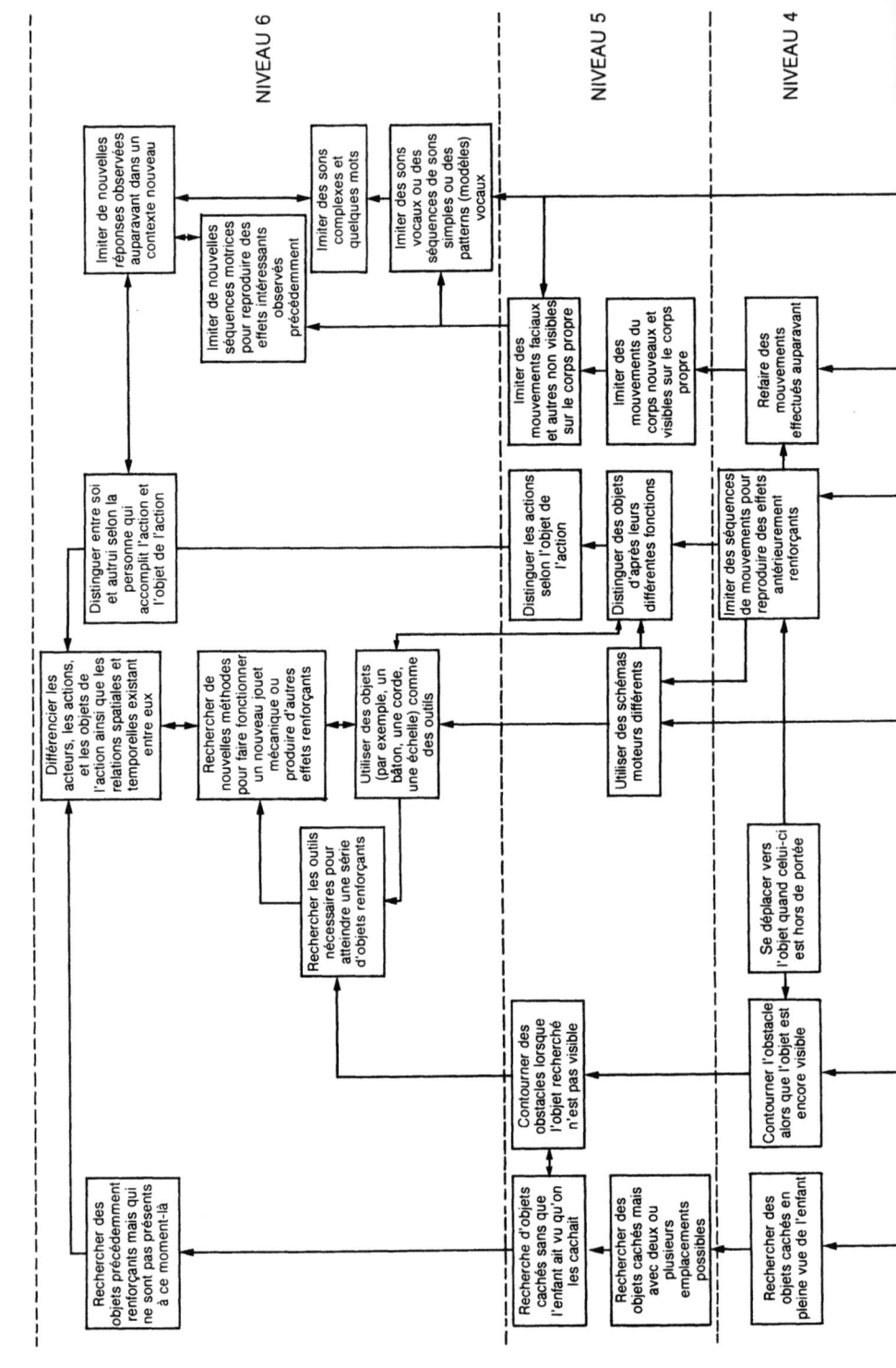

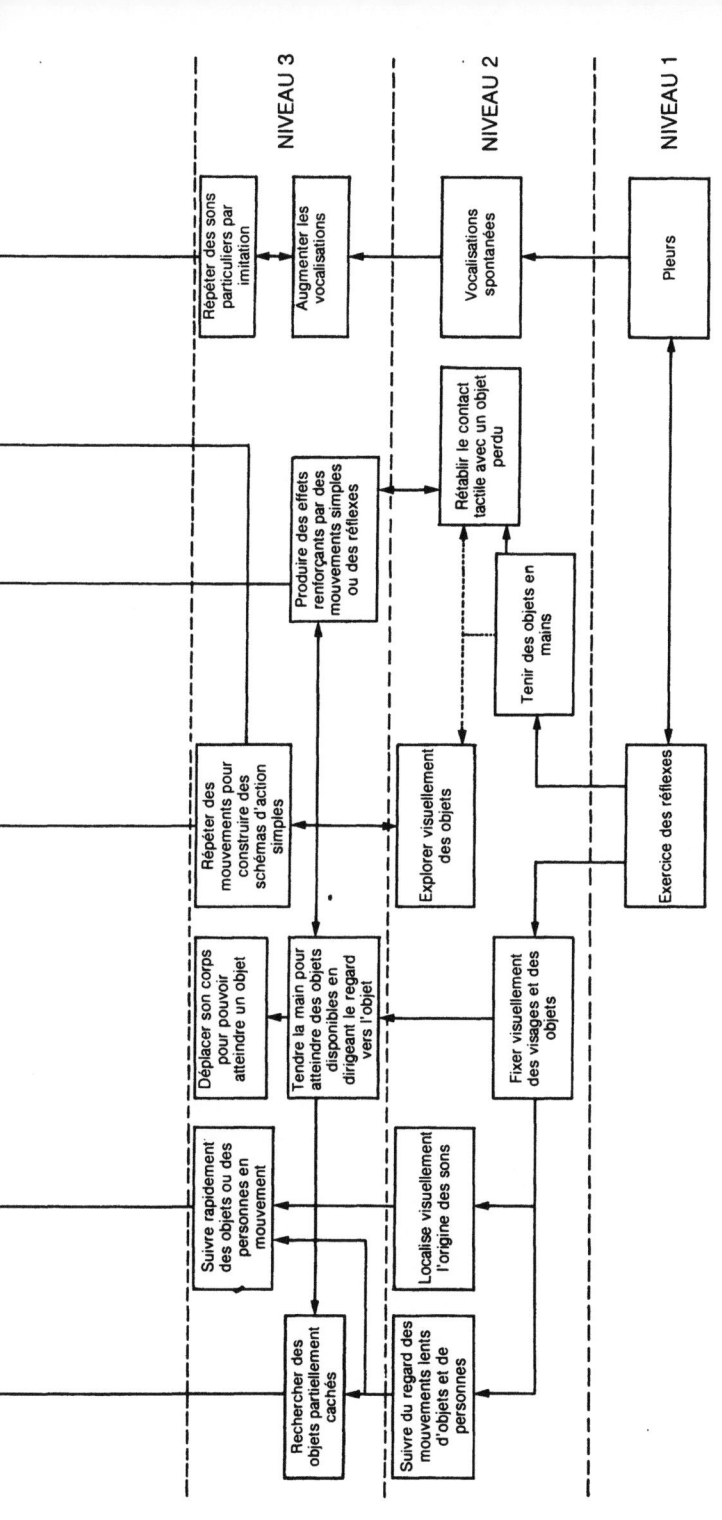

Figure. Cadre théorique pour les activités d'entraînement sensoriel et moteur (d'après D. Bricker et W. Bricker (1973), Infant, Toddler and Preschool Research and Intervention Project, Report-year III; George Peabody College, Nashville, Tennessee, U.S.A.)

La dimension verticale de la représentation formule des exemples de formes de comportement de plus en plus complexes qui sont les produits du cycle d'interaction enfant-environnement caractérisé par les mécanismes d'assimilation et d'accommodation. Il est nécessaire de rappeler que les deux pôles du cycle interactif sont sujets à des changements. L'enfant transforme l'environnement en l'intégrant dans son système de connaissance actuel et en imposant son répertoire comportemental existant à la situation extérieure. L'environnement réagit en donnant un feedback spécifique et en opposant souvent une résistance à un traitement inadéquat, ce qui à son tour conduira à des modifications, extensions et réorganisations fréquentes du cadre de référence de l'enfant.

Ces réorganisations déterminent les 6 niveaux successifs de complexité grandissante dans les interactions enfant-environnement. A chaque sous-stade défini par Piaget pendant la période sensori-motrice, des formes de comportement prédominantes peuvent être observées et elles sont exemplifiées dans la dimension horizontale de la représentation graphique. Cette représentation est un essai d'illustrer comment l'enfant applique ses compétences à un moment donné de son développement pour structurer la réalité. Les flèches indiquent, à partir d'expériences limitées que nous avons pu mener avec les enfants du Centre, quelle forme de comportement pourrait être prérequise à une autre.

Des observations basées sur cette représentation pourraient aider le psychopédagogue à d'une part reconnaître dans l'activité d'un enfant des patterns d'interaction prédominante et des conduites émergentes; d'autre part à anticiper les acquisitions que l'enfant est probablement prêt à faire dans les différents domaines.

Parallèlement ces observations devraient pouvoir tenir compte des possibilités offertes à l'enfant dans son environnement pour appliquer et étendre ses conduites en fonction de son niveau de fonctionnement. Il s'agirait là d'un feedback nécessaire pour le praticien pour créer et ajuster un milieu de stimulation et d'apprentissage adapté aux besoins individuels et changeants des enfants.

En résumé, il nous semblait donc utile d'élaborer un instrument d'observation plus adapté aux buts que nous nous sommes proposés.

Ces buts peuvent être brièvement définis de la manière suivante :

1. Pouvoir effectuer une évaluation qui peut être faite par le pédagogue lui-même et qui se prête à être répétée fréquemment, dont

2. les résultats sont directement utilisables pour la formulation d'objectifs éducatifs ainsi que leurs ajustements en fonction des progrès des enfants.
3. Pouvoir faire, à l'aide du même instrument une sorte de monitoring de l'efficacité des méthodes employées, notamment en ce qui concerne l'aménagement d'un environnement favorisant les développements séquentiels de la période sensori-motrice.

Il me tient à cœur d'introduire ici un mot de prudence : Le modèle piagétien contient à mon avis des implications précieuses pour des approches interventionnistes. Mais il n'en reste pas moins que certains dangers doivent être reconnus et de nombreux obstacles sont à surmonter. Il est, par exemple, nécessaire de se rappeler que les descriptions de la séquence du développement tel que Piaget l'a décrite et discutée doit être affinée, étendue et en partie validée spécialement à l'égard d'enfants souffrant de conditions handicapantes tels que des déficits sensoriels et moteurs. D'une manière générale, l'enseignant ne peut pas s'attendre à trouver dans la littérature une description précise et normative d'une séquence ayant nécessairement et de toute évidence des implications généralisables pour une stratégie d'intervention. Le psycho-pédagogue sera confronté à des descriptions inférentielles concernant les mécanismes de changements développementaux. Souvent, il doit faire lui-même le lien entre théorie et pratique, notamment en formulant et en testant des hypothèses sur les facteurs cruciaux qui influencent des processus interactifs complexes pour un enfant individuel ou des groupes d'enfants. Pour échapper à une situation aussi exigeante et inconfortable, le praticien peut être tenté de simplement reformuler dans une terminologie piagétienne les objectifs éducatifs traditionnels, c'est-à-dire sous forme d'accumulation de performances et de compétences spécifiques.

Il faut se garder de trop simplifier ou de contourner les vues sur le développement des connaissances et de la nature des adaptations qui justement constituent l'originalité et la valeur potentielle d'un modèle piagétien pour l'intervention éducative.

Pour notre élaboration du système d'observation des interactions spontanées enfant-environnement, nous avons dans un premier temps filmé 8 enfants de 12 à 16 mois d'âge chronologique, participants réguliers dans l'unité pour les plus jeunes enfants du Centre. Tous les enfants avaient été diagnostiqués à la naissance ou peu de temps après comme étant à hauts risques ou comme souffrant d'une condition pathologique généralement associée à une déficience mentale modérée ou modérée à sévère.

En plus d'un test de développement (Cattell, 1945) une évaluation sensori-motrice (Robinson et Chatelanat, 1973) avait été administrée pour indiquer le fonctionnement cognitif décrit en termes piagétiens.

Sur une période de 10 jours, chaque enfant était filmé 15-20 fois pendant 2,5 minutes. Les enregistrements audio-visuels avaient lieu pendant des périodes où l'enfant jouait librement sans être engagé par un adulte dans une activité d'apprentissage structurée. Les observations se faisaient dans la pièce où les enfants se retrouvaient 4 jours par semaine en compagnie d'autres enfants et plusieurs adultes. Les interactions enregistrées étaient par la suite transcrites et codées par deux observateurs indépendants (un accord de 80 % avait été obtenu). Des catégories étaient formées pour correspondre à des formes observables de comportement dans chaque domaine (permanence de l'objet, relations spatiales et causales, moyens/buts et imitation) et à des niveaux successifs de complexité. Une comparaison entre la liste de nos catégories et les « boîtes » de la représentation graphique présentée ci-dessus montre que l'approche d'observation et de codage direct rendait nécessaire des ajustements. Il est, par exemple, impossible d'évaluer si l'enfant imite « un comportement nouveau » ou « une action déjà connue ». L'éducateur qui est en contact quotidien peut parfois faire ce jugement, mais dans un travail expérimental ceci n'est pas possible. Nous avons donc exclu de telles catégories de notre procédure de codage. Certains éléments de la représentation graphique ont pu être maintenus avec des modifications minimes, d'autres ont dû être reformulés en des termes plus opérationnels pour réduire l'ambiguïté et pour affiner le codage.

Un manuel de codage a été établi qui définit chaque catégorie et les illustre avec des exemples venant du matériel d'observation.

158 séquences d'observations ont été traitées ainsi. Par la suite, nous avons pu éliminer la phase de l'enregistrement-vidéo et obtenir des résultats satisfaisants en codant directement « sur le terrain ». Pour chaque enfant nous avons rassemblé les données quantifiables suivantes :

- le total de toutes les actions codées ;
- les cinq patterns d'action les plus fréquemment utilisés ;
- le pourcentage que représentent ces patterns d'actions par rapport au total des actions codées ;
- les niveaux développementaux pour lesquels ces patterns d'actions sont indicatifs ;
- le nombre total de patterns d'action différents observés pendant l'ensemble des séquences ;

- le pourcentage d'interactions initiées avec des personnes;
- la fréquence des actions par minute.

Pour chaque enfant un profil de conduites montrait le niveau de fonctionnement prédominant (le sous-stade) et le nombre de conduites se situant à des niveaux différents, indiquant notamment les conduites émergentes.

Il serait trop long d'entrer dans les détails de toutes nos observations. Mentionnons à titre d'exemple quelques aspects qui ont particulièrement retenu notre attention.

Les observations individuelles révélaient des aspects du fonctionnement de l'enfant qui avaient échappé aussi bien à l'observation informelle que lors de l'évaluation de l'intelligence sensori-motrice et dans les séquences d'apprentissage structurées. Ainsi, par exemple, nous avons pu observer des conduites complexes (indicatives du sous-stade 4 et 5) chez un enfant dont les tests et les résultats des exercices structurés n'avaient montré qu'un niveau très élémentaire d'exercice de réflexes et des schèmes d'action simple d'une variété et d'une fréquence d'application extrêmement limitées. Dans nos observations, non seulement les interactions spontanées de l'enfant avec un certain type de jouet étaient plus sophistiquées mais encore, pour atteindre ces jouets particuliers, il mettait en œuvre des compétences qu'on n'avait pas pu mobiliser dans d'autres situations. A la suite de ces constatations un test de l'intelligence sensori-motrice a été réadministré, n'utilisant comme matériel que les objets préférés par l'enfant. Les résultats de ce test indiquaient, dans ces circonstances particulières, un niveau de fonctionnement nettement supérieur dans tous les domaines que celui qui avait été déterminé par la première passation (Filler, 1973).

Avec les éducateurs nous avons ensuite aménagé une série de situations d'apprentissage (Chatelanat et Brinker, 1980) qui partaient des réponses spontanées de l'enfant pour introduire progressivement des variations dans les objets et les activités. A chaque pas, les caractéristiques des objets présentés étaient un peu plus éloignées de celles des jouets initialement préférés. Avec cette approche l'enfant a pu dans peu de temps étendre et différencier ses schèmes d'action. Ceci, à son tour, va l'aider à faire des progrès dans son développement moteur (utilisation des deux mains, mobilité des doigts). Les objets préférentiels ont continué à jouer un rôle de renforcement dans des activités telles que l'apprentissage de la marche ou la stimulation des vocalisations dans des jeux d'imitation réciproque entre l'enfant et un adulte.

Sur un plan plus général, l'instrument d'observation a été utile pour cerner des questions jusque-là négligées ou sur lesquelles nous possédions trop peu de données précises pour orienter des investigations plus approfondies.

Ainsi il était à relever que les enfants dirigeaient la très grande majorité de leurs interactions spontanées vers les objets physiques (82-98 % des actions codées) malgré la présence de six à huit adultes.

Deux remarques d'un ordre différent peuvent être faites par rapport à cette constatation:

Premièrement, il faut s'interroger sur la différence qu'il peut y avoir entre schèmes appliqués aux objets physiques et ceux appliqués aux objets sociaux aux différents stades du développement sensori-moteur et la signification qu'une telle différence aurait pour éclairer les liens entre développement de la communication et développement de l'intelligence sensori-motrice. De toute évidence, nos connaissances pour intégrer les deux sont encore restreintes. Des données récentes confirment pourtant qu'il s'agit là d'un facteur crucial pour la genèse du langage (Sugarman-Bell, 1978; et Trevarthen et Hubley, 1978, cités par Brinker, 1981).

Deuxièmement — et ceci avait des implications directement utilisables pour les pédagogues dans notre centre, — il semblait primordial d'accorder une plus grande importance à la structuration de l'environnement physique avec lequel l'enfant interagissait pendant un temps considérable sans l'attention directe d'un adulte qu'il ne recherchait pas activement. Une analyse détaillée et critique de l'espace et du matériel mis à disposition de l'enfant devraient s'assurer qu'ils offrent des possibilités suffisantes et adaptées au niveau de fonctionnement de l'enfant pour qu'il puisse exercer et étendre son répertoire et pour qu'il puisse y rencontrer des situations l'incitant à élaborer des stratégies plus complexes dans ses interactions. Cette suggestion pourrait paraître banale, mais nous avons pu constater que l'environnement dans lequel nous avions observé les enfants n'offrait que peu d'occasions aux enfants de faire l'expérience de relations causales et spatiales plus complexes ou de l'encourager à chercher des moyens pour atteindre des buts. Nous pensons que la prédominance des niveaux 2 et 3 observés chez les enfants caractérisait non seulement l'enfant mais aussi la qualité de l'environnement dans lequel il évoluait. En caricaturant quelque peu, nous avions arrangé une pièce, agréable à regarder, facile à surveiller et à nettoyer, sans dangers d'accidents, remplie d'un matériel dit éducatif à la portée de tous les enfants, mais manquant sans aucun doute de ces éléments qui peuvent constituer un défi pour l'enfant, l'obligeant à mobiliser ses ressources pour pouvoir s'adapter progressivement, en fonction de son niveau de développement, à des exigences imposées par la complexité du milieu.

Ce n'est ni dans un environnement appauvri en difficultés et renforcements naturels, contrôlés et contrôlables uniquement par l'adulte, ni dans un environnement chaotique dans lequel les relations entre objets-enfants, objets entre eux, objets-personnes sont obscures que l'adulte peut jouer son rôle de médiateur entre l'enfant et son univers. Cette médiation structurante doit à mon avis être d'autant plus claire et réfléchie pour un enfant handicapé mental qui a des difficultés à structurer lui-même la réalité, mais elle ne doit pas l'enfermer dans un système de dépendance par rapport à l'adulte et des renforcements artificiels, négligeant l'activité spontanée du sujet dont nous connaissions l'importance dans le développement de l'enfant normal.

Pour pouvoir aménager un environnement véritablement éducatif aussi en dehors des apprentissages provoqués dans des relations un-à-un hautement structurées (dont nous ne nions d'ailleurs pas l'intérêt), il faut trouver cet équilibre entre l'encouragement constant de l'activité spontanée et de la découverte de renforcements naturels et fonctionnels et l'approche utilisée avec succès dans des interventons individuelles structurées, qui consiste à préciser pour l'enfant les événements antécédents et les conséquences de ses comportements afin de lui faciliter la compréhension des liens entre ses actions et leurs conséquences et le contexte dans lequel des réponses particulières sont appropriées et conduisent à des adaptations.

Pour conclure, nous pensons que notre étude et l'instrument d'observation qui en est un des résultats, ne fait pas une contribution directe pour mieux éclairer les rapports entre développement cognitif et acquisitions du langage chez l'enfant handicapé mental. Par contre, je pense que son utilité pourrait résider dans le fait qu'elle a complété les moyens d'investigation actuellement à notre disposition pour déterminer le statut développemental dans la période sensori-motrice. Or, de nombreuses études centrées sur le problème des prérequis cognitifs au langage se heurtent à des difficultés d'analyse des conduites sensori-motrices. Les instruments auxquels elles font appel me semblent mal adaptés aux buts à atteindre. Elles se sont souvent contentées d'infirmer ou de confirmer qu'un fonctionnement global situant l'enfant au sous-stade 5 ou 6 de la période sensori-motrice est nécessaire ou suffisant pour préparer l'enfant handicapé mental à l'apprentissage du langage (Miller et coll., 1979; Corrigan, 1978; Kahn, 1975). Des conduites spécifiques dans certains domaines, comme, par exemple, la permanence de l'objet, ont parfois retenu plus spécifiquement l'attention des auteurs. Cependant, les moyens mis en œuvre pour pouvoir interpréter les comportements évalués ne permettaient pas une analyse suffisamment fine des conduites avec leurs interrelations et dépendances par rapport à des séquences développementales parallèles et des facteurs contextuels définis par l'environnement physique et social de l'enfant. Nous devons encore consacrer plus de temps à construire des outils d'investigation intégratifs et non schématisants des interactions enfant-environnement. Mon expérience auprès de jeunes enfants handicapés mentaux, dont un nombre important présentaient des déficits associés, sensoriels et moteurs, me porte à croire que dans l'application d'un modèle de développement il est important de tenir compte de l'ensemble des facteurs en jeu. Je pense que notre étude a été un pas dans cette direction.

BIBLIOGRAPHIE

BRICKER, W.A., & BRICKER, D.D. Development of receptive vocabulary in severely retarded children. *American Journal of Mental Deficiency*, 1971, 75, 599-605.

BRICKER, W.A., & BRICKER, D.D. A program of language training for severely language handicapped child. *Exceptional Children*, 1970, 37, 101-111.

BRICKER, W.A. A systematic approach to language training. Dans R.L. Schiefelbusch (ed), *Language of the mentally retarded*. Baltimore, University Park Press, 1972.

BRICKER, D.D. & BRICKER, W.A. Infant, Toddler, Preschool Research and Intervention Project Report, Year III. IMRID Behavioral Science Monograph, George Peabody College, Nashville, Tenn., 1973.

BRICKER, W.A. & BRICKER, D.D. Early language intervention. Conference proceeding of the *NICHD Conference on Language Intervention with the Mentally Retarded*. Wisconsin, June 1973.

BRICKER, W.A. Infant, Toddler and Preschool Research and Intervention Project. Dans Th. Tjossem (ed), *Intervention strategies for high risk infants and young children.* University Park Press, 1976.

BRINKER, R. & BRICKER, D., Teaching a first language: Building complex structures from simpler components. In J. Hogg & P. Mittler (Eds), *Advances in Mental Handicap Research,* Wiley, 1980.

BRINKER, R. Contextual Contours and the Development of Language by Retarded Children. Dans M. Beveridge (ed.), *Language and Cognition,* London: Edward Arnold Ltd., 1981.

CHATELANAT, G. & HENDERSON, C. Early classification skills of developmentally delayed Toddlers. In D. Bricker & W. Bricker (eds), *Toddler Research and Intervention Project Report,* Year I IMRID Behavioral Science Monograph N° 20, George Peabody College, Nashville, Tenn., 1971.

CHATELANAT G. & HENDERSON C. Functional use of objects. Op. cit., year II, 1972.

CHATELANAT G. & SCHOGGEN, M. Issues encountered in devising an observation system to assess spontaneous infant behavior — environment interactions. Dans J. Hogg & P. Mittler (Eds), *Advances in Mental Handicap Research,* Wilex, 1980.

CHATELANAT, G. & BRINKER, R. *Normative and Conceptual Developmental Models: Distinction for Special Education Preschool Programs,* 1980. Manuscrit soumis pour publication.

CORRIGAN, R. Language development as related to stage six object permanence development. *Journal of Child's Language 5,* (2), 173-190, 1978.

ESCALONA, S.K. & CORMAN, H.H. *Albert Einstein scales of sensorimotor development.* Young, 1969.

FAY, W. & SCHULER, A. *Emerging Language in Autistic Children.* University Park Press, 1980.

FILLER, W.J., ROBINSON, C., SMITH, R.A., VINCENT-SMITH, L., BRICKER, D. & BRICKER, W. Mental Retardation. Dans N. Hobbs (ed.), *Issues in the classification of children,* vol. 1, Jossey-Bass, 194-238.

GURALNICK, M. (ed.) *Early Intervention and the Integration of handicapped and non-handicapped preschool children,* University Park Press, 1978.

KAHN, J.V., Relationship of Piaget's sensorimotor Period to Language Acquisition of Profoundly Retarded Children. *American Journal of Mental Deficiency,* 1975, 79, 6, 640-643.

MILLER, J.F., CHAPMAN, R.S., BRANSTON, M.B. & REICHLE, J. *Language Comprehension in Sensorimotor Stage V and VI,* University of Wisconsin, 1979.

UZGIRIS, I.C. & HUNT, J.M.V. *An instrument for assessing infant psychological development.* Assessment in Infancy. Urbana, Ill. University of Illinois Press, 1975.

VINCENT, B., & CHATELANAT, G. *An evaluation of a New Assessment Procedure: Functional Use of Objects, Receptive Vocabulary and Expressive Vocabulary.* Dans: D. Bricker et W. Bricker (Eds), Infant Toddler and Preschool Research and Intervention Project, Year III. IMRID Behavioral Monograph, N° 23. George Peabody College, Nashville, Tenn.

5. MEMORISATION DE RECIT ET BILINGUISME

Cette section comprend deux communications portant sur des thématiques sensiblement différentes. La première communication s'intéresse aux conduites de récit chez l'enfant normal et chez l'enfant handicapé mental ainsi qu'à la mise au point d'une méthode compréhensive d'analyse du matériel recueilli dans les tâches de récit avec ces enfants. La seconde communication touche à un problème important mais négligé, celui du bilinguisme de fait dans lequel doivent évoluer de nombreux enfants handicapés mentaux parce que la situation culturelle de leur pays, de leur ville ou de leur province est telle. Que faire dans ces cas et que peut-on espérer? Telles sont quelques-unes des questions abordées dans cette présentation qui souligne par ailleurs l'impérieuse nécessité de rassembler des données en quantité suffisante pour permettre une analyse des variables en cause et suggérer une démarche pédagogique cohérente.

5.1. La compréhension et la mémorisation de récits : aspects génétiques et comparatifs

Guy DENHIERE et Jacques LANGEVIN

Dans le domaine qui est le nôtre, nous sommes convaincus qu'il ne peut exister de psychologie différentielle qu'étroitement articulée à la psychologie générale de l'apprentissage et de la mémorisation. Seule une psychologie différentielle des processus invoqués par la psychologie générale peut nous permettre d'identifier les facteurs responsables des différences observées et, par là, d'agir sur eux. Nous sommes également convaincus que cette forme particulière de psychologie différentielle qu'est la psychologie comparative ne peut valablement se développer sans faire référence aux aspects développementaux des comportements étudiés. L'exposé qui suit répond à cette double préoccupation.

La description de deux expériences de mémorisation de récits par des enfants normaux et des adolescents déficients mentaux est précédée du compte rendu des résultats obtenus avec des enfants normaux âgés de 6 à 11 ans, résultats qui sont confrontés aux prédictions issues d'une analyse théorique des caractéristiques structurales des récits d'une part, des structures et des processus sémantiques des individus d'autre part.

Comme on le voit, l'étude du rôle du langage n'est envisagée ici que d'un point de vue limité, celui de la sémantique psychologique (Le Ny, 1979), qui considère la signification comme un événement psychologique ou, ce qui revient au même, qu'il n'existe point de signification hors de l'esprit des individus. En conséquence, il sera peu question de syntaxe dans ce qui suit. La prise en compte d'autres points de vue que les nôtres est bien évidemment nécessaire à une appréhension plus complète et plus exacte de ce qui fait l'objet de ce colloque.

Si le parti pris adopté ici pouvait néanmoins faciliter la discussion et, pourquoi pas, rendre plus vive la confrontation de nos conceptions, nous aurions atteint un des buts que nous nous étions fixés.

1. Pourquoi étudier la compréhension et la mémorisation de récits?

1.1. Raisons pratiques

1. Le récit occupe une place importante dans notre vie quotidienne : il nous arrive fréquemment de (devoir) raconter et, peut-être plus encore, de (devoir) écouter. De nombreux pères (mères) voient arriver avec anxiété l'heure du coucher de leur(s) enfant(s) : quelle(s) histoire(s) vont-ils réussir à inventer ce soir? A la radio et à la télévision (françaises) des émissions consistent à raconter des histoires « naturelles », « extraordinaires », de l'« Histoire de France », etc.

2. Dans la vie scolaire, l'importance du récit n'est pas moindre. La récitation, par l'accent qu'elle met sur les aspects de surface du texte, n'est probablement pas la plus représentative en ce domaine. Dans la plupart des cas, on demande à l'écolier et à l'étudiant de restituer le « sens » en le laissant libre du choix des mots et de la forme syntaxique à utiliser.

3. L'activité de récit, propre à l'espèce humaine[1], ne peut manquer d'intéresser le psychologue. C'est en effet une conduite extrêmement complexe puisqu'elle suppose :

- une *perception* d'une situation ou d'un message,
- une *analyse* et un *traitement* des informations extraites de cette situation ou de ce message,
- une *mise en mémoire* des produits de ce traitement,
- une *conservation*,
- une *récupération* de l'information stockée,
- une *production* (d'un récit) par l'intermédiaire du *langage*.

Ce n'est pas faire preuve d'un optimisme exagéré que d'espérer un progrès des connaissances en ce domaine de la compréhension et de la mémorisation et, par voie de conséquence, une évolution des techniques d'éducation et de ré-éducation.

1.2. Raisons théoriques

1. Le récit a fait l'objet de multiples recherches de la part des linguistes structuralistes (Barthes, 1966; Brémond, 1973; Genette, 1966; Greimas, 1966, 1970; Todorov, 1969) qui ont repris et développé les travaux de Propp (1965) sur le conte populaire russe. Les résultats de ces recherches nous aident à préciser notre champ d'investigation. Ainsi, dans le texte qui suit, nous établirons une nette distinction entre *récit* et *texte narratif*: par récit, nous entendons «*une couche de signification autonome dont la structure est indépendante des techniques qui la prennent en charge*» (Brémond, 1973, pp. 11-12). Le sujet d'un roman peut être porté à l'écran ou à la scène ou encore servir d'argument à un ballet. Cette distinction entre *le raconté* et *le(s) racontant(s)* sera utilisée dans la partie 3 qui compare la mémorisation des *mêmes récits* présentés soit sous *forme textuelle,* soit sous *forme picturale* (Langevin, 1981).

2. Le récit a également retenu l'attention des psychologues européens les plus illustres: Binet et Henri (1894) dans une perspective comparative, Fraisse (1967) et Piaget (1927) dans une optique génétique, et Bartlett (1932) du point de vue de la psychologie générale et sociale.

3. Les progrès de la psychologie permettent aujourd'hui l'étude de la compréhension et de la mémorisation de récits sur des bases nouvelles. D'une part, sans être taxé d'audacieux futurologue, on peut admettre que la psychologie de type S-R a vécu[2]. D'autre part, sans être considéré comme un iconoclaste irrévérencieux, on peut observer le rapide déclin de la psycholinguistique chomskienne, laquelle avait précédemment contribué à l'achèvement de la théorie S-R dans le domaine du langage. La levée de ce second verrou est au moins aussi importante que celle du premier; il est en effet peu de psychologues pour penser aujourd'hui les aspects sémantiques comme seconds par rapport aux aspects syntaxiques.

2. Comment étudier la compréhension et la mémorisation de récits?

Nous croyons nécessaire de bien distinguer ici deux catégories de faits: l'une relative aux *récits,* l'autre aux *individus* et, pour ces derniers, d'établir une nette démarcation entre ce qui relève des processus sémantiques d'une part, des *structures sémantiques* d'autre part.

2.1. Le récit: aspects structuraux

1. Problèmes de définition

On admettra qu'un *texte narratif* — ce qu'on appelle généralement un récit (littéraire) — consiste dans la représentation d'un événement ou d'une suite d'événements, réels ou fictifs, par le moyen du *langage.* De plus, un texte narratif comporte généralement — en plus du *récit* proprement dit — des représentations d'objets ou de personnages qui sont la *description.* Pour l'essentiel, l'analyse structurale n'est pas concernée par la description; elle s'intéresse au récit, c'est-à-dire *aux représentations d'actions ou d'événements.*

2. Les invariants du récit

Propp (1928), le premier, a isolé des invariants de la structure du conte populaire russe, les *fonctions,* définies comme des actions qui concourent au déroulement de l'intrigue. Ces fonctions (par exemple, « méfait », « lutte », « victoire ») sont en nombre limité et, si elles ne se retrouvent pas toutes dans chaque conte, elles se répartissent toujours dans le même ordre de succession le long de l'axe syntagmatique du discours.

3. La proposition narrative

L'école structuraliste française a repris les travaux de Propp en s'inspirant de la linguistique des années 60. Elle a ainsi introduit la notion de *proposition narrative* (Brémond, 1973; Todorov, 1969), définie comme un *processus-prédicat* et un *personnage-sujet* (agent ou patient). Ainsi, chez Brémond, la fonction n'est plus l'énoncé d'une action sans agent ni patient déterminé.

4. Les niveaux de structure

Alors que Propp n'envisage que la succession de fonctions le long d'un axe, certains structuralistes ajoutent le concept d'*intégration* à celui de *distribution.* Ainsi, Barthes (1966) écrit:

« Quel que soit le nombre de niveaux qu'on propose et quelque définition qu'on en donne, on ne peut douter que le récit soit une *hiérarchie d'instances*. Comprendre un récit, ce n'est pas seulement suivre le dévidement de l'histoire, c'est y reconnaître des 'étages', projeter les enchaînements horizontaux du 'fil' narratif sur un axe implicitement vertical. Lire (écouter) un récit, ce n'est pas seulement passer d'un mot à l'autre, c'est aussi passer d'un niveau à l'autre » (1966, p. 5).

5. *Les niveaux d'importance*

A l'intérieur même d'un niveau de structure, toute l'information ne revêt pas la même importance. Ainsi, Barthes (1966) distingue les *fonctions cardinales* (ou pivots) des *fonctions catalyses* : alors que les premières jouent le rôle de noyaux, destinées à faire avancer l'intrigue, les secondes gravitent autour des premières et remplissent l'espace narratif séparant deux fonctions cardinales.

6. *« Une grammaire de récit »?*

Certains auteurs américains (Mandler et Johnson, 1977; Rumelhart, 1975; Thorndyke, 1975) ont proposé des grammaires de récit («story-grammar»). Ainsi, Johnson et Mandler (1980) précisent que: « le but des grammaires de phrase et de récit est le même: développer un système de règles qui fournisse un modèle théorique de la connaissance conventionnelle d'un sujet, émetteur ou récepteur, sur des phrases, d'une part, et des récits, d'autre part» (pp. 54-55). Par «connaissance conventionnelle», ces auteurs entendent: «un ensemble de catégories de base, dans lesquelles peuvent être répartis les divers états et événements exprimés par les énoncés de l'histoire ainsi que les relations entre ces catégories » (p. 58).

Cette façon de voir, fortement influencée par le développement des grammaires de phrase dans le nouveau sens qu'ont donné à ce terme N. Chomsky et son école, n'a pas connu tout le succès qu'elle escomptait (voir Black et Bower, 1980).

Nous rejetons une telle conception. Si nous acceptons l'idée que, dans une culture donnée, de nombreux récits peuvent partager des structures de contenu semblables, il demeure que — au niveau psychologique — cela peut être considéré comme exprimant deux possibilités bien distinctes (mais non exclusives):

1. les auteurs de ces récits ont des structures mentales communes, ce qui les conduit à produire des histoires structurées de la même manière;

2. les récepteurs — auditeurs ou lecteurs — de ces récits ont des structures mentales communes, ce qui les conduit, par des régulations sociales, par exemple des «renforcements», à favoriser la production de récits structurés de cette manière, ou à ne conserver que les histoires qui se conforment à leurs structures mentales (voir Denhière et Le Ny, 1980).

Bien que la première possibilité soit probablement vraie — ou du moins, ait été vraie pendant longtemps — on est davantage intéressé par la seconde possibilité. Elle conduit à l'idée que des *structures mentales communes à la plupart des individus d'une société donnée gouvernent la compréhension et la mémorisation de récits.*

7. La structure canonique du récit

De manière très simplifiée, on considère qu'un épisode d'un récit comporte les catégories suivantes (voir Labov et Waletzky, 1967; Kintsch et Van Dijk, 1975) :

1. une *exposition* qui comporte la description du (des) agent(s), de ses (leurs) caractéristiques, du lieu, du temps, de la situation initiale;
2. une *complication,* ou nœud de l'intrigue, qui, en référence à la situation initiale, décrit un ou plusieurs événements spécifiques et remarquables;
3. une *résolution,* ou dénouement de l'intrigue, qui rapporte les actions subséquentes du (des) agent(s) aux événements de la complication;
4. une *évaluation* : l'épisode entier peut être — ou non — suivi d'une évaluation qui précise les réactions mentales de l'agent/narrateur de l'épisode;
5. une *morale* : cette catégorie, comme la précédente, n'est qu'optionnelle.

2.2. Les individus: les processus sémantiques

Si des structures mentales communes à la plupart des individus d'une société donnée gouvernent la compréhension et la mémorisation de récits, les pertes et les modifications d'éléments de signification que l'on constate dans les protocoles de rappel des récits présentés devraient — au-delà des aspects idiosyncrasiques, imputables aux histoires propres des individus — revêtir un certain degré de constance inter-individuelle.

1. Ces pertes et modifications peuvent être imputées à l'une ou l'autre des étapes dont on suppose généralement l'existence entre la présentation d'un récit, écrit ou oral, et son rappel. Ces étapes peuvent être décrites de la manière suivante :

(1) La *compréhension* au sens large, qui inclut :
  (i) la perception, c'est-à-dire l'identification de mini-unités de surface du texte (lettres, phonèmes, syllabes, mots) ;
  (ii) la compréhension au sens étroit : la construction de la signification des unités moyennes successives (propositions sémantiques et phrases) et — probablement par le même acte sémantique — la construction de relations (de causalité, de conséquence, etc.) entre ces unités moyennes du texte ;
  (iii) la mémorisation intentionnelle des unités du texte, dans les cas où le sujet a reçu pour consigne de le faire ou s'attend à un rappel ultérieur ;

(2) La *conservation* en mémoire ;

(3) Le *rappel,* qui inclut :
  (i) la récupération de l'information sémantique — et parfois phonémique — stockée en mémoire ;
  (ii) la production, orale ou écrite, d'un nouveau récit, plus ou moins proche, sémantiquement et textuellement, du récit initial.

2. On peut, comme l'a proposé Le Ny (1980), distinguer entre pertes et transformations *sélectives* et *électives* d'unités de signification :

1) Les premières résulteraient de processus actifs de collecte et de traitement de l'information, intervenant principalement au cours des phases (1) et (3) ci-dessus.
2) Les secondes seraient attribuables à des phénomènes passifs ou quasi passifs, principalement à l'oubli et à la restructuration mnésique qui se déroulent durant la phase (2).

Selon cette dernière hypothèse, la phase dite de « conservation » mnémonique consisterait en un maintien dynamique des souvenirs qui pourrait impliquer des modifications et des restructurations. Par *oubli électif* on veut signifier que l'oubli n'affecte pas les souvenirs stockés de manière égale ou aléatoire mais de façon organisée et préférentielle, les souvenirs « les plus importants » se trouvant conservés, et les « moins importants » étant spontanément perdus. Une telle conception fait intervenir une notion cruciale pour l'étude des critères d'un oubli électif, celle *d'importance relative* des diverses unités d'information sémantique auxquelles un sujet a affaire (voir Denhière et Le Ny, 1980). Cette notion, qui est intuitivement familière à chacun, pose qu'un sujet qui écoute ou lit, puis comprend et retient un texte, et finalement le restitue sous forme de phrases isolées ou d'un nouveau texte, n'accorde pas à toutes les «parties» du contenu de ce texte la même importance. Cette notion intuitive exige naturellement d'être élaborée théoriquement. En particulier, il convient de préciser comment elle peut guider les processus de collecte et de traitement de l'information lors de la phase (1).

3. De manière très générale, on suppose que, lors de la lecture en vue de comprendre et de retenir, le *sujet élabore des significations* — actives des signifiés stockés dans sa mémoire sémantique — à partir des morphèmes perçus et traités. Un récit, comme tout discours cohérent, consiste à énoncer une série de prédications à propos d'un nombre restreint de signifiés (voir Le Ny, 1979). Le but de l'exposition est de préciser les signifiés dont il va être question dans la suite («il s'agit d'un géant, d'un ourson», etc.). Ces signifiés, une fois activés, vont constituer l'*information ancienne* qui va servir de point d'ancrage à l'adjonction d'*information nouvelle* (Haviland et Clark, 1974). Au fur et à mesure de la lecture, l'information traitée est appréciée du point de vue de sa *nouveauté* par rapport à celle qui a déjà été traitée et stockée (et par rapport aux attentes du sujet) (voir Pynte et Denhière, 1981). Toutes les informations jugées comme nouvelles par un sujet ne revêtent pas la même *importance* relative du point de vue de la compréhension d'un récit. Les hypothèses que nous formulons à ce propos (voir Denhière, 1980a) sont les suivantes :

1) Le sujet est supposé traiter l'information par *cycles,* de l'ordre de la phrase ou de la proposition syntaxique, en élaborant une séquence de propositions du type prédicat-argument(s) qui correspond à l'interprétation qu'il fait de la structure de surface du texte (voir Kintsch et Van Dijk, 1978).

2) Parmi les propositions élaborées, le sujet en retient un nombre limité pour assurer la *liaison* avec les propositions du cycle suivant.

3) On suppose qu'une stratégie utilisée par les sujets consiste à retenir les propositions qui leur semblent *les plus importantes* pour établir la jonction avec les propositions subséquentes. En conséquence, les mêmes propositions peuvent — si elles sont jugées importantes — être conservées pendant plusieurs cycles de traitement et, par là, avoir une probabilité plus forte d'être reproduites que les propositions qui n'ont participé qu'à un seul cycle de traitement.

4) Si les propositions retenues ne permettent pas de construire une représentation du texte (en train d'être lu), le sujet doit aller *recher-*

cher parmi les propositions antérieurement construites et stockées *en mémoire* une ou plusieurs propositions qui permet(tent) d'établir un lien entre deux groupes de propositions adjacentes. Si cette recherche est infructueuse, le sujet doit lui-même *produire* des propositions (à partir de ses connaissances antérieures) pour «jeter un pont» (Clark, 1977) entre les deux blocs de propositions.

5) Les propositions élaborées à chaque cycle sont stockées en mémoire en fonction de l'importance relative que leur attribue le sujet. De manière schématique (et provisoire) on peut envisager que l'importance relative conférée par un sujet à une (séquence de) proposition(s) résulte d'un triple jugement :

(i) l'information est ancienne ou nouvelle ;
(ii) si elle est *nouvelle,* elle correspond soit à des représentations d'objets ou de personnages — la *description* — soit à des représentations d'actions ou d'événements — le *récit* ;
(iii) dans ce dernier cas, les propositions qui expriment ces actions ou événements peuvent faire avancer l'intrigue — les *fonctions-noyaux* — ou non — les *fonctions-catalyses ou expansions* (voir Denhière, 1980a).

La figure 1 ci-dessous résume ces trois jugements ; elle présente également l'importance relative et la probabilité de reproduction associée à l'information contenue dans chacune des quatre catégories ainsi obtenues.

Lors du rappel, le sujet doit effectuer deux opérations distinctes : récupérer les informations stockées et, passant des signifiés aux signifiants, produire un récit.

6) On suppose que l'information la plus importante est récupérée en premier et permet, à certaines conditions, le rappel de l'information qui lui est subordonnée.

7) Lors de la production, le sujet utilise le «schéma de récit» qu'il a dans la tête pour organiser et exposer les informations qu'il a récupérées.

2.3. Les individus : les structures sémantiques

L'hypothèse de l'importance relative des unités sémantiques est en fait sous-jacente à la notion de structure sémantique (voir Denhière et Le Ny, 1980). Quelle que soit la conception qu'ils adoptent sur ce point, les différents auteurs qui en font usage s'accordent à considérer que *l'organisation interne préexistante* au texte dans l'esprit du

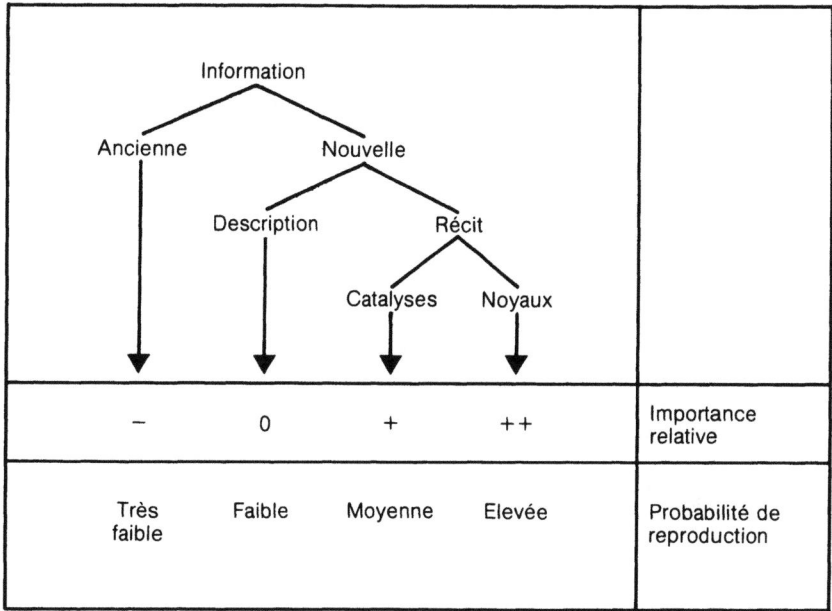

Figure 1. Représentation schématique de la série de jugements effectués par un sujet.

sujet déterminera tous les phénomènes sélectifs et électifs qui affecteront successivement les unités de signification d'un texte.

Si on écarte provisoirement les structures affectives et motivationnelles des sujets pour s'en tenir ici aux structures cognitives (voir Kintsch, 1980), on doit certainement concevoir ces dernières comme dotées de *plusieurs niveaux d'organisation* qui, dans la mémoire sémantique du sujet, lui permettent de collecter, traiter, conserver et retrouver l'information. Au moins cinq niveaux de telles structures sont nécessaires pour expliquer les phénomènes sémantiques (Le Ny, 1978, 1979):

1) les traits sémantiques (ou sèmes);
2) les signifiés (ou, au sens large, les concepts);
3) les propositions sémantiques (du type prédicat-argument(s));
4) les significations de phrases;
5) les significations de textes (les macro-structures de Van Dijck, 1980; Kintsch et Van Dijk, 1975).

On peut supposer que toute structure d'un niveau donné est *intégrée* à une structure du niveau supérieur en fonction d'une hiérarchisation déterminée; cette hypothèse conduit alors à prédire que ces hiérarchisations déterminent tous les phénomènes sélectifs et électifs qui interviennent lors de la perception, de la compréhension, de la conservation et de la restitution par le sujet. Une hypothèse opposée consiste à supposer que les caractéristiques hiérarchiques des structures sémantiques n'agissent pas de la même manière durant les diverses phases qui séparent la présentation d'un récit de sa restitution. On n'examinera pas ici cette seconde hypothèse (voir Denhière et Le Ny, 1980b); on tentera plutôt d'évaluer d'abord la première hypothèse qui est à la fois la plus facile à mettre en œuvre, et à première vue la plus plausible.

3. Les recherches expérimentales

3.1. Les prédictions

Nous pouvons maintenant examiner sous un angle différentiel les hypothèses générales formulées plus haut. La figure 2 ci-dessous tente de présenter un tableau synoptique des différences qu'il est possible d'envisager au niveau des structures et des processus sémantiques.

Il n'est évidemment pas question de s'intéresser ici en détail à chacune des sources possibles de différence entre les individus; il s'agit plutôt de se limiter à celles qui paraissent les plus importantes du point de vue génétique et comparatif. Si l'on admet l'idée développée plus haut selon laquelle: (1) des structures cognitives (1) communes aux individus d'une culture déterminée gouvernent la compréhension et la mémorisation de récits; (2) ces structures conduisent à privilégier l'information sémantique la «plus importante» dans le texte, c'est-à-dire précisément, celle qui leur correspond, on est amené à s'interroger sur la *genèse de telles structures cognitives?*

Autrement dit, à quel âge, en moyenne, des enfants deviennent-ils capables de rappeler, dans des récits, l'information que leur culture établit comme essentielle?

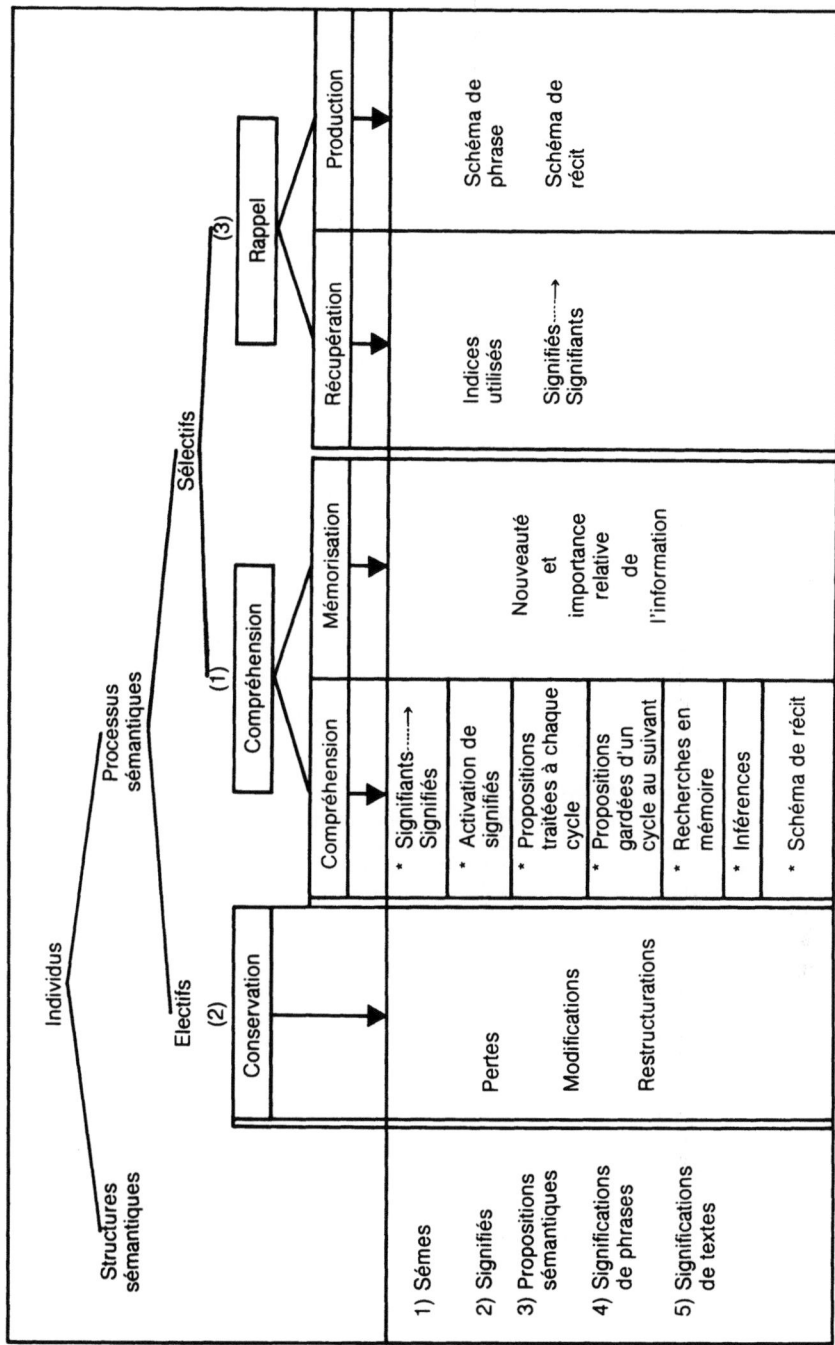

Figure 2. Représentation schématique des éléments principaux des structures et des processus sémantiques des individus. (Pour l'explication des termes utilisés, se référer aux pages 7 à 11).

3.2. Les expériences de rappel

3.2.1. Etudes génétiques

1. Pour répondre à cette question on a demandé à cinq groupes de 25 enfants, âgés respectivement de 7, 8, 9, 10 et 11 ans en moyenne, d'écouter, en vue de se le rappeler, un récit composé d'une exposition (présentation du personnage principal : le géant « Gargantua ») et de deux épisodes indépendants mettant en scène le même personnage principal. Le texte était lu par l'expérimentateur et l'enfant devait ensuite dire (pour les 2 groupes les plus jeunes) ou écrire (pour les 3 autres groupes) tout ce dont il se souvenait. Une fois cette épreuve terminée, l'expérimentateur procédait à une seconde lecture, suivie d'un second rappel. Le texte du récit et son analyse en propositions du type prédicat-arguments sont présentés dans le tableau 1.

Tableau I
Analyse propositionnelle du récit utilisé

Il y a bien longtemps vivait un bon géant appelé Gargantua. Il était bon et aimait rendre service aux pauvres gens.

Un jour, assis sur une falaise, il trempait ses pieds dans l'eau pour les laver. Le soleil brillait et il avait chaud. Dans ses deux mains réunies, il prit un peu d'eau pour se désaltérer. Au même moment passait une barque qu'il saisit aussi. Quand le géant but, les mâts du bateau lui chatouillèrent le gosier. Il se dit qu'il avait avalé une poussière.

Une autre fois, alors qu'il se promenait dans la forêt, il vit une pauvre vieille qui ramassait du bois mort. Il décida de l'aider. En un instant il arracha quelques-uns des plus beaux chênes et les attacha avec des lianes. Il saisit le fagot et l'équilibra sur son épaule. La route était longue et le géant fut bien content de déposer son fardeau contre le mur de la chaumière de la vieille dame. Hélas ! la maison s'effondra. La pauvre vieille avait maintenant du bois pour se chauffer mais elle n'avait plus de maison pour s'abriter.

Analyse propositionnelle :

1. VIVRE, géant
2.   BON, géant
3.   *Temps :* LONGTEMPS, 1
4.   *Quant. :* BIEN, 3
5.   S'APPELER, géant, Gargantua
6.   BON, géant (= Gargantua)
7.   RENDRE SERVICE, géant, gens
8.   PAUVRES, gens
9.   AIMER, géant, 7
10. ET, 6, 7

11. ETRE ASSIS, géant
12.   *Lieu :* SUR, 11, falaise
13.   *Temps :* UN JOUR, 11

14.	SE TREMPER, géant, pieds	
15.	*Partie de*, pieds, géant	
16.	*Lieu :* DANS, 14, eau	
17.	LAVER, géant, pieds (= 15)	
18.	*But :* POUR, 14, 17	
19.	BRILLER, soleil	
20.	AVOIR CHAUD, géant	
21.	*Conséq. :* ET, 19, 20	
22.	PRENDRE, géant, eau	
23.	*Quant. :* PEU, eau	
24.	*Instr. :* DANS, 22, mains	
25.	*Partie de*, mains, géant	
26.	*Nombre :* DEUX, mains	
27.	RÉUNIES, 26	
28.	SE DÉSALTÉRER, géant	
29.	*But :* POUR, 22, 28	
30.	PASSER, barque	
31.	*Simult. :* MÊME MOMENT, 22, 30	
32.	SAISIR, géant, barque	
33.	*Man. :* AUSSI, 32	
34.	BOIRE, géant, eau	
35.	CHATOUILLER, mâts, gosier	
36.	*Partie de :* DU, mâts, bateau (= barque)	
37.	*Partie de :* LE, gosier, géant	
38.	*Simult. :* QUAND, 34, 35	
39.	AVALER, géant, poussière	
40.	SE DIRE, géant, 39	
41.	SE PROMENER, géant	
42.	*Lieu :* DANS, 41, forêt	
43.	VOIR, géant, vieille	
44.	PAUVRE, vieille	
45.	RAMASSER, 44, bois	
46.	MORT, bois	
47.	*Simult. :* ALORS QUE, 41, 43	
48.	*Temps :* UNE FOIS, 41	
49.	AUTRE, 48, 13	
50.	AIDER, géant, 44	
51.	DÉCIDER, géant, 50	
52.	ARRACHER, géant, chênes	
53.	BEAUX, chênes	
54.	*Superl. :* LE PLUS, 53	
55.	*Nombre :* QUELQUES, chênes	
56.	*Partie de :* 55, 53	
57.	*Partie de*, chênes, 42	
58.	*Durée :* INSTANT, 52	
59.	ATTACHER, géant, chênes	
60.	*Instr. :* AVEC, 59, lianes	
61.	*Succes. :* ET, 52, 59	
62.	SAISIR, géant, fagot (= chênes)	
63.	ÉQUILIBRER, géant, fagot	
64.	*Lieu :* SUR, 63, épaule	
65.	*Partie de*, épaule, géant	
66.	*Succes. :* ET, 62, 63	
67.	LONGUE, route	
68.	CONTENT, géant	
69.	*Quant. :* BIEN, 68	
70.	DÉPOSER, géant, fardeau (= fagot, = chênes)	

71.	*Lieu:* CONTRE, 70, mur
72.	*Partie de:* DE, mur, chaumière
73.	*POSS.:* DE, 44, chaumière
74.	VIEILLE, dame (= 44)
75.	*Cause:* DE, 68, 70
76.	*Conséq.:* ET, 67, 68
77.	Hélas
78.	S'EFFONDRER, maison (= chaumière, = 73)
79.	AVOIR, 44 (= 74), bois
80.	SE CHAUFFER, 44
81.	*But:* POUR, 79, 80
82.	*Temps:* MAINTENANT, 79
83.	AVOIR, 44, maison
84.	*Négat.:* NE PLUS, 83
85.	S'ABRITER, 44
86.	*But:* POUR, 83, 85
87.	*Oppos.:* MAIS, 79, 83

2. Les protocoles de rappel des 125 sujets étaient analysés de la même manière que le texte original auxquels ils étaient confrontés. Cette technique d'analyse propositionnelle (Van Dijk, 1980) ou prédicative (Le Ny, 1979) consiste essentiellement à décomposer le sens d'un texte en molécules de sens, ou *propositions élémentaires;* les protocoles de rappel sont décomposés au moyen des mêmes règles dans les mêmes propositions élémentaires. On compare ensuite les propositions des protocoles de rappel aux propositions du texte, en les rangeant en trois catégories:

(i) les propositons rappelées qui sont identiques à une proposition du texte;
(ii) les propositions rappelées qui, bien que modifiant légèrement le sens, ont une similitude suffisante, selon un critère fixé à l'avance, avec une proposition du texte;
(iii) les propositions rappelées qui ne figurent pas dans le texte.

Cette technique d'analyse est maintenant bien rodée et fournit un haut degré d'accord entre deux analystes expérimentés. Dans tout ce qui suit nous prenons en compte les propositions appartenant aux catégories (1) + (2) ci-dessus, que nous dénommerons «propositions acceptées» (par l'expérimentateur). On peut ainsi calculer le *nombre moyen de propositions acceptées* par l'expérimentateur pour les 5 groupes d'âges. On peut également s'intéresser à la *nature des propositions rappelées* (et acceptées) par plus de la moitié des enfants des 5 groupes d'âge et examiner si elles constituent un résumé complet, si elles expriment les principales catégories narratives du récit (voir infra 2.1.7), la structure canonique du récit.

3. Comme il était prévisible, le nombre de propositions acceptées par l'expérimentateur augmente avec l'âge: de 17 à 42 en moyenne après une lecture et de 26 à 54 après deux lectures entre les enfants des âges extrêmes (7 et 11 ans). Le nombre de propositions de chacun des deux épisodes du récit qui sont rappelées de façon acceptable par plus de la moitié des enfants des 5 groupes d'âges est présenté dans le tableau 2.

Tableau II
Nombre de propositions rappelées de façon acceptable par plus de la moitié des enfants des 5 groupes d'âge

AGE	1ᵉʳ EPISODE		2ᵉ EPISODE	
	1ʳᵉ Lecture	*2ᵉ Lecture*	*1ʳᵉ Lecture*	*2ᵉ Lecture*
7 ans	2	3	5	12
8 ans	2	8	8	15
9 ans	8	20	18	29
10 ans	8	20	17	24
11 ans	12	20	21	33

L'examen de la nature de ces propositions rappelées par la majorité des enfants des 5 groupes d'âge fournit les conclusions suivantes: après une lecture du texte,

(i) la majorité des enfants de *7 ans* ne restitue, au rappel, la structure canonique (situation initiale, complication, résolution, évaluation) d'aucun des deux épisodes;
(ii) les propositions rappelées par la majorité des enfants de *8 ans* constituent un résumé qui correspond à la structure canonique du second épisode mais non à celle du premier;
(iii) *à 9 ans* et au-delà, le contenu de la structure canonique des deux épisodes est rappelée par la majorité des enfants;
(iv) au terme de deux lectures, les enfants de 7 ans ne rappellent la structure canonique que d'un des deux épisodes. Les enfants plus âgés fournissent un résumé correspondant à la structure canonique des deux épisodes.

La variabilité des performances des enfants les plus jeunes (7 et 8 ans) comparée à celle des plus âgés (9, 10 et 11 ans), si on l'examine du point de vue de la nature des épisodes et du nombre de lectures, conduit à *rejeter une conception selon laquelle les enfants auraient un rappel homologue aux structures canoniques du récit.* Cette conclusion s'est trouvée corroborée par les résultats d'expériences de rappel à court terme et de rappel différé et avec des récits à un ou plusieurs épisodes (voir Denhière, 1980b). Ces résultats conduisent à introduire dans le développement de la capacité à restituer un récit de façon «convenable» — ce dernier terme renvoyant au critère «adulte» que nous avons choisi, l'usage de la structure canonique — une *coupure qui se situe vers l'âge de 9 ans :* c'est à partir de cet âge, en effet, que l'information la «plus importante» des textes narratifs, celle qui reflète la structure canonique des récits, se trouve présente dans le rappel de la majorité des enfants après une seule lecture. On peut interpréter ces résultats de différentes façons. On peut supposer ou bien que la majorité des enfants de plus de 8 ans ont élaboré une *structure sémantique* (ou cognitive) plus ou moins analogue à la structure canonique des récits; ou bien qu'ils ont acquis un *système de règles* grâce auxquelles ils peuvent estimer l'importance relative des informations qui leur sont apportées tout au long de la présentation des textes.

Autrement dit, cela revient à considérer que la *construction d'un schéma cognitif* incluant les principales catégories narratives du récit n'est pas achevée avant 8-9 ans en moyenne. C'est seulement à partir de cet âge que, selon cette explication, existe dans le système cognitif des sujets un *schéma de récit,* qui permet aux enfants d'analyser, de traiter et de stocker utilement l'information qui leur est présentée et ensuite de la retrouver en mémoire pour la restituer, sous forme d'une nouvelle histoire racontée.

Une autre formulation de ce type d'explication consiste à supposer que les enfants élaborent progressivement des *règles de hiérarchisation de l'importance de l'information* qu'on leur présente et qu'avec l'âge, s'effectue entre tous les enfants d'une même culture une homogénéisation progressive des critères de jugement d'importance de l'information.

On peut noter ici les résultats apparemment paradoxaux obtenus quand on demande à des enfants de 8 et 11 ans et à des adultes de juger de l'importance relative des informations contenues dans des récits et que l'on compare ces hiérarchies d'importance à celles obtenues au rappel des mêmes récits (voir Denhière, 1978; Denhière et Le Ny, 1980b).

(i) Les *enfants de 11 ans et les adultes* tendent à rappeler en priorité les unités de signification qu'ils ont par ailleurs jugé les plus importantes. Tout se passe comme s'ils utilisaient dans ces deux tâches une *même structure cognitive* ou un *même dispositif de jugement* de l'importance relative des informations contenues dans le récit.

(ii) Tel n'est pas le cas des enfants plus jeunes: ceux-ci ne rappellent pas en priorité les unités de signification qu'ils ont jugées les plus importantes; *ils rappellent en priorité les unités de signification que les adultes ou les enfants plus âgés qu'eux ont jugées les plus importantes.* Ainsi, dans la tâche de compréhension-mémorisation-rappel ces jeunes enfants opèrent, de façon non consciente ni explicite, conformément aux critères des adultes, alors qu'ils en jugent autrement lorsqu'on leur demande des choix explicites. Ils ont ainsi un double système de critères, confondus aux âges ultérieurs, dissociés chez eux, l'un de ces systèmes étant *déjà* similaire à celui des adultes, l'autre ne l'étant *pas encore,* mais étant destiné à converger avec le premier.

3.2.2. *Les études comparatives*

3.2.2.1. Rappel d'un texte narratif

Nous présentons ici les principaux résultats d'une expérience de mémorisation d'un texte narratif, intitulé «l'araignée», qui était composé de quatre épisodes et dont la longueur était d'environ une page dactylographiée. Ce texte de 449 mots comportait 167 propositions du type prédicat-arguments (voir le tableau III) et il était par ailleurs utilisé pour étudier les performances de trois groupes d'enfants normaux respectivement âgés de 9, 10 et 11 ans à des tâches de rappel et de résumé.

Tableau III
Texte du récit intitulé « araignée »

Un joli sentier de terre dure et de petits cailloux tracé dans l'herbe longeait une claire rivière. Sur ce sentier une enfant araignée cheminait tranquillement. Elle habitait depuis sa naissance avec ses parents dans le creux d'un vieil arbre mort et s'en était échappée pour aller se promener. Elle avait escaladé tant de brins d'herbe et tant de branchettes, qu'elle avait fini par se perdre. Il y avait longtemps qu'elle parcourait le sentier pour retrouver son habitation. Or, le soleil était si chaud que la petite araignée se brûlait les pattes sur le gravier. Aussi, elle alla rapidement sur l'herbe, du côté de la rivière, pour y trouver un peu de fraîcheur. Dans cette herbe, une énorme pierre se chauffait au soleil. Plus les pierres sont grosses, plus elles sont frileuses, elles n'arrivent jamais à se chauffer complètement. La petite araignée se faufila rapidement sous la pierre puis grimpa, pour se reposer, dans un creux qui était humide et frais comme une grotte. Elle s'y trouva si bien qu'elle s'y endormit.

Sur le sentier passa un petit garçon qui s'amusait à lancer des cailloux dans l'eau paisible pendant que son papa pêchait et que sa maman, assise dans l'herbe, lisait le journal. Comme le petit garçon ne trouvait plus de cailloux assez gros, il réussit avec peine à remuer l'énorme pierre et à la pousser dans la rivière. Cela fit un plouf énorme. Tous les poissons de l'endroit filèrent comme des flèches. L'araignée endormie était tombée avec la pierre. Mais, vint à passer un goujon qui, sans hésiter, avala l'araignée. Le papa du petit garçon était découragé, il ne prenait pas de poisson. Il s'était mis à marcher le long de la rivière pour trouver une place meilleure. Soudain, il s'arrêta et posa sa ligne. Il avait remarqué un ver de terre rouge qui se tordait au soleil dans un creux sans herbe près du sentier. C'était la place qu'avait occupée la grosse pierre et le ver de terre était venu se glisser au frais sous elle. Le pêcheur se saisit du ver de terre et l'accrocha à l'hameçon. Il avait lancé sa ligne à l'endroit où le goujon venait de gober l'araignée. Ce goujon gourmand s'était précipité sur le ver de terre qui se tortillait au bout de l'hameçon. Le pêcheur avait attrapé le goujon et l'avait donné à sa femme qui le vida et jeta sur l'herbe tout ce qu'on enlève d'un poisson avant de le faire frire. Elle avait ainsi libéré la petite araignée qui, tranquillement, s'éloigna.

Nous nous intéressons ici à la comparaison des performances de trois groupes de déficients mentaux respectivement âgés de 13,5; 14,4 et 15,5 ans à celles des trois groupes d'enfants normaux cités plus haut (9, 10 et 11 ans). Les déficients mentaux étaient scolarisés dans une Section d'Education Spécialisée (S.E.S) d'un Collège d'Enseignement Secondaire (C.E.S) de la banlieue parisienne[3] et le Q.I. moyen des trois groupes avoisinait 72. L'administration de l'épreuve était individuelle pour les déficients et se déroulait par petits collectifs (de 3 à 5 élèves) pour les enfants normaux[4]. L'expérimentateur lisait le texte puis un rappel intervenait, oral pour les déficients, écrit pour les normaux. Une deuxième lecture suivait le premier rappel et un second rappel succédait à la deuxième lecture.

Le tableau IV présente les résultats essentiels des trois groupes des deux populations.

(i) *Propositions rappelées*: alors qu'on constate une augmentation du nombre moyen de propositions rappelées en fonction de l'âge pour les enfants normaux (de 54 à 76 après une lecture et de 71 à 88 après deux lectures), il n'en est pas de même pour les déficients mentaux: les performances des groupes extrêmes sont semblables (50 après une lecture et 59 et 61 après deux lectures). Le groupe d'âge intermédiaire des déficients se montre inférieur aux deux autres groupes. On remarque qu'une deuxième lecture conduit à une

Tableau IV
Résultats des trois groupes de sujets des deux populations aux épreuves de rappel après une ou deux lectures du texte

	Enfants normaux			Déficients mentaux		
Age	11,0	9,10	8,11	13,5	14,4	15,5
Propositions rappelées	76 88	62 80	54 71	50 59	26 43	50 61
Propositions acceptées	57 72	45 60	37 51	30 37	15 28	32 38
Propositions identiques	39 53	27 41	18 30	13 19	6 13	14 19
% acceptées rappelées	75 81	71 76	68 72	57 62	60 67	58 62
% identiques acceptées	68 74	60 69	49 58	44 47	42 43	42 51
⩾ 1/2 des sujets	48 68	36 54	28 41	20 24	1 14	26 31

amélioration moyenne des performances plus importante chez les enfants normaux que chez les déficients (+ 16 vs + 12).

(ii) *Propositions acceptées par l'expérimentateur* : les constatations dégagées pour les propositions rappelées se retrouvent pour les propositions acceptées :
- évolution avec l'âge pour les enfants normaux et absence d'évolution pour les déficients,
- effet d'une seconde lecture plus importante pour les enfants normaux que pour les déficients,
- similitude des performances des deux groupes d'âge extrêmes des déficients.

Pour les propositions rappelées comme pour les propositions acceptées, les performances des déficients (13,5 et 14,4 ans) sont voisines de celles des enfants de 9 ans après une seule lecture du texte :
- 54 vs 50 propositions rappelées,
- 37 vs 32 et 30 propositions acceptées.

Après une seconde lecture, une supériorité des enfants de 9 ans apparaît :
- 71 vs 61 et 59 propositions rappelées,
- 51 vs 38 et 37 propositions acceptées.

(iii) *Pourcentage de propositions acceptées par rapport aux propositions rappelées :* en moyenne, le rappel des déficients, comparé à celui des enfants normaux, comporte davantage de propositions ajoutées au texte original. On remarque également que les pourcentages de *propositions acceptées identiques* (au texte lu) sont plus importants chez les enfants normaux que chez les déficients et que l'augmentation de la 1re à la 2e lecture est plus importante chez les premiers que chez les seconds.

(iv) *Propositions rappelées par au moins la moitié des sujets :* cet indice confirme la supériorité des enfants normaux sur les déficients plus âgés : les performances des déficients de 13,5 ans et 15,5 ans sont voisines de celles des enfants de 9 ans :
- 20 et 26 vs 28 après une lecture.

Comme précédemment le gain consécutif à une 2e lecture est moindre pour les déficients comparés aux normaux :
- 24 et 31 vs 41 après deux lectures.

Le groupe intermédiaire des déficients (14,4 ans) se différencie nettement des deux autres groupes puisque, après une seule lecture, une seule proposition est rappelée par plus de la moitié des sujets; après deux lectures, 14 propositions sont rappelées.

(v) *Nature des propositions rappelées par au moins la moitié des sujets de chaque groupe :* la comparaison des propositions rappelées par au moins la moitié des deux groupes extrêmes des déficients (13,5 et 15,5 ans) à celles rappelées par au moins la moitié des enfants de 9 ans permet de constater que :
- 16 (sur 20) et 18 (sur 26) propositions se retrouvent dans les 28 propositions rappelées par les enfants de 9 ans.

Le tableau V ci-dessous reproduit les propositions rappelées par au moins la moitié des sujets des 3 groupes de déficients et par le groupe des enfants de 9 ans après une lecture.

Tableau V
Propositions (numéro d'ordre et intitulé) rappelées par au moins la moitié des enfants normaux de 9 ans et des trois groupes de déficients mentaux
(+ signifie proposition rappelée)

N°	Intitulé des propositions	Enfants normaux	Déficients mentaux		
			13,5 ans	14,4 ans	15,5 ans
38b	Une petite araignée	+	+	+	+
10	se promenait				+
11	dans un sentier				+
14a	Elle habitait	+			
15	avec ses parents	+			
16	dans un arbre				+
20	Elle s'échappa	+			
37	Le soleil était chaud		+		+
62	Elle grimpa	+			
63	dans le creux	+			
52	d'une grosse pierre	+	+		+
73	Elle s'endormit	+	+		
76	Un petit garçon	+	+		+
78	lançait des cailloux	+	+		+
79	dans l'eau	+			+
84	Son papa	+	+		+
83	pêchait	+			+
88	Sa maman	+			+
85	lisait le journal				+
89	Et (83, 85)				+
91	Le petit garçon ne trouvait plus de cailloux	+			
94	vait plus de cailloux	+			
95	Il remua (52)	+			
96	Il poussa (52)	+	+		+
97	dans la rivière	+			+
108a	L'araignée tomba				+
112	Un goujon avala l'araignée	+	+		+
120	Le papa marchait	+	+		+
121	le long de la rivière	+	+		+
128	Il remarqua un ver de terre	+	+		+
142	Il se saisit du ver de terre		+		
143	Il accrocha le ver de terre	+	+		+
144	à son hameçon	+	+		+
145	Et (142, 143)		+		
146	Il lança sa ligne				+
151	Il attrapa le goujon	+	+		+
152a	Il le donna à sa femme		+		
159	La maman libéra l'araignée	+	+		
160	L'araignée s'éloigna	+	+		+
		T = 28	T = 20	T = 1	T = 26

Le texte auquel on aboutit quand on recense les propositions rappelées (et acceptées par l'expérimentateur) par au moins la moitié des déficients de 13,5 ans est le suivant:

« Une petite araignée (38b) s'endormit (73) dans une grosse pierre (52). Il faisait chaud (37). Un petit garçon (78) lançait des cailloux (76). Il poussa la grosse pierre (96). Un goujon avala l'araignée (112). Le papa du petit garçon (84) marchait le long de la rivière (120-121). Il remarqua un ver de terre (128), il le prit (142) et il l'accrocha à son hameçon (143, 144, 145). Il attrapa le goujon (151), il le donna à sa femme (152a). Elle libéra l'araignée (159), l'araignée s'éloigna (160) ».

Les propositions ajoutées par les enfants normaux de 8,11 ans sont les suivantes:

« L'araignée habitait avec ses parents (14-15).
Elle s'échappa (20).
(Un petit garçon lançait des cailloux) dans l'eau (79).
Son papa pêchait (83).
Le petit garçon ne trouvait plus de cailloux (91-94).
Le petit garçon remua la grosse pierre (95).
(Le petit garçon poussa la grosse pierre) dans la rivière (97) ».

Les propositions redonnées par les déficients et non par les enfants normaux sont au nombre de trois:

« Il faisait chaud (37).
Le papa prit le ver de terre (142).
Le papa donna le goujon à sa femme (152) ».

On remarque que le texte obtenu avec les propositions les plus fréquemment rappelées par les déficients de 13,5 ans fournit un résumé presque acceptable intuitivement:

- il y manque des éléments de la situation initiale — éléments que fournissent les enfants normaux de 8,11 ans; des motivations à certaines actions, soit de l'araignée, soit du petit garçon, soit du papa — motivations que tendent à redonner les enfants normaux;
- mais les actions et événements principaux des divers épisodes sont présents et le sens général de l'histoire est restitué.

(vi) *Les variations lexicales:* dans ce qui précède nous avons fait comme si les propositions rappelées (et acceptées) étaient identiques aux propositions du texte lu. Tel n'est pas le cas. Non seulement le pourcentage de variations lexicales est plus important chez les déficients que chez les normaux mais la distance entre les lexèmes présentés et les lexèmes restitués tend à être plus grande: ainsi, par exemple, au lieu de *«araignée»* nous avons accepté *«fourmi»* (9 fois), *«crapaud»* (2 fois), *«grosse», «petite» «bête»* (4 fois) et *«l'insecte»* (2 fois) et pour *«goujon» «poisson rouge»* (4 fois).

(vii) *Les propositions ajoutées au texte original:* les propositions ajoutées au texte original distinguent nettement les deux populations : certains ajouts ne se retrouvent en effet que chez les déficients. Ainsi par exemple, pour les déficients les plus âgés (15,5 ans) :

« L'araignée *ouvrit la porte* (?) et se sauva.
Elle grimpa sur *une colline* (au lieu de brin d'herbe).
Elle *tomba sur le sol* (?) et *repartit à travers champs*.
Elle alla sur *une rue* brulante.
Elle *jeta la grosse pierre*.
Elle tomba dans l'eau et *rejoignit ses amis* (?).
Le *garçon allait pêcher*.
Le *garçon pêche des poissons* et *repart chez lui*.
Le *garçon fouilla les feuillages* et *trouva une grosse pierre*. »

Exemples d'ajouts par les déficients de 14,4 ans :

« L'araignée *cheminait dans sa toile*.
L'araignée *jouait sur le sable*.
L'araignée *se promena au bout de l'eau* puis *trouva le gravier frais*.
L'araignée *sortit un jour de son terrier*.
L'araignée *rencontra le petit garçon au milieu du chemin*.
L'araignée *rencontra un ver de terre qui lui dit : « tu es perdue » ; « oui, répondit l'araignée, je suis perdue »*.
L'araignée *jette le gros caillou dans l'eau*.
L'araignée *vit passer le goujon*.
L'araignée *voulut remonter à la surface*.
L'araignée tombe dans l'eau et *se pose sur une pierre*.
L'araignée *était morte à cause du jeune pêcheur*.
Un gros poisson *sortit de l'eau et mangea l'araignée*.
Le petit garçon *trouva l'araignée*. Il *l'emmena chez lui. Ses parents n'approuvèrent pas ce qu'avait fait leur fils. Le fils était triste*.
Le petit garçon commença à *jeter des cailloux à l'araignée*.
Le papa *ne voulut plus manger de poisson*. »

Exemples d'ajouts par les déficients de 13,5 ans :

« L'araignée, *qui ne sortait jamais de chez elle, s'échappa de sa vieille baraque*.
Le *crapaud se coinçait les pieds dans la pierre*.
L'araignée *marcha des jours et des jours*.
L'araignée *se cacha* dans un vieil arbre.
L'araignée *monta* sur l'arbre. *Tout à coup, elle tomba dans l'herbe*.
L'araignée *vit une petite grotte*.
L'araignée *vit arriver le goujon*.
L'araignée *regarde le pêcheur*.
Le garçon *tirait des pierres dans les pieds du crapaud*.
Le garçon *avala l'araignée*.
Le garçon *fait des tas avec des petites pierres*.
Le papa *trouva la petite araignée dans le chemin*. »

(viii) Conclusions :

En fonction des échantillons utilisés, quatre constatations principales peuvent être dégagées :

(1) Alors qu'on note une évolution des performances avec l'âge chez les enfants normaux de 9 à 11 ans, on n'observe rien de tel chez les déficients mentaux de 13,5 à 15,5 ans.

(2) L'amélioration des performances au rappel consécutive à une deuxième lecture est plus importante chez les enfants normaux que chez les déficients.

(3) Après une seule lecture du texte, les performances au rappel des déficients mentaux de 13,5 et 15,5 ans sont voisines de celles des enfants normaux de 9 ans, qu'il s'agisse du nombre de propositions rappelées et acceptées par l'expérimentateur ou de la nature de ces propositions. Les propositions rappelées par la majorité des déficients mentaux de 13,5 et 15,5 ans permettent de constituer un résumé intuitivement acceptable du texte lu, proche de celui obtenu avec les enfants normaux de 9 ans.

(4) Les différences essentielles — après une lecture — entre les sujets des deux populations résident dans la nature des variations lexicales et des propositions ajoutées au texte lu : la distance sémantique entre les lexèmes présentés et restitués tend à être plus importante pour les déficients mentaux que pour les enfants normaux et les premiers rappellent davantage d'informations sans rapport ou non congruentes avec le texte lu que les seconds.

Nous reviendrons plus loin sur l'interprétation de ces résultats; il suffit ici d'indiquer que les différences constatées peuvent être mises en rapport avec les activités suivantes :
- traitement et mémorisation de l'information,
- hiérarchisation de l'importance de l'information,
- passage des signifiants aux signifiés lors de la compréhension et des signifiés aux signifiants lors de la production,
- différenciation sémantique entre des signifiés stockés en mémoire.

3.2.2.2. Rappel de récits présentés sous forme verbale et figurative

L'étude analytique du rôle du langage dans la compréhension et la mémorisation de récit par des déficients mentaux et des enfants normaux exige que l'on présente les *mêmes contenus sémantiques* — un même récit — sous une forme verbale et sous une autre forme, non verbale. C'est précisément la tâche à laquelle s'est attachée Langevin (1981). Il a repris le texte «Gargantua» que nous avons utilisé (voir infra 3.2.1.) et a tenté d'établir pour chacun des deux épisodes une correspondance aussi proche que possible entre une version verbale et une version dessinée. Certaines expressions verbales, impossibles à traduire directement par un dessin («le géant décida d'aider la vieille dame»), ont été supprimées du texte initial; certaines actions complexes («le géant arracha quelques chênes») qui nécessitent toute une série de dessins pour exprimer l'arrachage d'un arbre (et la répétition des mêmes dessins pour rendre l'arrachage de plusieurs arbres) ont été traduites par une série d'énoncés, le but général étant de faire coïncider au maximum version verbale et version dessinée. Après plusieurs tentatives d'ajustement phrase-dessin et dessin-phrase, Langevin a abouti à *40 dessins* pour chacun des deux épisodes du récit «Gargantua» (Gargantua sur la falaise *et* Gargantua dans la forêt) considérés ici comme deux récits indépendants. Il a alors demandé à 15 adultes de «décrire pour chacun des dessins ce qu'il apporte de nouveau dans l'histoire par rapport au dessin précédent». Pour chaque dessin, l'*analyse prédicative* des 15 protocoles de description verbale a permis de dégager les *formulations les plus fréquemment données par les sujets*. Des changements mineurs ont été apportés à quelques dessins pour que l'on obtienne un accord de 13 personnes sur 15 dans les descriptions des dessins. Au terme de ce travail, les *versions verbales* obtenues par la description des 40 dessins des deux récits comportaient respectivement 98 et 99 propositions. Le tableau VI présente les deux textes et les huit premiers dessins de la version figurative du récit 1 («forêt»).

Tableau VI (a): Version verbale des récits utilisés par Langevin (1981, pp. 150-151 et 193-194). Les mots soulignés sont des ajouts de l'expérimentateur qui n'apparaissent pas dans les descriptions des sujets adultes.

Récit 1: Le géant dans la forêt

Un jour le géant *Gargantua* arrive dans une forêt. Il se promène dans le bois. *Soudain* il s'arrête. Il a vu une vieille dame qui ramasse une branche morte. Elle rassemble des branches en tas. Le géant la regarde ramasser une autre branche qu'elle ajoute sur le tas. Le géant lève le bras gauche *pour* lui faire signe. La vieille dame se retourne *et* le voit saisir un arbre en se penchant. Il arrache l'arbre *et* le met sur son épaule. *Puis,* en s'accroupissant, il prend un autre arbre. Le géant déracine le deuxième arbre *et* le met sur son épaule droite avec le premier. Il attrape *enfin* un troisième arbre, l'arrache, *et* le pose sur son épaule avec les deux autres. La vieille dame se retourne *alors et* se penche vers son tas *pour* ramasser ses branches qu'elle tient *ensuite* dans ses bras. *Puis* elle montre au géant une direction de la main. *Et* il suit la vieille dame qui part. Ils arrivent *bientôt* à une maison. La vieille dame s'approche de la porte, l'ouvre, *et* dépose son bois à l'intérieur. *Puis* elle ressort en regardant le géant et s'en approche *pour* se placer à côté de lui. Le géant s'avance *alors* vers la maison *et* s'arrête devant. *Puis* il prend ses arbres à bout de bras *et,* en se penchant, les pose sur la maison. Le géant se recule *et* regarde les arbres. *Soudain* la maison s'écoule sous le poids des arbres. Découragée, la vieille dame se tient la tête à deux mains, *et* le géant désolé met la main sur sa bouche.

Récit 2: Le géant sur la falaise

Un jour, le soleil brille sur la mer et la falaise. Le géant Gargantua arrive sur le rocher. Il avance vers le bord de la falaise, s'y arrête, *et* regarde la mer. *Puis* il s'asseoit. *Une fois* assis, il allonge ses jambes au-dessus de l'eau *et* regarde ses pieds. Oh! il porte la main sur la bouche *parce qu'*il s'aperçoit qu'ils sont sales. Il les baisse *et* les trempe dans l'eau. *Puis* il retire le pied droit encore sale. Il nettoie son pied avec ses deux mains *et*, *une fois* propre, il l'abaisse *et* le retrempe dans l'eau. Il ressort *ensuite* son pied gauche *pour* le nettoyer. *Une fois* propre, il l'abaisse *et* fait tremper à nouveau ses deux pieds dans l'eau. De la sueur apparaît sur son front. Il regarde le soleil *et* s'essuie le front de la main droite. *Puis* il descend vers l'avant, se penche, *et* trempe ses deux mains dans l'eau. Il prend alors de l'eau *et* boit. Pendant que le géant continue de boire, un petit bâteau apparaît. Il avance alors que le géant baisse les mains *et* se penche vers l'eau. Le bateau s'approche du géant qui ne le voit pas *et* le prend dans ses mains. Le géant soulève le bateau *et* l'avale. Etouffé, le géant porte la main à la gorge, met les doigts dans sa bouche, *et* en retire le petit bateau. En se penchant, il redescend le bateau *et* le dépose sur l'eau. Le géant regarde le bateau s'éloigner.

Aux deux modes de présentation (verbal et figuratif) des récits, Langevin a fait correspondre deux modalités de rappel: verbale et figurative. Dans cette dernière, le sujet demandait à l'expérimentateur ce dont il avait besoin pour construire son rappel: un géant, un bateau, une vieille dame, une forêt, un arbre, une maison, etc. Il construisait ainsi son rappel et *indiquait verbalement* à quoi correspondait la scène qu'il avait construite.

Ce qui est comparé ici, ce sont les rappels des deux populations dans quatre situations définies par le croisement des deux modalités de présentation et de rappel (verbal et figuratif). Chaque sujet devait mémoriser les deux récits («falaise» et «forêt») et, avant chaque épreuve (espacée de huit jours), il subissait un entraînement avec un autre texte de manière à se familiariser avec les modes de présentation et de restitution qui allaient être ceux de l'épreuve proprement dite. L'introduction du récit: «il y a bien longtemps, vivait un bon géant qui s'appelait Gargantua. Il était bon et aimait bien rendre service aux pauves gens», était lue par l'expérimentateur, tant pour la présentation verbale que pour la présentation dessinée. Les *40 enfants normaux* qui ont participé à cette expérience étaient des enfants d'un cours préparatoire de Paris (VIIIe) en moyenne âgés de 7 ans. Les *40 déficients mentaux* étaient des adolescents de 13 à 17 ans, ils fréquentaient des établissements spécialisés de Montréal, les Q.I. Terman allaient de 43 à 64 (m = 52) et les âges mentaux extrêmes étaient égaux à 6 et 8,5 ans (m = 7 ans).

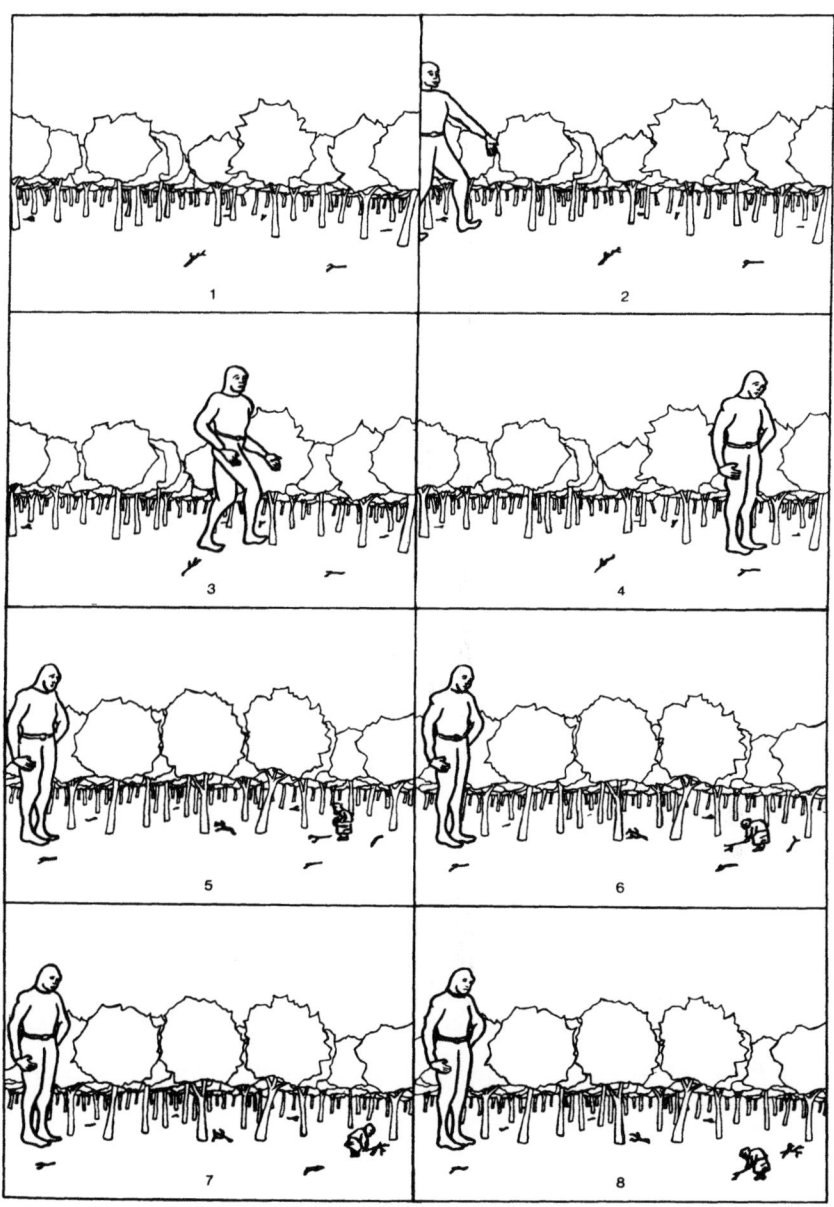

Tableau VI (b)
Série des huit premiers dessins de la version figurative du récit R 1 : « Géant dans la forêt » (Langevin, 1981, pp. 153-160).

Résultats principaux

(i) *Propositions rappelées et acceptées par l'expérimentateur :* les nombres moyens de propositions rappelées (et acceptées par l'expérimentateur) par les enfants de 7 ans sont significativement plus élevés que ceux des déficients mentaux : 27,2 vs 10,3 propositions (pour les deux récits).

(ii) *Mode de présentation et de restitution :* comme le montre le tableau VII ci-dessous, la modalité figurative — comparée à la modalité verbale — conduit à des performances supérieures des sujets des deux populations, la différence étant plus importante pour la présentation que pour le rappel.

Tableau VII
Nombres moyens de propositions rappelées (et acceptées par l'expérimentateur) par les sujets des deux populations en fonction des modalités de présentation et de rappel

	Présentation		Rappel	
	Verbal	*Figuratif*	*Verbal*	*Figuratif*
Déficients mentaux	7,3	13,5	9,1	11,6
Enfants normaux	23,0	31,4	23,9	30,4

Le plus important est peut-être ici l'*absence d'interaction significative* entre les modalités de présentation et de restitution (verbal et figuratif) et le facteur populations (normaux et déficients) : l'augmentation des performances consécutive à une présentation ou une restitution figurative ne diffère pas en fonction des populations.

(iii) *Pour les deux populations, les performances au rappel s'ordonnent de la même manière :*
$$PvRv < PvRf < PfRv < PfRf$$
(P et R correspondent à Présentation et Rappel, v et f à verbal et figuratif). On remarque que la meilleure performance des déficients (PfRf) n'est pas significativement inférieure (t de Student) à la plus mauvaise (PvRv) des enfants normaux : 15,3 vs 20,3 propositions.

(iv) *Propositions rappelées par la moitié des sujets de chaque groupe :* nous donnons sur le tableau VIII ci-dessous, les nombres de propositions rappelées par au moins la moitié des sujets des 4 groupes des deux populations.

Tableau VIII
Nombre de propositions rappelées par au moins la moitié des sujets des deux populations

		Présentation verbale		Présentation figurative	
		Rappel verbal	*Rappel figuratif*	*Rappel verbal*	*Rappel figuratif*
Récit 1 (forêt)	Déficients mentaux	0	1	9	14
	Enfants normaux	15	22	26	40
Récit 2 (falaise)	Déficients mentaux	3	3	5	7
	Enfants normaux	9	23	33	34

La faiblesse des effectifs (10 sujets par condition) nous interdit des conclusions définitives. Avec la prudence qui s'impose, on peut remarquer que les phrases rappelées par la majorité des déficients ne permettent pas de constituer un résumé «intuitivement acceptable» du récit 2 («géant sur la falaise») dans aucune des 4 conditions expérimentales; il en va de même pour le récit 1 («géant dans la forêt») à l'exception de la condition PfRf (présentation et rappel figuratifs). Pour les enfants normaux, on peut considérer que les propositions rappelées permettent de constituer un résumé «intuitivement acceptable» du récit 1 dans les 4 conditions expérimentales et du récit 2 dans 3 des 4 conditions; les propositions rappelées dans la condition PvRv (présentation verbale, rappel verbal) n'aboutissent pas à un résumé complet.

(v) *Analyse qualitative des protocoles de rappel*: les protocoles de rappel des sujets des deux populations ont été soumis à une «classification automatique hiérarchique» (Jambu, 1978). Ce programme informatique regroupe les protocoles en fonction de leur similitude (nombre et nature des propositions) et effectue, à la demande de l'expérimentateur, des partitions. On obtenait ainsi pour chaque récit 4 classes de sujets (déficients + normaux). Les figures 3 et 4 présentent les résultats de cette analyse: en asbcisse sont portés les numéros des propositions (de 1 à 98 ou 99, voir le tableau VI) et en ordonnée les sujets (déficients ou normaux) et les modalités de présentation et de rappel (verbal ou figuratif).

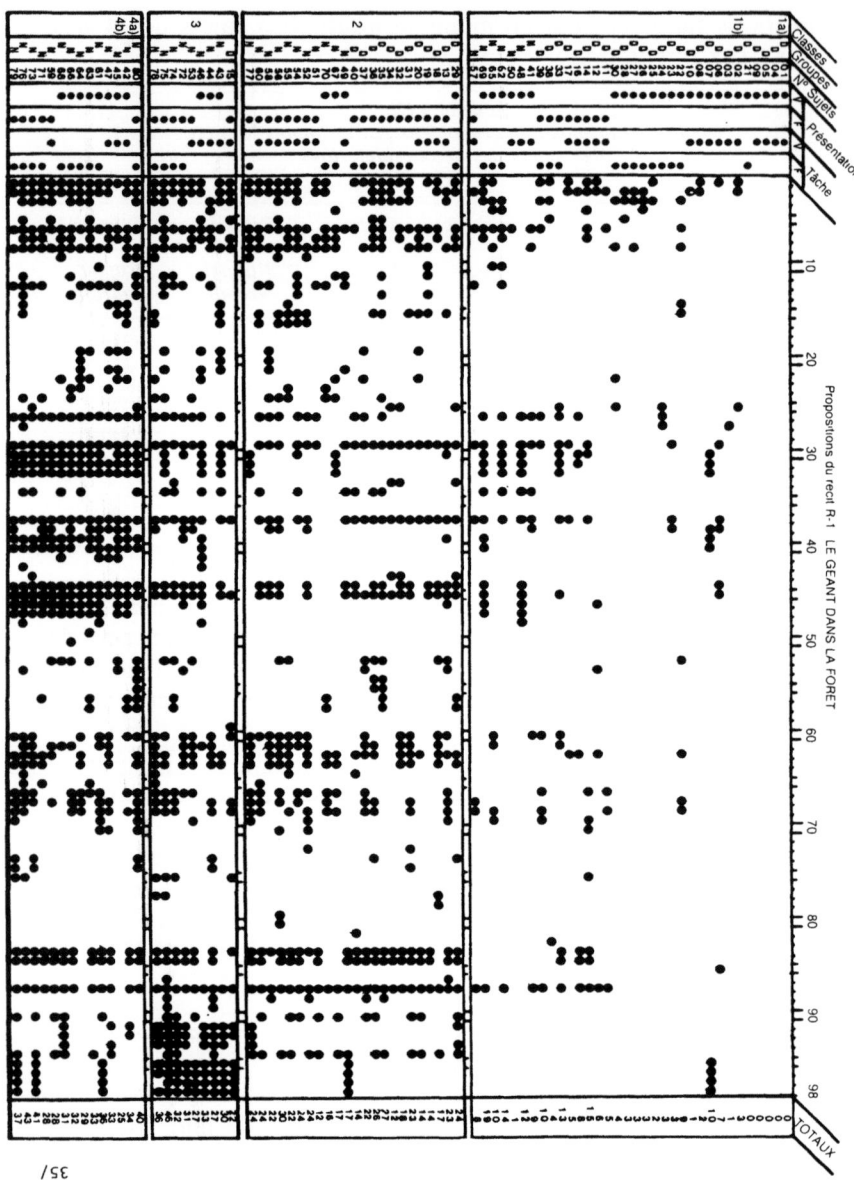

Figure 3. Classification automatique hiérarchique des protocoles de rappel des sujets des deux populations, Récit-1 («forêt»), Langevin, 1981, p. 108.

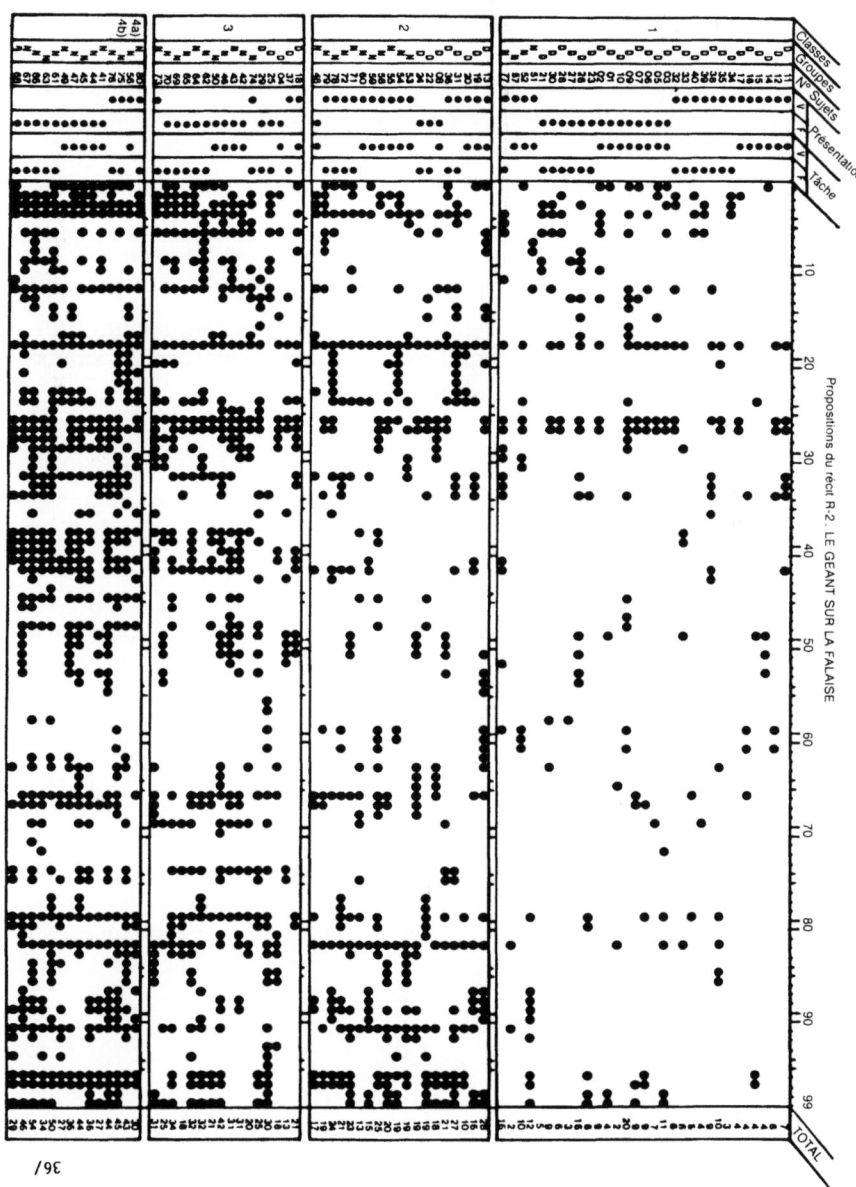

Figure 4. Classification automatique hiérarchique des protocoles de rappel des sujets des deux populations, Récit-2 («falaise»), Langevin, 1981, p. 114.

Récit 1: «Géant dans la forêt»

La *classe 1*, qui regroupe les sujets aux performances les plus faibles (5,6 propositions rappelées en moyenne), comporte *27 déficients* et *7 normaux*. Pour 19 des 27 déficients, le rappel est nul ou quasi nul. Pour les 8 autres déficients et les 7 normaux, 4 propositions sont rappelées par la majorité d'entre eux:

«Le géant voit une dame (6). Le géant arrache un arbre (29), un deuxième (37). La maison s'écroule (87)».

La *classe 2* est formée de *12 déficients* et de *11 normaux* qui rappellent en moyenne 20,2 propositions. La majorité de ces 23 sujets rappelle les 15 propositions suivantes:

«Le géant arrive dans la forêt (1-2).
Il voit une vieille dame qui ramasse une branche (6-7-8).
Il arrache un arbre, un deuxième, un troisième (29-37-44-45).
Le géant suit la dame (60).
Le géant et la vieille dame arrivent à la maison (83-84).
La maison s'écroule (87). Le géant est désolé (94)».

Les classes 3 et 4 comportent respectivement 1 et 0 déficient et 8 et 14 normaux qui rappellent en moyenne 31,5 et 33,5 propositions. Ces protocoles sont beaucoup plus complets que les précédents et redonnent l'essentiel du récit.

Au total, on peut considérer que le contenu structural minimal (correspondant aux principales catégories narratives, voir 2.1.7) est rappelé par *13 déficients* et par *33 normaux*. Le tableau IX qui présente les effectifs des deux populations dans chaque classe en fonction de modalités expérimentales fait clairement apparaître que les performances les plus faibles des déficients sont associées à la présentation verbale (19 sujets sur 27 de la classe 1). Le tendance est moins nette chez les normaux.

Tableau IX
Répartition des sujets des deux populations en fonction des modalités de présentation et de rappel (P et R correspondent à présentation et rappel, v et f, à verbal et figuratif)

		PvRv	PvRf	PfRv	PfRf	
Classe 1	D.M.	10	9	5	3	m = 5,6
	Nx	3	3	1	0	
Classe 2	D.M.	0	1	4	7	m = 20,2
	Nx	1	2	7	1	
Classe 3	D.M.	0	0	1	0	m = 31,5
	Nx	3	0	1	4	
Classe 4	D.M.	0	0	0	0	m = 33,5
	Nx	3	5	1	5	

Récit 2: « Géant sur la falaise »

Classe 1 : elle est composée de 31 sujets, 27 déficients et 4 normaux, qui rappellent en moyenne 7,3 propositions. Les 3 propositions rappelées par la majorité des sujets sont les suivantes :
« Le géant trempe ses pieds dans l'eau » (18, 26, 27).

La classe 2 : elle est formée de 8 déficients et 11 normaux qui rappellent en moyenne 19,6 propositions. 11 propositions sont rappelées par la majorité des sujets :
« Le géant arrive (4). Ses pieds sont sales (18-24).
Il trempe ses pieds dans l'eau (26-27).
Il avale un bateau (82).
Il retire le bateau de sa bouche (89-91).
Il repose le bateau sur l'eau (96-97).
Le bateau s'en va (99) ».

Le résumé ainsi obtenu n'est pas complet : des éléments de la complication, nécessaires à la compréhension du récit, ne sont pas rappelés :
« Le géant a soif. Il prend de l'eau dans ses mains.
Un bateau arrive ».

On peut noter qu'un résultat du même type a été enregistré avec une version verbale légèrement différente (Denhière, 1979).

Les classes 3 et 4 comportent respectivement 5 et 0 déficients et 11 et 14 normaux qui rappellent en moyenne 26,5 et 38,9 propositions. On a donc *5 déficients* et *25 normaux* qui rappellent les propositions qui constituent un résumé exprimant les principales catégories narratives du récit.

Contrairement à ce qu'on a observé pour le récit 1, la présentation figurative — comparée à la présentation verbale — ne facilite pas la tâche des déficients mentaux, ce que montre le tableau X.

Tableau X
Répartition des sujets des deux populations en fonction des modalités de présentation et de rappel (P et R correspondent à présentation et rappel, v et f, à verbal et figuratif)

		PvRv	PvRf	PfRv	PfRf	
Classe 1	D.M.	6	7	8	6	m = 7,3
	Nx	3	1	0	0	
Classe 2	D.M.	3	2	1	2	m = 19,6
	Nx	6	4	1	0	
Classe 3	D.M.	1	1	1	2	m = 26,5
	Nx	0	2	4	5	
Classe 4	D.M.	0	0	0	0	m = 38,9
	Nx	1	3	5	5	

(vi) *Variations lexicales et propositions ajoutées* : ce qui a été dit plus haut des différences entre déficients et normaux (voir pp... ---) se retrouve ici : les variations lexicales sont relativement plus nombreuses chez les déficients, la distance sémantique entre lexèmes restitués et lexèmes présentés tend à être plus grande chez les déficients, les adjonctions non congruentes avec le récit sont plus nombreuses chez les déficients que chez les normaux. On remarque aussi que les adjonctions non congruentes sont plus fréquemment suscitées par la présentation verbale que par la présentation dessinée.

(vii) *Conclusions* : de cette expérience, nous retiendrons cinq points essentiels :

(1) La modalité figurative conduit à de meilleures performances que la modalité verbale, la différence entre les deux étant plus marquée au niveau de la présentation qu'à celui du rappel.

(2) Si les enfants normaux de 7 ans sont largement supérieurs aux adolescents déficients mentaux de même âge mental moyen, on n'enregistre pas d'interaction significative entre les facteurs modalité (verbale ou figurative) et populations. On ne peut donc pas conclure — dans les conditions de cette expérience — que les déficients tirent davantage parti que les normaux de la modalité figurative.

(3) Au vu des résultats obtenus avec les récits 1 et 2, il paraît hasardeux de procéder à des généralisations: alors que pour le récit 1 («géant dans la forêt»), la modalité figurative de présentation semble faciliter la tâche des déficients (19 déficients sur 27 de la classe 1, la plus faible, ont eu une présentation verbale), il n'en va pas de même pour le récit 2 («géant sur la falaise») (13 déficients sur 27 de la classe 1 ont eu une présentation verbale). Pour les enfants normaux, une tendance de sens inverse peut être observée: la facilitation apportée par la version dessinée tend à être plus importante pour le récit 2 que pour le récit 1.

(4) Le rappel du contenu structural minimal, qui correspond à un résumé complet du récit présenté, n'est le fait que d'une minorité de déficients: 13/40 et 5/40 pour les récits 1 et 2, contre 33/40 et 25/40 normaux. On doit ajouter que — pour les déficients — 12/13 et 3/5 ont reçu une présentation figurative alors que les proportions correspondantes pour les normaux sont 19/33 et 19/25.

(5) L'infériorité des déficients, beaucoup plus massive que celle constatée dans la précédente expérience, nous renvoie aux caractéristiques des échantillons des populations utilisées: les déficients de l'expérience précédente avaient des Q.I. allant de 60 à 85 (moyenne de 72), ceux de la présente expérience ont des Q.I. allant de 43 à 64 (moyenne de 52). Une différence de 20 points de moyenne de Q.I. sépare les déficients mentaux des deux expériences.

3.2.3. Conclusions

Les résultats des deux expériences omparatives relatées nous obligent à distinguer les déficients légers (Q.I. de 60 à 85) des déficients moyens (Q.I. de 40 à 60).

(1) *Enfants normaux et déficients légers*:

Si l'on écarte le groupe d'âge intermédiaire des déficients (14,4 ans), très largement inférieur aux deux autres, la comparaison des performances des sujets des deux populations peut d'abord porter sur une série de trois résultats:

(i) absence d'évolution des performances en fonction de l'âge pour les déficients (13,5 à 15,5 ans) et évolution pour les enfants normaux de 9 à 11 ans,
(ii) gain consécutif à une seconde lecture plus important pour les normaux que pour les déficients,
(iii) similitude des performances des déficients de 13,5 et 15,5 ans (après une lecture) et des enfants de 9 ans.

Dans l'exposé des résultats des études génétiques de mémorisation de récit (v. supra), on a signalé l'existence d'une coupure entre les performances des enfants de 7-8 ans et au-delà. Il est important de noter ici que :
- les résultats des enfants normaux de 9 ans confirment cette dichotomie avec un récit plus long que ceux utilisés jusque-là : la majorité des enfants de cet âge rappelle l'information sémantique la plus importante, celle qui reflète la structure canonique du récit,
- les résultats des déficients de 13,5 et 15,5 ans sont voisins de ceux des enfants de 9 ans.

Sans qu'il soit besoin d'invoquer l'existence d'un stade cognitif de développement correspondant à la capacité de rappeler « correctement » l'essentiel du contenu sémantique d'un récit, on peut supposer que les déficients de ces âges (et de ces Q.I.) ont élaboré, soit un *schéma cognitif* incluant les principales catégories narratives du récit, soit un *système de règles* de hiérarchisation de l'importance de l'information, proche de celui des enfants normaux de 9 ans. Selon cette hypothèse, les différences constatées entre les sujets des deux populations ne renverraient pas à des différences de « nature » mais de « degré » : les déficients mentaux (de Q.I. 60 à 85) exigeraient davantage « de temps » que les enfants normaux pour parvenir aux mêmes niveaux de performance.

Les résultats obtenus après une seconde lecture du texte sont difficilement compatibles avec une telle hypothèse :
(i) si les déficients mentaux de 13,5 et 15,5 ans ont des performances semblables à celles des enfants normaux de 9 ans après une lecture du texte, et si
(ii) les sujets des deux populations sont semblables du point de vue des capacités de traitement et de mémorisation, alors
(iii) on ne voit pas pourquoi il existerait des différences après une seconde lecture.

Un examen détaillé des protocoles de rappel conduit à une constatation intéressante de ce point de vue : si le gain moyen entre les deux rappels est égal à 14 et 15 propositions pour les enfants normaux et à 6 et 7 propositions pour les déficients mentaux de 13,5 et 15,5 ans, la différence entre les sujets des deux populations doit être imputée — non à un gain différent entre les deux rappels : + 18 et + 19 propositions en moyenne pour les normaux et les déficients — mais à un « oubli » plus important des déficients : alors que le nombre moyen de propositions présentes au 1er rappel et absentes au 2e rappel est égal à 4 pour les enfants normaux, il est de 12 pour les déficients mentaux. Des informations — antérieurement traitées, conservées et rappelées — ont donc fait l'objet, soit de pertes ou de modifications lors de la phase de conservation (très courte ici !), soit d'une non-récupération ou d'une non-production lors du rappel. Ces diverses hypothèses sont également plausibles et nous ne disposons pas d'éléments en faveur de l'une ou l'autre.

Plusieurs hypothèses peuvent également être avancées pour expliquer l'absence d'évolution des performances des déficients en fonction de l'âge. Nous attendrons que d'autres expériences viennent confirmer ce résultat avant d'en proposer une explication.

Le deuxième groupe de résultats à expliquer concerne les variations lexicales et les propositions non congruentes ajoutées au texte lu. Les exemples de lexèmes redonnés par les déficients — et non par les normaux — pour « araignée » (« fourmi, crapaud, grosse, petite bête, insecte ») montrent que : s'ils ne redonnent pas « araignée », ils restent dans ce qu'on peut appeler la classe « animal » et, à une exception près, choisissent en son sein des « individus petits ». En fonction de ce que nous avons dit plus haut sur les structures et les processus sémantiques (v. supra), deux types d'hypothèses sont possibles selon qu'on se réfère aux structures ou aux processus.

Pour les premières, on peut supposer que l'élaboration du signifié « araignée » n'a pas abouti au même résultat « moyen » (au même concept, au sens large) pour les sujets des deux populations ou, autre éventualité, les différences entre signifiés voisins (les petits animaux, par exemple) ne sont pas aussi bien marquées (ou encore, les signifiés voisins ne sont pas aussi bien différenciés) pour les sujets des deux populations. Dans des travaux antérieurs (Denhière, 1976), nous avons parlé de capacité de discrimination moindre des déficients mentaux à ce propos.

Au niveau des processus sémantiques, on peut envisager que des différences interviennent lors de la présentation et/ou du rappel.

Dans le premier cas, on peut postuler que, lors de la lecture, le signifié « araignée » est bien activé — signifié dont la composition sémique serait voisine (en moyenne) pour les sujets des deux populations — mais l'oubli qui intervient immédiatement après la lecture (voir Carfantan, 1980; Le Ny, 1980) serait plus important pour les déficients que pour les normaux; une dé-différenciation résulterait de ce phénomène et entraînerait des pertes ou des substitutions de sèmes appartenant à des signifiés qui ont été activés. Dans le second cas, celui du rappel, deux possibilités existent. Une première possibilité consiste à envisager que, lors de la récupération de l'information stockée, les déficients ne parviennent pas à récupérer « précisément » les signifiés précédemment activés, soit qu'ils utilisent de « mauvais » indices de récupérations, soit que l'activation produite lors de la lecture a irradié d'un signifié déterminé vers des signifiés plus ou moins proches. Une deuxième possibilité de différence existe lors de la production: on peut en effet supposer que les signifiés activés et récupérés par les sujets des deux populations sont voisins et que les déficients, contrairement aux normaux, ne parviennent pas à « mobiliser » les signifiants conventionnellement associés à ces signifiés.

Ces considérations à propos des variations lexicales, nous les étendrons volontiers aux propositons ajoutées par les déficients au texte lu, bien que d'autres hypothèses soient probablement nécessaires. Le lecteur peut être déçu ou inquiet devant un tel inventaire des possibles: il est à la mesure de l'étendue du champ d'étude qui s'ouvre devant nous et nous ne voyons pas comment éviter ces hypothèses sans simplifications abusives et sans risque grave d'erreur.

(2) *Enfants normaux et déficients moyens: compréhension et mémorisation des versions verbale et figurative d'un récit*

Nous commencerons par souligner le caractère prometteur du travail de Langevin dans le domaine qui nous intéresse ici, le rôle du langage dans les performances des enfants normaux et des déficients mentaux: d'une part, une présentation dessinée permet un contrôle très fin de l'information nouvelle (voir Haviland et Clark, 1974) ajoutée d'un dessin au suivant, d'autre part, l'analyse prédicative des protocoles de description verbale des dessins permet d'aboutir à une « bonne » équivalence des versions verbale et figurative d'un récit. On a donc là un moyen privilégié d'investigation du rôle du langage dans la compréhension et la mémorisation de récit.

De ce point de vue, le principal résultat obtenu par Langevin est l'absence d'interaction entre les modalités de présentation (et de rappel) et les populations. De nombreuses autres expériences — avec d'autres récits et d'autres échantillons — seront nécessaires pour confirmer ce résultat obtenu avec des enfants de 7 ans et des adolescents déficients mentaux de Q.I. compris entre 40 et 60. Denis (1971) a en effet comparé le rappel verbal de deux films et des textes correspondants par des enfants de 6, 8 et 10 ans et il a constaté une supériorité du texte sur le film (29,9 vs 24,3 unités narratives rappelées en moyenne) et une interaction entre les groupes d'âge et les modalités de présentation : à 6 ans les enfants rappellent mieux le film que le texte, à 8 ans on ne note pas de différence, à 10 ans le texte est mieux rappelé que le film. On ne doit pas cependant en conclure que chez les enfants de 10 ans et plus, le texte est mieux mémorisé que son homologue filmique. Baggett (1979) a en effet obtenu un meilleur rappel du film que du texte avec des sujets adultes. Bien qu'un effort important d'équivalence structurale (et non de contenu) ait été réalisé par ce chercheur, il faut noter que la présentation du film (« Le ballon rouge », de A. Lamorisse) durait 34 mn et celle du texte (1.800 mots) 15 mn, alors que les durées de présentation avaient été égalisées par Denis (1971). Cette remarque nous met sur la voie de l'interprétation de la supériorité de la présentation figurative comparée à la présentation verbale des mêmes récits.

Le mode de construction de la version dessinée adopté par Langevin — n'ajouter qu'une seule information nouvelle par dessin — conduit inévitablement à une redondance plus élevée de la version figurative. Ainsi, par exemple, le texte du récit 2 ne mentionne que 3 fois le terme « falaise » (et 1 fois les termes « rocher » et « mer ») dans la description de la situation initiale (voir le tableau VI), alors que la falaise, le rocher et la mer apparaissent dans 39 dessins. De la même manière, on remarque que :
(i) à l'énoncé « le géant s'aperçoit que ses pieds sont sales », peut correspondre une série de 9 dessins,
(ii) à l'énoncé « le géant se trempe (re-trempe, fait tremper) ses pieds dans l'eau » peut être assignée une série de 29 dessins.

On note également que la présentation dessinée d'une action complexe telle que « boire de l'eau », exprimée par l'énoncé « le géant prend de l'eau et la boit », exige une série de 6 dessins, de même que « avaler (le) bateau ».

A partir de ces exemples, il est possible d'envisager que — malgré tous les efforts d'égalisation des versions verbale et figurative d'un récit — la modalité figurative de présentation se différencie de la modalité verbale d'un double point de vue : nombre de présentations des personnages et des lieux et, d'autre part, nombre d'indices d'identification des actions et événements; le premier renvoyant à ce que nous avons appelé la description et le second au récit proprement dit (voir 2.2.1.). S'il en est bien ainsi, la présentation dessinée n'exige pas — toutes choses égales par ailleurs — la même charge de travail en mémoire que la présentation verbale. A cela on pourrait également ajouter que l'impact émotionnel de la version dessinée serait supérieur à celui de la version verbale, ou encore que la première susciterait davantage «d'images mentales» que la seconde (voir Denis, 1979).

On aborde là le problème des rapports entre le mode de présentation de l'information et sa représentation en mémoire. De ce point de vue, l'infériorité des performances en situation verbale homogène (présentation et rappel) comparées à celles obtenues en situation hétérogène conduit à rejeter l'hypothèse du double codage proposée par Paivio (1971, 1975) qui postule deux modes distincts de représentation. Si l'on admet un seul mode de représentation de l'information en mémoire, on peut supposer, comme le propose Denis (1980), que certains traits qui entrent dans la composition d'un signifié soient de nature figurative. La supériorité de la présentation dessinée pourrait résulter d'un accès direct à des signifiés qui existent «déjà» dans la mémoire sémantique des sujets sans le recours à des signifiants verbaux; dans ce cas les sujets n'auraient pas, comme dans la présentation verbale, à rechercher des signifiés existants mais peu fréquemment utilisés ou à composer des signifiés non élaborés jusque-là. Une autre possibilité serait que les sujets utilisent des signifiants verbaux qui leur sont familiers — à la différence de ceux utilisés dans la version verbale du récit — et qui leur permettent un accès aisé aux signifiés correspondants. Lors du rappel, la récupération des signifiés activés et conservés en mémoire serait facilitée par l'utilisation d'indices identiques ou homologues à ceux utilisés lors du traitement et du stockage de l'information. On retrouve ici les concepts classiques de disponibilité et d'accessibilité. La supériorité du rappel figuratif sur le rappel verbal, quel que soit le mode de présentation, tend à montrer que le passage signifié-signifiant verbal demeure un problème pour les enfants de 7 ans et les déficients mentaux d'âge mental correspondant.

NOTES

[1] Nous ne pouvons considérer comme un récit les informations — nature de la nourriture, orientation et distance par rapport à la ruche — fournies par une abeille butineuse, de retour à la ruche, aux autres abeilles.

[2] Ainsi, on remarque qu'aucun des psychologues cités en (2) ne peut être classé comme psychologue S-R. On notera également le succès actuel des termes « schème » et « schéma » dans la littérature psychologique anglo-saxonne.

[3] Nous remercions Monsieur Polmier, Directeur de la S.E.S. du C.E.S. Jean Moulin de Montreuil-sous-Bois (93) et ses adjoints qui ont permis la réalisation de cette étude.

[4] Nos remerciements vont également à Madame Saddier, Directrice de l'Ecole de l'Est à Vincennes (94).

BIBLIOGRAPHIE

BAGGETT (P.), Structuraly equivalent stories in movie and text and the effect of the medium on recall, *J. Verbal Learning Verbal Behavior*, 1979, *18*, 333-356.

BARTHES (R.), Introduction à l'analyse structurale des récits, *Communications*, 1966, *8*, 1-27.

BARTLETT (F.C.), *Remembering: A study in experimental and social psychology*, Cambridge University Press, 1932.

BLACK (J.B.) & BOWER (G.H.), Story understanding as problem-solving, *Poetics*, 1980, *9*, 223-250.

BREMOND (C.), *Logique du récit*, Paris, Seuil, 1973.

CARFANTAN (M.), *Lecture et compréhension de phrases: mise en évidence d'un effet d'oubli électif avec effet de récence*, Mémoire de maîtrise, Université de Paris VIII, 1980.

CLARK (H.H.), Bridging, in: Johnson-Laird (P.N.) & Wason (P.C.), (Eds), *Thinking: Readings in cognitive science*, London, Cambridge University Press, 1977.

DENHIERE (G.), Influence de la composition sémantique de phrases sur le temps d'étude: étude comparative d'enfants normaux et débiles mentaux, *Journal de Psychologie*, 1976, *2*, 217-235.

DENHIERE (G.), Compréhension et rappel d'un récit par des enfants de 6 à 12 ans, Bulletin de Psychologie, 1979, XXXII, *341*, 803-819.

DENHIERE (G.), Compréhension et mémorisation de récits: étude génétique, *Document E.R.A. 235*, Université de Paris VIII, 1978.

DENHIERE (G.), Influence de l'ordre de présentation des épisodes d'un récit sur leur mémorisation à long terme, *Document E.R.A. 235*, Université de Paris VIII, 1978.

DENHIERE (G.), Wie Schulkinder Informationen aus Erzähltexten verstehen und im Gedächtnis verarbeiten, *Probleme und Ergebniss der Psychologie*, 1979, *68*, 31-50.

DENHIERE (G.), Narrative recall and recognition by children, in: *Cognition and Memory. Knowledge and Meaning Comprehension as Functions of Memory*, Klix (F.) & Hoffmann (J.), (Eds), Berlin, VEB Deutscher Verlag der Wissenschaften, 1980, 226-236.

BINET (A.), HENRI (V.), La mémoire de phrases (mémoire des idées), *Année Psychologique*, 1894, *1*, 24-59.

DENHIERE (G.), Relative importance of semantic information in comprehension and recall of narratives by children, in: *Coding and knowledge representation: Processes and structures in human memory;* Klix (F.), Hoffmann (J.) & van der Meer (E.), (Eds), Berlin, à paraître.

DENHIERE (G.), LE NY (J.F.), Relative importance of meaningful units in comprehension and recall of narratives by children and adults; *Poetics*, 1980, *9*, 147-161.

DENHIERE (G.), LE NY (J.F.), Compréhension et mémorisation de textes narratifs, Rapport terminal de l'A.T.P. «*Compréhension et lecture de textes*», Université de Paris VIII, pp. 39-62, 1980.

van DIJK (T.A.), *Macrostructures*, Hillsdale, N.J., Lawrence Erlbaum Associates, 1980.

van DIJK (T.A.), *A propositional system for scoring content in protocols*, University of Amsterdam, 1980.

DENIS (M.), La mémoire d'un message filmique comparée à celle d'un message verbal chez des enfants d'âge scolaire, *J. de Psychologie*, 1971, *1*, 69-87.

DENIS (M.), *Les images mentales*, Paris, P.U.F., 1979.

DENIS (M.), On figurative components of mental representations; in: *Coding and knowledge representation: Processes and structures in human memory*, Klix (F.), Hoffman (J.) & van der Meer (E), (Eds), Berlin, à paraître.

FRAISSE (P.), *La psychologie du temps*, Paris, P.U.F., 1967.

GENETTE (G.), Frontières du récit, *Communications*, 1966, *8*, 152-163.

GREIMAS (A.J.), *La sémantique structurale*, Paris, Larousse, 1966.

GREIMAS (A.J.), *Du sens*, Paris, Seuil, 1970.

HAVILAND (S.E.), CLARK (H.H.), What's New? Acquiring new information as a process in comprehension, *J. Verbal Learning Verbal Behavior*, 1974, *13*, 512-521.

JOHNSON (N.S.), MANDLER (J.), A tale of two structures: underlying and surface forms in stories; *Poetics*, 1980, *9*, 51-86.

KINTSCH (W.), *The representation of meaning in memory*, Hillsdale, N.J., Lawrence Erlbaum Ass., 1974.

KINTSCH (W.), Learning from text, levels of comprehension, or: Why anyone would read a story anyway, *Poetics*, 1980, *9*, 87-98.

KINTSCH (W.), van DIJK (T.A.), Comment on se rappelle et on résume des histoires, *Langages*, 1975, *40*, 98-116.

KINTSCH (W.), van DIJK (T.A.), Toward a model of text comprehension and production, *Psychological Review*, 1978, *85*, 363-394.

LE NY (J.F.), *La sémantique psychologique*, Paris, P.U.F., 1979.

LE NY (J.F.), Selective activities and elective forgetting in the process of understanding and in the recall of semantic contents, in: *Cognition and Memory. Knowledge end meaning comprehension as functions of memory*, Klix (F.) & Hoffman (J.), (Eds), Berlin, VEB Deutscher Verlag der Wissenschaften, 1980, 76-81.

LE NY (J.F.), Knowledge, meaning, reprentation: some current problems, Document ERA 235, Université de Paris VIII, 1980.

LABOV (W.), WALETZKY (J.), Narrative analysis: oral versions of personal experience, in: *Essays on the verbal and visual arts*, Helm (J.), (Edit.), Seattle, University of Washington Press, 1967.

LANGEVIN (J.), La mémorisation des versions verbales et figuratives de récits par des déficients mentaux et par des jeunes enfants, *Thèse de Doctorat de 3ᵉ Cycle*, Université de Paris VIII, 1981.
MANDLER (J.), JOHNSON (N.S.), Remembrance of things parsed: Story structure and recall, *Cognitive Psychology*, 1977, *9*, 111-151.
PAIVIO (A.), *Imagery and verbal processes*, New York, Holt, 1971.
PAIVIO (A.), Imagery and synchronic thinking, *Canadian Psychological Review*, 1975, *16*, 3, 147-163.
PIAGET (J.), *La causalité physique chez l'enfant*, Paris, Alcan, 1927.
PROPP (V.), *Morphologie du conte*, Paris, Seuil, 1965.
PYNTE (J.), DENHIERE (G.), *Influence de la thématisation et du statut syntaxique des propositions sur les temps de lecture et la mémorisation de récits*, 1981, à paraître.
RUMELHART (D.E.), Notes on a schema for stories, in: *Representation and understanding: studies in cognitive science*, Bobrow (D.G.), Collins (A.M.), (Eds), New York, Academic Press, 1975.
THORNDYKE (P.), Cognitive structures in comprehension and memory of narrative discourse, *Cognitive Psychology*, 1977, *2*, 77-110.
TODOROV (T.), *Grammaire du Décaméron*, Paris, Mouton, 1969.

5.2. Bilinguisme et arriération mentale

Miquel SIGUAN et Miquel SERRA

L'expérience montre qu'un enfant soumis à l'influence de deux langues au moment de l'acquisition du langage apprend à les parler simultanément ou avec un minimun de retard. Son apprentissage linguistique dans chaque langue est comparable à celui des enfants mongolingues. Il acquiert les mêmes éléments linguistiques en suivant la même succession, selon les mêmes fonctions et arrive à des résultats semblables. Bien que parfois le rythme d'acquisition puisse être plus lent et le niveau de langue plus pauvre à un âge déterminé, il ne s'agit que de retards parfaitement compensables.

Un cas est celui de l'enfant qui entre en contact avec une deuxième langue quand la première langue est déjà pleinement établie, à 4 ou 6 ans, par exemple. Le contact avec la langue inconnue peut déterminer un «choc» qui doit être surmonté. L'apprentissage de la nouvelle langue s'appuyera en bonne part sur les connaissances acquises dans la première langue et sera donc un type d'apprentissage différent.

Il y a quelques années, on considérait que le bilinguisme dans l'enfance avait des effets négatifs sur le développement intellectuel, d'autant plus négatif qu'il commençait plus tôt. De telles affirmations s'appuyaient sur des études réalisées chez des enfants de minorités linguistiques, scolarisés dans une langue officielle différente de leur langue familiale, ce qui est une forme très défavorable de bilinguisme. Après de multiples discussions pendant près de cinquante ans, il est accepté aujourd'hui que le bilinguisme acquis dans des conditions adéquates et équilibrées n'a pas d'effets défavorables sur le développement intellectuel. On tend même à penser que l'exercice linguistique et métalinguistique supplémentaire que le double apprentissage demandé favorise le développement intellectuel dans le cas d'enfants d'intelligence normale ou supérieure à la normale. Ceci est moins sûr, par contre, pour les enfants de niveau intellectuel inférieur et a fortiori pour les enfants déficients mentaux.

Chez ces enfants, tout apprentissage intellectuel est difficile. Les obliger à un apprentissage supplémentaire revient à multiplier gratuitement leurs possibilités d'échec. Il serait plus prudent sans doute de leur épargner cet effort et de se concentrer sur des apprentissages plus importants renonçant au bilinguisme. (Avec de tels arguments, on peut recommander le renoncement au bilinguisme à n'importe quel enfant affecté de graves difficultés d'audition et d'expression). Renoncer à ce que l'enfant se convertisse au bilinguisme dans le milieu familial et renoncer aussi au bilinguisme dans le milieu scolaire de façon à ce qu'il n'entende chez lui et à l'école qu'une seule langue.

Dans certains cas ce renoncement est facile. Une famille qui s'est proposé que ses enfants dominent deux langues internationales en plus de la sienne avant l'adolescence, peut renoncer à cet objectif dans le cas d'un enfant déficient.

Mais dans d'autres cas le renoncement n'est pas si facile ou simplement il n'est pas possible :
a) La famille peut être bilingue dans sa propre composition, le père et la mère, par exemple, parlant des langues différentes.
b) Le milieu extérieur peut utiliser une langue différente de celle de la famille, comme c'est le cas de l'émigrant.
c) Le milieu peut être précisément émigrant, ce sera alors le cas des minorités linguistiques. Dans toutes ces conditions, le renoncement au bilinguisme est difficile.

Ce ne sont pas seulement des raisons de commodité qui rendent le renoncement au bilinguisme difficile. Dans beaucoup de cas, le renoncement peut être ressenti comme une imposition. Il est évident que si l'on doit renoncer à une des langues, cela se fait normalement en faveur de la langue socialement et politiquement la plus forte. Et ceci pour de multiples raisons, mais en premier lieu parce que cette langue est normalement la langue des centres d'assistance et d'éducation spéciale.

Même dans des pays où le système d'enseignement permet que les langues minoritaires soient présentes dans l'enseignement, cette possibilité ne s'applique pas ou s'applique en bien moindre mesure dans l'éducation spéciale. Cela est aussi vrai en ce qui concerne les ressources offertes aux émigrants.

Il n'est guère difficile d'imaginer les raisons de ce fait. L'enseignement monolingue, suivant la langue officielle, est plus simple à organiser et s'administrer à moindre prix que si l'on donne une éducation en d'autres langues. Ceci est vrai en disposant de maîtres bilingues.

Mais si les raisons sont faciles à comprendre, le résultat n'en est pas moins injuste et capable de provoquer, d'un côté, des ressentiments et des protestations, mais surtout des problèmes d'adaptation communicative.

En plus d'être injuste, cette imposition éducative est souvent irréelle. Car dans beaucoup de cas, bien que l'éducation que nous offrons au déficient soit monolingue, il continuera à être bilingue d'une manière spontanée et, comme membre de son milieu, aura toujours le besoin de communiquer ou au moins de comprendre les deux langues.

Quelles sont en réalité les possibilités de l'enfant déficient pour accéder au bilinguisme ? Comment doivent-elles être considérées dans son éducation ?

Malheureusement, nous ne sommes pas en mesure de répondre à ces questions. Nous ne connaissons pas d'études qui s'en occupent et celles que nous avons entreprises n'en sont encore qu'à leurs débuts[3]. Ce texte prétend plus proposer un thème important de réflexions négligées jusqu'à présent que d'offrir des réponses à ces questions.

Pour comprendre cette négligence, il faut se souvenir que l'étude des problèmes relatifs à n'importe quelle modalité de l'éducation bilingue ne fait que commencer. Je me réfère aux problèmes d'organisation et de techniques pédagogiques et en premier lieu à la compréhension des processus psychologiques qui permettent l'apprentissage des deux langues.

Nous avons rappelé ci-dessus que l'expérience montre qu'un enfant soumis à un double milieu linguistique peut apprendre à parler dans deux langues sans difficultés spéciales. Cet apprentissage, de même que l'apprentissage d'une seule langue, inclut des processus de signification, de compréhension des relations, d'assimilation de règles qui comportent des opérations intellectuelles et supposent donc un certain développement mental. Mais aussi compliqués que soient ces processus, nous devons souligner que l'enfant normal de quatre ans est capable de les réaliser. Ainsi, l'enfant déficient qui est arrivé à un développement mental équivalent devrait être capable de parler dans n'importe quelle langue et donc aussi être bilingue [4].

Il est évident que l'apprentissage simultané ou successif de deux langues implique des processus en relation avec la constitution de deux systèmes linguistiques indépendants et sur lesquels nos connaissances sont très limitées [5].

Par exemple, lorsqu'un enfant apprend à nommer un ensemble d'expériences par le mot « eau » et un autre ensemble par le mot « agua », a-t-il acquis des significations indépendantes pour une seule signification exprimée par deux signifiants différents? Il semble difficile de soutenir qu'il s'agisse de deux significations différentes et indépendantes, mais il ne semble pas non plus possible d'affirmer qu'il ne s'agisse que d'une seule, et que les deux mots représentent pour l'enfant exactement la même chose. On se pose aussi la question suivante: lorsque, grâce à l'expérience ou le contact social, le signifié d'un mot change dans une langue, le signifié de la parole correspondante à l'autre langue change-t-il aussi? Lorsqu'un enfant qui vit loin de la mer et dans un milieu bilingue voit pour la première fois la mer et qu'on lui dit que cela est aussi de l'eau, pour lui, est-ce que le signifié correspond vraiment à la parole « eau »?

Ou bien, lorsque l'enfant a appris en français que le mot « animal » s'applique de la même façon au chien, au chat ou au cheval, est-ce qu'il transpose directement ce caractère général au mot castillan ou est-ce qu'il doit l'apprendre à nouveau dans cette langue?

De même, lorsque l'enfant a appris que certains mots sont masculins et d'autres féminins, est-ce qu'il a appris que ces mots peuvent se modifier de telle façon qu'ils prennent le signifié masculin ou féminin? Comment est-ce que l'enfant transfère ces règles d'une langue à l'autre?

J'ai déjà dit que notre connaissance de la manière dont ces processus agissent chez l'enfant bilingue normal est trop limitée pour connaître l'influence du retard mental sur eux. Nous pensons cependant qu'en principe il ne l'altère pas.

Mais il y a d'autres aspects du bilinguisme qui, selon nous, peuvent être affectés.

L'apprentissage parallèle de deux langues ne demande pas seulement des transferts comme ceux que nous venons de commenter. Ce qui caractérise le bilingue est le fait qu'il maintienne les éléments qui constituent chaque langue — prononciation, vocabulaire, morphosyntaxe — séparés et intérieurement organisés, c'est-à-dire constituant deux systèmes différents.

Il faut tenir compte de cette différenciation qui ne se fait pas automatiquement. L'enfant qui apprend à parler en écoutant deux langues a besoin d'un certain temps pour les distinguer et s'en servir rapidement.

La rapidité et l'efficacité avec lesquelles l'enfant maintient la séparation des deux systèmes dépendent du niveau de ses apprentissages linguistiques. Mais elles dépendent aussi de la clarté avec laquelle son milieu utilise les deux langues, selon les personnes ou selon les situations et la pression exercée sur lui pour les maintenir séparées.

Quel que soit le temps que l'enfant mette à séparer les deux systèmes et le degré auquel il arrive à les maintenir différenciés, ce qui le caractérise comme bilingue est sa capacité d'utiliser l'une ou l'autre langue selon les circonstances et sa facilité de passer d'une langue à l'autre.

Qu'en est-il alors du déficient si on considère cet aspect ?

En premier lieu, il existe certains degrés de déficience mentale qui empêchent le sujet de dominer le caractère abstrait des signes et qui l'empêchent donc d'avoir un langage verbal, bien qu'il utilise des mots qui sont des équivalents de gestes sonores liés à des faits concrets et immédiats. A ce niveau, il n'est pas possible de parler de bilinguisme même si le sujet est capable d'utiliser des mots en provenance de deux langues différentes et même de les utiliser dans des situations différenciées.

En fait, on pourrait proposer à des sujets de ce niveau un système de gestes bien développé qui, étant universellement connu, éliminerait la nécessité du bilinguisme.

Il est évident que la majorité des déficients dépasse ce niveau minimal et sont capables d'acquérir un langage verbal même fort limité. S'ils sont capables d'apprendre une langue, ils devraient être aussi capables d'en apprendre une autre et de devenir, du moins partiellement, bilingues [6].

Leurs difficultés dans cette tâche, selon notre opinion, ne résident pas tellement dans l'acquisition des deux langues, vu que les processus impliqués sont fondamentalement les mêmes, mais dans la difficulté à organiser chacun des deux systèmes indépendamment l'un de l'autre, à les maintenir séparés et, s'ils y parviennent, à passer rapidement de l'un à l'autre.

Nous supposons donc que, comparé à l'enfant normal, le retardé en contact avec deux systèmes linguistiques, tarde plus à les distinguer et est moins conscient de la distinction. Etant moins flexible pour passer de l'un à l'autre aux moments adéquats, il aura plus de difficultés à les maintenir séparés.

Il ne s'agit donc pas tant d'une impossibilité, mais d'une difficulté importante qui s'ajoute à l'abondante collection de problèmes que rencontre le retardé dans ses apprentissages et qui conduisent souvent à des échecs. Echecs aggravés par la réaction des personnes qui l'entourent et qui provoquent sa passivité, sinon son refus.

Le problème est encore plus grave quand le retardé se voit invité ou obligé d'apprendre une deuxième langue lorsqu'il a déjà acquis une première langue, comme c'est le cas d'un membre d'une famille émigrée ou du membre d'une minorité linguistique qui reçoit l'enseignement scolaire dans une langue différente de la langue maternelle. Le choc de la découverte de l'incapacité de communiquer et le manque de confiance dans sa propre aptitude à surmonter la difficulté auront des effets dévastateurs sur les processus d'apprentissage impliqués.

Dans n'importe quelle situation citée, arriver à surmonter les difficultés du déficient demande la participation active de tous ceux qui l'entourent. Dans le cas d'un enfant qui grandit dans un milieu bilingue, l'effort devra se diriger dans le sens de maintenir clairement séparés les deux langues et d'influencer l'enfant pour qu'il les distingue. Dans le cas du déficient qui entre en contact avec une seconde langue en arrivant à l'âge scolaire, l'effort devra se diriger vers une introduction graduelle qui élimine le choc et qui tienne compte des aspects affectifs et motivationnels de la situation et une organisation pédagogique qui permette et stimule l'usage des deux langues.

Cet effort suppose évidemment une attention supplémentaire que la famille et l'école doivent prêter à l'enfant retardé mental. Etant donné que l'éducation de l'enfant déficient demande tant d'efforts et recueille le plus souvent des échecs, il n'est pas étrange qu'on ait tendance à éviter ce fardeau supplémentaire.

Le cas des enfants retardés incorporés au système éducatif régulier et non dans des centres d'éducation spéciale, semble en principe plus facile, car leur niveau mental est supérieur et, par conséquent, leurs possibilités d'apprentissage également. Mais parce qu'on attend d'eux un développement plus rapide dans tous les aspects, même dans la séparation des deux systèmes linguistiques, leurs expériences d'échecs peuvent être plus graves, ainsi que l'incompréhension de ceux-ci par leurs maîtres et camarades. Il est certain que devant n'importe quel échec scolaire, les autorités scolaires, et souvent même les familles, ont tendance à vouloir expliquer ces échecs en fonction des difficultés de l'éducation bilingue, bien qu'en réalité elles proviennent de l'incapacité du système scolaire à tenir compte du bilinguisme effectif des sujets ou de la société qui les entoure.

Si nous nous sommes centrés sur le problème pédagogique, c'est qu'il est le plus immédiat et le plus visible et que sa prise de conscience peut créer l'élan nécessaire pour l'investigation de ce champ d'études. Mais nous croyons aussi que la question de voir comment le retard mental influence la capacité d'apprendre et d'utiliser deux langues est intéressante en soi, même du point de vue purement théorique et indépendamment de ses conséquences pédagogiques.

Comme l'analyse de la conduite des sujets bilingues est une voie extraordinairement fructueuse, bien que peu utilisée, pour approfondir l'étude de la conduite psycholinguistique et en premier lieu des relations entre la pensée et le langage, l'analyse de la conduite linguistique des retardés soumis à l'influence de deux langues différentes devrait éclairer plus largement les problèmes de langage chez les déficients.

Nous voudrions que cette communication soit une invitation à poursuivre des études dans ce champ, à commencer par celles qui devraient nous offrir des données de base : l'étude longitudinale de cas concrets de sujets retardés mentaux qui apprennent à parler et à lire dans deux langues différentes.

NOTES

[1] Cette équivalence d'apprentissage est vraie quand les conditions sont équilibrées (Tabouret-Keller, 1969). Mais il faut se rappeler que des auteurs comme McNamara (1966) nous parlent de l'«effet de balance» qui évolue selon les conditions: «Mieux un bilingue connaît une langue, moins bien il connaît son autre langue». Même si l'idée d'un bilinguisme parfait paraît tout à fait difficile à soutenir, on peut espérer une compétence normale vers l'âge de 13 ans, quand des retards possibles (linguistiques ou scolaires) peuvent disparaître (Tabouret-Keller, 1960). Voir aussi: Siguan, 1978; Volterra, 1978; Van Overbeke, 1972; et Simoes, 1976.

[2] Les effets négatifs du bilinguisme furent présents dans les conclusions de la Conférence internationale tenue à Luxembourg en 1928. On peut consulter, par exemple, les contributions de Smith, Sear, Gali, etc. Il faut noter que la majorité de ces auteurs vivaient dans des milieux de minorités linguistiques où les conditions étaient défavorables pour la langue maternelle.

[3] Il y a des auteurs, comme Jones (1960), qui dans leurs recherches n'ont pu constater des avantages pour le monolinguisme ou le bilinguisme. Mais d'autres, comme Peal (1962) trouvent, par exemple, de meilleurs résultats parmi les bilingues dans la formation de concepts (ici la population était d'un bon niveau socio-économique au Canada).

[4] Face à l'hypothèse d'acquisition normale mais retardée chez les déficients (voir Graham, 1971; Cromer, 1974; Rondal, 1978; Berry, 1976; Ryan, 1975; et Denhiere, 1976), qui est très intéressante socialement et pédagogiquement, on désirerait connaître des résultats sur les caractéristiques multifonctionnelles et la composition des traits sémantiques, où peut-être on trouverait des différences importantes, montrant une utilisation minimale ou réduite du système verbal.

[5] Les contributions neurolinguistiques au problème du bilinguisme, quoique limitées aux adultes et malades, et peu évoluées encore, sont importantes à suivre. Les questions de compréhension et d'expression, aux différents niveaux de représentation verbale et mentale, nous aident beaucoup à nous doter d'un modèle plus précis et donc plus fécond pour nos recherches (Serra, 1981). (Voir Paradis, 1977; Albert, 1978).

[6] Comme on sait, le bilinguisme n'est pas une question de «tout ou rien», et les langues sont apprises selon les besoins communicatifs. Dans ce sens, et pour la population dont on parle, la distinction entre bilinguisme *passif* et *actif* est importante. Le premier se réfère à la compréhension de la langue dite «essentielle» et à l'expression élémentaire, et le second, à un travail direct pour l'apprentissage et la délimitation des langues. En fait, les solutions spontanées que l'on trouve dans nos écoles spéciales en Catalogue, tendent à utiliser la langue majoritaire de la classe dans l'enseignement, mais à demander également à l'enfant de parler sa langue maternelle. Les enseignants disent aussi que la langue n'est pas un facteur de groupement dans le jeu ou dans la cour, mais que d'autre part, très peu d'enfants changent leur langue en fonction de l'interlocuteur. Tous les enseignants considèrent le bilinguisme comme un problème très important, mais ils se plaignent de n'avoir aucun critère pour l'évaluer et l'affronter.

BIBLIOGRAPHIE

ALBERT, M.L., and OBLER, L.K., 1978, *The bilingal brain*, Academic Press, N.Y.
BERRY, P., et al., 1976, *Language and Communication in the Mentally handicapped*, Arnold, London. Spécialement les contributions de Mittler (pp. 1-35) et de Wheldall (pp. 36-55).
Bilinguisme et éducation. Travaux de la Conférence internationale tenue à Luxembourg du 2 au 5 avril 1978. Bureau international d'éducation, Genève.
CROMER, R.F., 1974, Receptive language in the Mentally Retarded : Processes and Diagnostic distinctions, in Schiefelbusch, R., Ed, *Language perspectives, acquisition, retardation and intervention*, Univ. Park Press, Baltimore.
GRAHAM, J.T. and GRAHAM, L.W., 1971, Language behavior of the mentally retarded, *Amer. J. Ment. Def.*, 75, 623-629.
DENHIERE, G., 1976, Influence de la composition sémantique des phrases sur le temps d'étude : Etude comparative d'enfants normaux et débiles mentaux, *J. Psychol.*, 2, 217-235.
JONES, W.R., 1960, A critical study of bilingualism and non-verbal intelligence, *Brit. J. Educ. Psychol.*, 30, 71-77.
McNAMARA, J., 1966, *Bilingualism and primary education*, Edimbourgh Univ. Press.
PARADIS, M., 1977, Bilingualism and Aphasia, in Whitaker, H., et al., Eds, *Studies in Neurolinguistics*, vol III, Academic Press, N.Y.
RONDAL, J., 1978, Le développement linguistique des handicapés mentaux, *J. Psychol.*, 3, 347-368.
RYAN, J., 1975, Mental subnormality and language development, in Lenneberg, E.H., et Lenneber, E., Eds, *Foundations of Language Development*, UNESCO — Academic Press, N.Y.
SIGUAN, M., 1978, *Education y pluralidad de lenguas*, I. C. E. Univ. Barcelona.
SIGUAN, M., 1976, Bilinguismo y personalidad, *An Psicologia*, 15, 5-36.
SIMOES, A., 1976, *The bilingual child*, Academic Press, N.Y.
SERRA, M., 1981, Analisis functional del lenguaje, *R. Logopedia* Fon. Audiol. *1*, sous presse.
PEAL, E., and LAMBERT, W.E., 1962, The relation of bilingualism to intelligence, *Psychol. Monogr.*, 76, 1-23.
TABOURET-KELLER, A., 1960, Problèmes psychopédagogiques du bilinguisme, *Rev. Int. Pedagog.*, 6, 52-66.
TABOURET-KELLER, A., 1969, *Le bilinguisme de l'enfant avant six ans*, Inst. Psychol., Univ. Strasbourg.
VAN OBERBEKE, L., 1972, *Introduction au problème du bilinguisme*, Nathan, Paris.
VOLTERRA, V., et TEASCHNER, T., 1978, The acquisition and development of language by bilingual children, *J. Child. Lang.*, 5, 311-326.

6. CONCLUSION ET PERSPECTIVES

Jean-A. RONDAL

Les communications rassemblées dans les pages qui précèdent documentent en détail un certains nombres de problèmes relatifs au développement du langage et de la communication orale chez les sujets handicapés mentaux : aspects cognitifs du développement langagier de ces sujets, performance communicative des adultes arriérés mentaux, langage des enfants mongoliens, environnement linguistique et développement du langage chez les enfants handicapés mentaux, développement symbolique et sensori-motricité, conduites de récit et mémorisation, problèmes de bilinguisme chez les enfants handicapés mentaux, etc.

Plutôt que de tenter une synthèse de ces apports nécessairement disparates compte tenu de l'énormité du champ à couvrir, nous préférons clôturer cet ouvrage par un court exposé programmatique reprenant les principales dimensions d'une recherche systématique en matière de communication et de langage oral chez les sujets handicapés mentaux. Cet exposé fera mieux comprendre, nous l'espérons, l'étendue du domaine de recherche et les secteurs négligés qui s'y trouvent. Si la recherche sur les questions de langage chez les handicapés a déjà permis de recueillir un nombre impressionnant de données, comme nous l'avons indiqué dans l'introduction et comme les communications recueillies dans cet ouvrage en témoignent, beaucoup reste évidemment à faire particulièrement sur le plan de l'intervention langagière avec les enfants handicapés mentaux.

La recherche en matière de langage et de communication chez les handicapés mentaux doit procéder selon les axes repris au Tableau 1.

Tableau 1
Axes de recherche en matière de langage et de communication chez les handicapés mentaux

1. *Différentes composantes du système linguistique et communicatif*
   - phonologie (prononciation)
   - vocabulaire
   - sémantique structurale
   - morphologie et syntaxe
   - pragmatique et compétence de communication (pratique conversationnelle)
   - expression et communication non verbale et leurs relations avec l'expression et la communication verbale; aspects paraverbaux de la communication verbale

2. *Différents niveaux de handicap mental*
   - handicap mental léger
   - handicap mental modéré
   - handicap mental sévère
   - handicap mental profond

3. *Différents âges* (chronologiques et mentaux): du bébé à l'adulte

4. *Différents milieux et contextes d'échange linguistique et de communication*
   - famille
   - école spéciale et/ou intégrée aux différents niveaux scolaires (maternel, primaire, secondaire, professionnel)
   - milieux socio-professionnels
   - homes, centres de jours, résidences pour adultes, etc.

5. *Etude fondamentale et appliquée (intervention*: objectif général: améliorer autant que possible la situation existante dans chaque cas)

6. *Etude transversale et longitudinale*

Ces axes (ou au moins certains d'entre eux) peuvent être étudiés séparément. Il est souhaitable cependant que les recherches prennent autant que possible plusieurs éléments en considération simultanément de façon à faciliter l'intégration des données et leur interprétation à un niveau intéressant de généralité.

Nous avons suffisamment discuté des différentes composantes du système linguistique jusqu'ici pour qu'il soit encore nécessaire de les redéfinir. Il convient peut-être de préciser ce que nous entendons par les aspects paraverbaux de la communication verbale. On y inclut les mimiques faciales, les poses et attitudes corporelles, et la distance entre les interlocuteurs (lorsqu'ils sont physiquement présents l'un à l'autre), c'est-à-dire une série de variables qui «encadrent» la communication verbale et peuvent servir à moduler les significations transmises par l'usage du code linguistique ou à transmettre à l'interlocuteur ou encore à des tiers des significations additionnelles ou collatérales (on verra Rondal et Lambert, 1981, pour plus de détails sur ces points). Il faut insister sur la nécessité qu'il y a à étudier le langage et la communication chez les handicapés mentaux à tous les âges (chronologiques et mentaux), depuis les bébés, là où le handicap mental peut être prédit à la naissance, comme c'est le cas pour le mongolisme ou syndrome de Down et pour quelques autres syndromes, jusqu'aux adolescents et aux adultes handicapés mentaux. Les différents milieux de vie et les contextes communicatifs des sujets handicapés mentaux ont été peu étudiés jusqu'ici. Il serait souhaitable de combler cette lacune rapidement. Toute une sociolinguistique appliquée du handicap mental reste entièrement à construire ici. L'étude du langage et de la communication chez les handicapés mentaux peut répondre à des préoccupations fondamentales (décrire et expliquer les phénomènes linguistiques et communicatifs à l'étude en eux-mêmes et pour eux-mêmes) ou appliquées. Ces dernières sont évidemment essentielles. Elles débouchent sur l'intervention langagière et communicative avec les sujets handicapées. Cette intervention constitue l'objectif final et la justification principale des efforts de recherche, un point qu'il convient de ne jamais perdre de vue. Nous avons indiqué dans l'introduction combien les carences sont importantes à ce point de vue. Le travail qui reste à faire est énorme. Il est également décisif. Rien ne sert finalement de multiplier les études et les recherches si ce n'est pas pour déboucher sur une intervention éclairée et décidée susceptible de remédier aux problèmes langagiers et communicatifs des sujets handicapés mentaux dans la mesure du possible et d'être appliquée sur une grande échelle. Les phrases qui précèdent ne contredisent en rien l'indication selon laquelle la recherche fondamentale est légitime et souhaitable en matière de langage et de communication chez les handicapés mentaux. Une intervention maximalement efficace et donc économique ne peut se concevoir sans être en mesure de comprendre et d'expliquer les phénomènes pertinents. Le savoir-faire s'articule nécessairement sur le savoir faute de se ramener à une simple et coûteuse procédure d'essais et d'erreurs ne présentant aucune garantie de succès. Une intervention efficace implique donc une recherche fondamentale. Mais il convient qu'on ne s'arrête point à celle-ci et qu'on puisse en traduire les implications en actes thérapeutiques (au sens large) concrets et organisés.

Il importe enfin de rappeler l'importance des études longitudinales pour la compréhension des phénomènes développementaux. Or celles-ci font cruellement défaut dans le domaine du handicap mental et particulièrement en langue française.

On le voit. Ce n'est pas le travail qui manque dans le domaine qui a retenu notre attention au long de cet ouvrage.

BIBLIOGRAPHIE

RONDAL, J.A. et LAMBERT, J.L. *Langage et communication chez les handicapés mentaux: Théories, évaluation et intervention.* Neuchâtel: Delachaux et Niestlé, 1981, sous presse.

TABLE DES MATIERES

AVANT-PROPOS 5

LISTE DES CONTRIBUTEURS 7

ALLOCUTION D'OUVERTURE DU COLLOQUE , par le Dr. R. Portray, Présidente de l'Association Nationale d'Aide aux Handicapés Mentaux 8

1. LANGAGE ET ARRIERATION MENTALE, par J.A. Rondal 11

2. LANGAGE ET DEVELOPPEMENT COGNITIF 23

    2.1. *Apprentissage des structures logiques et développement du langage chez les arriérés mentaux*, par J.L. Paour 24

    2.2. *Genèse et structuration des marqueurs de relation spatiale chez les déficients mentaux légers*, par B. Piérard 54

    2.3. *La construction de phrases simples chez le jeune enfant normal et arriéré mental*, par H.H. Chipman et F. Pastouriaux 68

3. LANGAGE ET COMMUNICATION CHEZ LES HANDICAPES MENTAUX 89

    3.1. *Performance verbale et capacités communicatives chez les handicapés mentaux adultes*, par J.L. Lambert et J.A. Rondal 90

    3.2. *Apprentissage d'un système de communication visuelle par des adultes arriérés sévères et profonds*, par A. Cobben-Jaspar 103

4. ASPECTS DEVELOPPEMENTAUX ET RELATIONNELS 133

    4.1. *Troubles du langage et de la communication chez les enfants de faible niveau intellectuel*, par G. Levi et B. Zollinger 134

    4.2. *Quelques aspects du langage des enfants mongoliens*, par C. Shaner-Wolles 150

    4.3. *Emergence du processus symbolique et développement cognitif chez le jeune enfant handicapé mental : réflexions méthodologiques et théoriques lors de l'élaboration d'un système d'observation*, par G. Chatelanat   167

5. MEMORISATION DE RECIT ET BILINGUISME 185

    5.1. *La mémorisation de récits par des enfants normaux et des adolescents déficients mentaux*, par G. Denhière et J. Langevin 186

    5.2. *Bilinguisme et arriération mentale*, par M. Siguan et M. Serra 230

6. CONCLUSION ET PERSPECTIVES, par J.A. Rondal 239

TABLE DES MATIERES 243

PSYCHOLOGIE ET SCIENCES HUMAINES
collection publiée sous la direction de MARC RICHELLE

1. Dr Paul Chauchard
   LA MAITRISE DE SOI, *9ᵉ éd.*
5. François Duyckaerts
   LA FORMATION DU LIEN SEXUEL, *9ᵉ éd.*
7. Paul-A. Osterrieth
   FAIRE DES ADULTES, *16ᵉ éd.*
9. Daniel Widlöcher
   L'INTERPRETATION DES DESSINS D'ENFANTS, *9ᵉ éd.*
11. Berthe Reymond-Rivier
    LE DEVELOPPEMENT SOCIAL DE L'ENFANT ET DE L'ADOLESCENT, *9ᵉ éd.*
12. Maurice Dongier
    NEVROSES ET TROUBLES PSYCHOSOMATIQUES, *7ᵉ éd.*
15. Roger Mucchielli
    INTRODUCTION A LA PSYCHOLOGIE STRUCTURALE, *3ᵉ éd.*
16. Claude Köhler
    JEUNES DEFICIENTS MENTAUX, *4ᵉ éd.*
21. Dr P. Geissmann et Dr R. Durand
    LES METHODES DE RELAXATION, *4ᵉ éd.*
22. H. T. Klinkhamer-Steketée
    PSYCHOTHERAPIE PAR LE JEU, *3ᵉ éd.*
23. Louis Corman
    L'EXAMEN PSYCHOLOGIQUE D'UN ENFANT, *3ᵉ éd.*
24. Marc Richelle
    POURQUOI LES PSYCHOLOGUES?, *6ᵉ éd.*
25. Lucien Israel
    LE MEDECIN FACE AU MALADE, *5ᵉ éd.*
26. Francine Robaye-Geelen
    L'ENFANT AU CERVEAU BLESSE, *2ᵉ éd.*
27. B.F. Skinner
    LA REVOLUTION SCIENTIFIQUE DE L'ENSEIGNEMENT, *3ᵉ éd.*
28. Colette Durieu
    LA REEDUCATION DES APHASIQUES
29. J.C. Ruwet
    ETHOLOGIE: BIOLOGIE DU COMPORTEMENT, *3ᵉ éd.*
30. Eugénie De Keyser
    ART ET MESURE DE L'ESPACE
32. Ernest Natalis
    CARREFOURS PSYCHOPEDAGOGIQUES
33. E. Hartmann
    BIOLOGIE DU REVE
34. Georges Bastin
    DICTIONNAIRE DE LA PSYCHOLOGIE SEXUELLE
35. Louis Corman
    PSYCHO-PATHOLOGIE DE LA RIVALITE FRATERNELLE
36. Dr G. Varenne
    L'ABUS DES DROGUES
37. Christian Debuyst, Julienne Joos
    L'ENFANT ET L'ADOLESCENT VOLEURS
38. B.-F. Skinner
    L'ANALYSE EXPERIMENTALE DU COMPORTEMENT, *2ᵉ éd.*
39. D.J. West
    HOMOSEXUALITE
40. R. Droz et M. Rahmy
    LIRE PIAGET, *3ᵉ éd.*
41. José M.R. Delgado
    LE CONDITIONNEMENT DU CERVEAU ET LA LIBERTE DE L'ESPRIT
42. Denis Szabo, Denis Gagné, Alice Parizeau
    L'ADOLESCENT ET LA SOCIETE, *2ᵉ éd.*
43. Pierre Oléron
    LANGAGE ET DEVELOPPEMENT MENTAL, *2ᵉ éd.*
44. Roger Mucchielli
    ANALYSE EXISTENTIELLE ET PSYCHOTHERAPIE PHENOMENO-STRUCTURALE
45. Gertrud L. Wyatt
    LA RELATION MERE-ENFANT ET L'ACQUISITION DU LANGAGE, *2ᵉ éd.*
46. Dr. Etienne De Greeff
    AMOUR ET CRIMES D'AMOUR
47. Louis Corman
    L'EDUCATION ECLAIREE PAR LA PSYCHANALYSE
48. Jean-Claude Benoit et Mario Berta
    L'ACTIVATION PSYCHOTHERAPIQUE
49. T. Ayllon et N. Azrin
    TRAITEMENT COMPORTEMENTAL EN INSTITUTION PSYCHIATRIQUE
50. G. Rucquoy
    LA CONSULTATION CONJUGALE
51. R. Titone
    LE BILINGUISME PRECOCE
52. G. Kellens
    BANQUEROUTE ET BANQUEROUTIERS
53. François Duyckaerts
    CONSCIENCE ET PRISE DE CONSCIENCE
54. Jacques Launay, Jacques Levine et Gilbert Maurey
    LE REVE EVEILLE-DIRIGE ET L'INCONSCIENT
55. Alain Lieury
    LA MEMOIRE
56. Louis Corman
    NARCISSISME ET FRUSTRATION D'AMOUR

57 E. Hartmann
LES FONCTIONS DU SOMMEIL
58 Jean-Marie Paisse
L'UNIVERS SYMBOLIQUE DE L'ENFANT ARRIERE MENTAL
59 Jacques Van Rillaer
L'AGRESSIVITE HUMAINE
60 Georges Mounin
LINGUISTIQUE ET TRADUCTION
61 Jérôme Kagan
COMPRENDRE L'ENFANT
62 Michael S. Gazzaniga
LE CERVEAU DEDOUBLE
63 Paul Cazayus
L'APHASIE
64 X. Seron, J.L. Lambert, M. Van der Linden
LA MODIFICATION DU COMPORTEMENT
65 W. Huber
INTRODUCTION A LA PSYCHOLOGIE DE LA PERSONNALITE, 2e éd.
66 Emile Meurice
PSYCHIATRIE ET VIE SOCIALE
67 J. Château, H. Gratiot-Alphandéry, R. Doron et P. Cazayus
LES GRANDES PSYCHOLOGIES MODERNES
68 P. Sifnéos
PSYCHOTHERAPIE BREVE ET CRISE EMOTIONNELLE
69 Marc Richelle
B.F. SKINNER OU LE PERIL BEHAVIORISTE
70 J.P. Bronckart
THEORIES DU LANGAGE
71 Anika Lemaire
JACQUES LACAN, 2e éd. revue et augmentée
72 J.L. Lambert
INTRODUCTION A L'ARRIERATION MENTALE
73 T.G.R. Bower
DEVELOPPEMENT PSYCHOLOGIQUE DE LA PREMIERE ENFANCE
74 J. Rondal
LANGAGE ET EDUCATION
75 Sheila Kitzinger
PREPARER A L'ACCOUCHEMENT
76 Ovide Fontaine
INTRODUCTION AUX THERAPIES COMPORTEMENTALES
77 Jacques-Philippe Leyens
PSYCHOLOGIE SOCIALE, 2e éd.
78 Jean Rondal
VOTRE ENFANT APPREND A PARLER
79 Michel Legrand
LE TEST DE SZONDI
80 H.J. Eysenck
LA NEVROSE ET VOUS
81 Albert Demaret
ETHOLOGIE ET PSYCHIATRIE
82 Jean-Luc Lambert et Jean A. Rondal
LE MONGOLISME
83 Albert Bandura
L'APPRENTISSAGE SOCIAL
84 Xavier Seron
APHASIE ET NEUROPSYCHOLOGIE
85 Roger Rondeau
LES GROUPES EN CRISE?
86 J. Danset-Léger
L'ENFANT ET LES IMAGES DE LA LITTERATURE ENFANTINE
87 Herbert S. Terrace
NIM, UN CHIMPANZE QUI A APPRIS LE LANGAGE GESTUEL
88 Roger Gilbert
BON POUR ENSEIGNER?
89 Wing, Cooper et Santorius
GUIDE POUR UN EXAMEN PSYCHIATRIQUE
90 Jean Costermans
PSYCHOLOGIE DU LANGAGE
91 Françoise Macar
LE TEMPS PERSPECTIVES PSYCHOPHYSIOLOGIQUES
92 Jacques Van Rillaer
LES ILLUSIONS DE LA PSYCHANALYSE
93 Alain Lieury
LES PROCEDES MNEMOTECHNIQUES
94 Georges Thinès
PHENOMENOLOGIE ET SCIENCE DU COMPORTEMENT
95 Rudolph Schaffer
COMPORTEMENT MATERNEL
96 Daniel Stern
MERE ET ENFANT LES PREMIERES RELATIONS
97 R. Kempe & C. Kempe
L'ENFANCE TORTUREE
98 Jean-Luc Lambert
ENSEIGNEMENT SPECIAL ET HANDICAP MENTAL
99 Jean Morval
INTRODUCTION A LA PSYCHOLOGIE DE L'ENVIRONNEMENT
100 Pierre Oleron et al.
SAVOIRS ET SAVOIR-FAIRE PSYCHOLOGIQUES CHEZ L'ENFANT
101 Bernard I. Murstein
STYLES DE VIE INTIME

Collectif: LE SYSTEME AMDP